Kulturschock Thailand

„Die Thai sind vom Charakter her sanft, seicht, denkfaul, furchtsam und heiter. Sie mögen keinen Streit oder irgendeine Art von Zorn oder Ungeduld. ... Sie sind müßig, wechselhaft, zerstreut, und im ganz besonderen Maße fordernd. ... Die Thai lieben Spiele und Unterhaltung über alle Maßen, und man kann sagen, daß sie fast die Hälfte ihrer Zeit damit verbringen sich zu amüsieren. Sie sind witzig und intelligent ..."

Aus „Description du Royaume Thai ou Siam" von
Jean-Baptiste Pallegoix, 1854

Impressum

Rainer Krack
KulturSchock Thailand

erschienen im
Reise Know-How Verlag Peter Rump GmbH
Osnabrücker Str. 79
33649 Bielefeld

© Reise Know-How Verlag Peter Rump GmbH
1991, 1993, 1995, 1998, 1999, 2001,
2002, 2004, 2006, 2008, 2009, 2012
**13., neu bearbeitete und komplett aktualisierte
Auflage 2014**

Alle Rechte vorbehalten.

Gestaltung
Umschlag: G. Pawlak (Layout)
Inhalt: amundo media GmbH
Fotos: Rainer Krack

Lektorat (Aktualisierung): amundo media GmbH

Druck und Bindung:
 Wilhelm & Adam, Heusenstamm

ISBN 978-3-8317-1633-3
Printed in Germany

Dieses Buch ist erhältlich in jeder Buchhandlung
Deutschlands, der Schweiz, Österreichs, Belgiens
und der Niederlande.
Bitte informieren Sie Ihren Buchhändler
über folgende Bezugsadressen:
Deutschland
 Prolit GmbH, Postfach 9, D-35461 Fernwald (Annerod)
 sowie alle Barsortimente
Schweiz
 AVA Verlagsauslieferung AG
 Postfach 27, CH-8910 Affoltern
Österreich
 Mohr Morawa Buchvertrieb GmbH
 Sulzengasse 2, A-1230 Wien
Niederlande, Belgien
 Willems Adventure, www.willemsadventure.nl

Wer im Buchhandel trotzdem kein Glück hat,
bekommt unsere Bücher auch über unseren
Büchershop im Internet: www.reise-know-how.de

Wir freuen uns über Kritik, Kommentare und Verbesserungsvorschläge, gern auch per E-Mail an info@reise-know-how.de.

Alle Informationen in diesem Buch sind vom Autor mit größter Sorgfalt gesammelt und vom Lektorat des Verlages gewissenhaft bearbeitet und überprüft worden.

Da inhaltliche und sachliche Fehler nicht ausgeschlossen werden können, erklärt der Verlag, dass alle Angaben im Sinne der Produkthaftung ohne Garantie erfolgen und dass Verlag wie Autor keinerlei Verantwortung und Haftung für inhaltliche und sachliche Fehler übernehmen.

Die Nennung von Firmen und ihren Produkten und ihre Reihenfolge sind als Beispiel ohne Wertung gegenüber anderen anzusehen. Qualitäts- und Quantitätsangaben sind rein subjektive Einschätzungen des Autors und dienen keinesfalls der Bewerbung von Firmen oder Produkten.

Auf der Reise zu Hause
www.reise-know-how.de

- Ergänzungen nach Redaktionsschluss
- kostenlose Zusatzinformationen und Downloads
- das komplette Verlagsprogramm
- aktuelle Erscheinungstermine
- Newsletter abonnieren

Bequem einkaufen im Verlagsshop

Oder Freund auf Facebook werden

Vorwort

„Kulturschock Thailand!" Gibt es so etwas? Das werden sich vielleicht manche Leser fragen.

Auf viele Besucher wirkt Thailand verwestlicht, mehr als die meisten anderen Länder Südostasiens, und lediglich umhüllt mit einem tourismuswirksamen exotischen Touch. Wer in den ersten Tagen nach der Ankunft in Bangkok durch die bombastischen Einkaufspaläste, die neonbeleuchteten Vergnügungsviertel und entlang der hochhausgesäumten Straßen schlendert, könnte in der Tat den Eindruck bekommen, er befände sich in der westlichen Hemisphäre.

Die ureigenste thailändische Kultur findet ihr Refugium in den Hunderten von Schreinen und Tempeln und entlang der holzhausflankierten Klongs oder Kanäle. Sie alle wirken wie bunte Farbtupfer in einer nüchternen Städtelandschaft.

Doch erstens ist Bangkok noch längst nicht Thailand und zweitens und wichtiger noch ist nicht alles so, wie es auf den ersten Blick scheint. Erste Eindrücke täuschen oft, besonders in Thailand.

Wie wir im Verlaufe des Buches sehen werden, haben die Thais ein „Gesicht", das sie nach außen präsentieren, aber was sich dahinter verbirgt, ist oft etwas gänzlich anderes. Wer Thais sofort nach diesem äußeren Anschein beurteilt, wird manchem Trugschluss erliegen. Dasselbe gilt allgemein für das ganze Land und seine Kultur. Auf den ersten Blick mögen uns die Thais tatsächlich verwestlicht vorkommen, doch das ist nur die Fassade, die Kulisse für dieses Abenteuer namens Thailand. Hinter dieser Fassade, die sich alles andere als leicht durchschauen lässt, wartet so manche Überraschung.

Wer sich mit Thailand auseinandersetzt, wird feststellen, dass kaum etwas so ist wie im Westen. Es gelten andere Spielregeln und Verhaltensmuster. Die in der thailändischen Gesellschaft vorhandenen Hierarchien wirken sich auch auf das Verhalten der Menschen untereinander und gegenüber den *farang*, den Westlern, aus und prägen bestimmte Verhaltensmuster. Es kostet Ausländer eine geraume Zeit, diese zu durchschauen, schließlich sind sie selber an eine „klassenlose", demokratische Gesellschaft gewöhnt, mit all dem daraus resultierenden Selbstbewusstsein und Gleichheitsdenken. Dazu kommen zahlreiche andere Verhaltensmuster, die historische, soziologische oder anderweitige „verdeckte" Gründe haben. Das alles macht es nicht leicht, Thailand zu verstehen.

Beim Erforschen einer fremden Kultur ist der Blick in die Vergangenheit eine große Hilfe. Die gegenwärtige Mentalität eines Volkes, seine Denk- und Handlungsweise, erklärt sich oft aus historischen und soziologischen Zusammenhängen. Die Reisebeschreibungen westlicher Autoren, die Thailand in vorangegangenen Jahrhunderten besucht hatten, geben einen Einblick in das thailändische Leben der damaligen Zeit. Sie sind so etwas wie die Vorläufer der „KulturSchock"-Reihe. Die Lektüre dieser alten Bücher ist oft amüsant – dann nämlich, wenn die Beschreibungen nichts mit der heutigen Realität zu tun haben und bizarr wirken – oder aber sie ähneln den Beobachtungen, die Reisende zu Beginn des 21. Jh. machen.

Allen Kapiteln des Buches sind Zitate aus einer solchen Reisebeschreibung vorangestellt. Sie enthalten Ansichten und Urteile der betreffenden Autoren zum angeschnittenen Thema. Manche Zitate wirken heute bestenfalls kurios und treffen nicht mehr auf das moderne Thailand zu, andere sind bis heute gültig. Einige sind gar zynisch bis gehässig (siehe z. B. „Die Thai-Farang-Ehe"). Diese aber sind nichts als der Ausdruck des Kulturschocks, den die damaligen Autoren durchlitten haben müssen, die ja anders als wir ohne Reiseführer oder sonstige Überlebenshilfen in der Fremde zurechtkommen mussten. Der gelegentliche Zynismus sei ihnen verziehen.

Um besser verstehen zu können, was Thailand ist, wie seine Bewohner denken und warum, bedarf es eines „Mentalitätsführers". Das vorliegende Buch soll helfen, Thailand besser zu verstehen, den „Kulturschock", der Europäer dort erwartet, verständlich zu machen und abzumildern. Viel Spaß bei der Abenteuerreise durch die thailändische Mentalität!

Rainer Krack

Inhalt

Vorwort 4

🟧 Verhaltenstipps von A bis Z 9

🟨 Die drei Grundpfeiler der Gesellschaft – oder vier? 31

Der Buddhismus: allumfassender Einfluss 32
Zauber, Amulette und Aberglaube:
    der Buddhismus auf der Volksebene 39
Vereinender Faktor: die Monarchie 53
Die Nation: eine einzige große Familie? 60

🟩 Denk- und Lebensweise 67

Ein fester Platz für jeden: die soziale Hierarchie 68
Die Kunst des rechten Grußes: der wai 71
Tham bun: Pluspunkte für die Wiedergeburt 75
Die Mönche: Stellvertreter Buddhas auf Erden 80

Sanuk, sabai und suay: die thailändische Lebensphilosophie	88
Das thailändische Lächeln: Oh, was soll es bedeuten?	99
Verletzt, entehrt und unversöhnlich: „Verlust des Gesichts"	105
Wenn das Lächeln gefriert: Gewalt kontra Sanftmut	112
Wie gewonnen, so zerronnen? Thais und das Geld	124
Die Familie: Loyalität bis ans Lebensende	135
Frau und Mann: mit Selbstbewusstsein gegen Machotum?	140
Sex, Bordelle und Prostitution: Garten der Gelüste?	146
Korruption: Hilfst du mir, so helf ich dir!	159
Land und Stadt: die Beschaulichkeit und das Monster	163
Die Höflichkeit: ein Zeichen von Charakter	167
Die Gestik: alles unter Kontrolle	173

■ Thais und farang   177

Tourismus und Einwanderung: Agenten des Wandels	178
„Hey, you!": die Kontaktaufnahme	184
Wärme auf Distanz: Freundschaften	189
Kulturschock hautnah: die Thai-farang-Ehe	194
Die farang und die Arbeitswelt: Plackerei kontra sanuk	203
Zu Gast: Essen, Trinken & sanuk	210
Auf Markt, Straße & Klong: Handeln und Feilschen	217
Unterwegs in Thailand: Reisen leicht gemacht	221
Auf der Lauer: Ganoven, Schurken & Konsorten	227

■ Anhang   235

Glossar	236
Literaturtipps	248
Internettipps	251
Register	256
Übersichtskarte	262
Der Autor	264

Extrainfos im Buch

ergänzen den Text um anschauliche Zusatzmaterialien, die vom Autor aus der Fülle der Internet-Quellen ausgewählt wurden. Sie können bequem über unsere spezielle Internetseite **http://ks-thailand.reise-know-how.de** durch Eingabe der jeweiligen Extrainfo-Nummer (z. B. „#1") aufgerufen werden.

Verhaltenstipps von A bis Z

◁ Spaß muss sein: Auch bei der Arbeit geht es oft heiter zu (101kt Foto: rk)

- **Aberglaube:** Die meisten Thais sind sehr abergläubisch. Zahlreiche Männer tragen Amulette, die Unheil fernhalten sollen. Manche dieser Talismane, die von angesehenen Mönchen gesegnet oder sogar verkauft und vermarktet werden, können ausgesprochen teuer sein. Der Glaube an Geister ist weitverbreitet, nicht wenige Thais fürchten sich beispielsweise vor einer Übernachtung in einer fremden Umgebung, da dort u. U. Geister hausen könnten. Die Geister werden in zahlreiche Unterklassen eingeteilt, denen jeweils besondere Eigenschaften und Untaten zugeordnet werden. An Häusern werden für die in der Umgebung lebenden Geister – bzw. diejenigen, die durch den Hausbau vertrieben wurden – kleine Schreine oder „Geisterhäuser" angelegt, in denen diese Wesen mit Opfergaben besänftigt werden sollen. Beim Vorbeigehen an Tempeln legen viele Thais die Hände zum *wai* (s. S. 71) zusammen, da man annimmt, dass es Unglück heraufbeschwört, wenn man Buddha nicht den erforderlichen Respekt zollt. Zudem gibt es zahlreiche weitere Handlungen (bzw. das Unterlassen von bestimmten Handlungen), die angeblich Unheil nach sich ziehen können (siehe das Kapitel „Aberglaube" ab Seite 46).
- **AIDS:** Etwa 1,5 % der thailändischen Bevölkerung ist mit dem HI-Virus infiziert, in der Rotlicht-Szene dürfte diese Zahl jedoch erheblich höher sein. Zuverlässige Angaben gibt es nicht. Von ungeschütztem Geschlechtsverkehr in diesem Milieu ist dringend abzuraten, aber auch im „normalen" Umfeld besteht ein nicht unerhebliches Risiko. Ein nicht geringer Prozentsatz von Thais lebt sehr promisk: Die Partner werden häufig gewechselt und viele jüngere Menschen unterhalten gleich mehrere Geschlechtspartner, auf Thai *gig* genannt, was im Englischen oft mit *fuck buddy* übersetzt wird.
- **Alkohol:** In Statistiken bezüglich des weltweiten Alkoholkonsums belegt Thailand regelmäßig einen der vordersten Plätze. Es wird reichlich gezecht und Abstinenzler sind eher die Ausnahme. Auch unter Frauen ist der Konsum von Alkohol weitverbreitet. Abgesehen von der muslimischen Minderheit, stellt das Trinken von Alkohol keinen Tabubruch dar. Selbst Totenfeiern oder Mönchsweihen bieten Anlass, zur Flasche zu greifen, und es kann unerwartet heiter zugehen. Die ärmeren Bevölkerungsschichten auf dem Lande konsumieren gerne billigen, aber hochprozentigen Reisschnaps oder preiswerte Biermarken; die „besseren" Kreise bevorzugen u. a. importierten Whisky, dessen Konsum als Statussymbol gilt. Alkoholische Getränke werden oft Geistern in deren eigens angelegten Häusern geopfert, siehe Stichwort „Aberglaube".
- **Amulette, Tätowierungen:** Das „richtige" Amulett zu finden, das den Träger vor Unheil (Unfälle, böse Geister, Angriffe oder Mordanschlä-

ge von Feinden etc.) beschützt, ist eine Kunst für sich: Auf speziellen Amulettmärkten kann man beobachten, wie potentielle Käufer die Talismane fachmännisch mit der Lupe begutachten. Es gibt sogar Zeitschriften, die ausschließlich Amuletten gewidmet sind. Als besonders wirkungsvoll gelten Amulette, die von einem hoch angesehenen Mönch gesegnet oder gar nach dessen Anweisungen hergestellt wurden. Solche Talismane können mehrere hunderttausend oder gar Millionen von Baht kosten.

Die gleiche Schutzwirkung wird bestimmten **Tätowierungen** zugesprochen. Deren Motive sind oftmals magische Symbole und Schriftzeichen. Häufig stammen sie aus dem kambodschanischen Kulturkreis; gerade der kambodschanischen Magie wird eine hohe Wirksamkeit zugesprochen. Tätowierungen sollen u. a. unverwundbar machen, auch gegen Pistolenkugeln oder Messer. So mancher Tätowierte, der die Schutzwirkung gleich ausprobieren wollte und einen Freund auf sich schießen ließ, erhielt eine bittere – oft tödliche – Lektion.

In der jüngeren Generation gibt es heute auch reine Mode-Tätowierungen, die aber eher in den unteren Gesellschaftsschichten vorkommen. Thailändische Frauen mit Tätowierungen werden häufig automatisch der Prostituiertenszene zugerechnet.

- **Anrede:** Die generell übliche höfliche Anrede lautet Khun. Sie wird dem Vornamen der angesprochenen Person vorangestellt (also „Khun Klaus", „Khun Gerda" etc.). Dazu gibt es zahlreiche weitere Anreden, die eine Art „Anrede-Hierarchie" bilden. Ein Ausländer braucht diese nicht zu beherrschen – Khun genügt (s. S. 186).
- **Ansehen, Gesicht wahren:** Das Wahren des „Gesichtes" oder des Ansehens einer Person ist in Thailand von großer Bedeutung. Das Verhalten der Menschen ist so angelegt, dass niemand in seiner Würde, seinem Ansehen und seiner Ehre verletzt wird. Kritik wird nicht geübt. Man vermeidet es, Menschen seine wahre Meinung zu sagen oder sie zu maßregeln, denn Kritik an einer Person wird nicht als konstruktiv empfunden, sondern als eine Herabsetzung der Persönlichkeit. Tadelnde Äußerungen können brutale Racheakte zur Folge haben. Die Unfähigkeit, Kritik zu verdauen, deutet auf ein mangelndes Selbstwertgefühl und Minderwertigkeitskomplexe hin. In der Tat gibt es in der thailändischen Gesellschaft, die äußerst hierarchisch strukturiert ist und in der Geld und (Macht-)Position meist über den „Wert" einer Person entscheiden, genügend Anlass, sich vielen Menschen gegenüber „minderwertig" zu fühlen. Statt Gefahr zu laufen, jemandes Würde zu verletzen, werden besser keine unangenehmen Themen angeschnitten, dafür wird ordentlich geschmeichelt (s. S. 106).

- **Arbeitskollegen:** Das Thema „Gesicht wahren" ist auch am Arbeitsplatz von großer Bedeutung. Kritik gegenüber Vorgesetzten ist tabu, kritisiert ein Höhergestellter einen Untergebenen, so sollte dies relativ schonend und sanft vor sich gehen.

   Aufgrund der strikten Hierarchien am Arbeitsplatz werden sich Vorgesetzte abseits des Arbeitsplatzes nur selten mit normalen Angestellten abgeben. Sind letztere unter sich, werden sie alles daran setzen, ein gutes Arbeitsklima zu schaffen und auch außerhalb des Büros viel Spaß miteinander zu haben. Private Treffen und Freundschaften unter Angestellten sind eher die Regel als die Ausnahme. Der unter Thais auch am Arbeitsplatz sehr ausgeprägte Sinn für Spaß steht der Effizienz oft im Wege.
- **Armut und Bettelei:** Thailand kennt (fast) keine Armut, die mit der Not in südasiatischen Ländern wie Indien oder Bangladesch vergleichbar wäre. Praktisch alle Bürger des Landes verfügen über genügend Lebensmittel, denn Thailand ist bis heute eine weitgehend agrarische Gesellschaft. Die meisten Menschen haben Familienmitglieder, die Landwirtschaft betreiben und auf deren Scholle man sich im Notfall zurückziehen könnte. Die Ausnahme bilden Menschen aus Familien, die seit Generationen in Bangkok leben. Zudem ist die Mehrheit der Thais zu stolz, um zu betteln. Der Großteil der Bettler, den Touristen zu sehen bekommen (in erster Linie in Bangkok), stammt aus Kambodscha und wird von professionellen Schlepperbanden eingeschleust. Oft sind es Frauen, die zur Erzeugung von Mitleid noch ein Kleinkind oder ein Baby mit sich führen. Der Obolus, den der gutgläubige Tourist abdrückt, endet dann zum großen Teil in den Taschen der Schleppersyndikate.
- **Ausländer/Touristen (generelles Verhältnis zu ~, Ansehen):** Ausländer sind im Allgemeinen hoch angesehen, zumindest die weißhäutigen *farang* aus westlichen Gefilden. Es hat sich eine Art Hierarchie gebildet, in der bestimmte Landsleute anderen vorgezogen werden – so sind z. B. russische Touristen in Pattaya und Phuket (gelinde gesagt) weniger angesehen als Westeuropäer. Japaner und Koreaner sind weit beliebter als Inder und Araber. Schwarzhäutige Afrikaner stehen in der Rangliste ziemlich weit unten. Sowohl Hautfarbe als auch Verhalten (tatsächliches und vermeintliches) beeinflussen den Status einer ganzen Nationalität oder Ethnie.

   Generell wäre es übertrieben zu sagen, dass Thais Ausländer lieben oder besonders schätzen – in den meisten Fällen werden Ausländer

▷ Mann in Frauenkleidung – beim thailändischen Tanztheater ganz normal

eher toleriert als gemocht. Geliebt wird jedoch, zweifelsohne, das Geld, das sie im Lande ausgeben. Kein Wunder, dass die thailändische Tourismusbehörde unermüdlich um Besucher aus dem Ausland wirbt (weitere Informationen zum Thema Ausländer ab Seite 177).

- **Baden/Nacktbaden:** Wenn sich Thais überhaupt am Strand aufhalten, machen sie das wohlbekleidet. Männer tragen Badehosen, Frauen setzen sich oft mit voller Montur in die Brandung. Bikinis werden nur von sehr wenigen Frauen getragen. Die meisten Thais können schwimmen.

  Nacktbaden, selbst Sonnenbaden ohne Oberteil, ist im Grunde ein Affront gegenüber der traditionellen thailändischen Kultur, in der der nackte Körper nicht zur Schau gestellt wird. In den einschlägigen Badeorten hat man sich allerdings beinahe schon an das busenfreie Sonnenbaden gewöhnt – was nicht heißt, dass „frau" es betreiben sollte.

- **Begrüßung/Verabschiedung:** Die allgemeingültige Begrüßungs- und Abschiedsformel lautet *Sawatdii Kh(r)ap* (gesprochen von Männern) bzw. *Sawatdii Khaa* (gesprochen von Frauen). Sie stammt aus dem Sanskrit und bedeutet frei übersetzt „Möge es Ihnen wohlergehen".

- **Bekleidung:** Die Kleidung wirkt wie eine Art Spiegel der Persönlichkeit und gibt einen Hinweis auf den sozialen Stand des Trägers. Folglich achten Thais auf eine auffallend saubere und ordentliche Kleidung. Niemand möchte durch seine Kleidung arm oder ungepflegt wirken. Ausländische Touristen, die sich lässig oder schludrig anziehen, wirken

auf Thais unattraktiv, eventuell sogar abstoßend. Schmutzige Kleidung kann auch als „unhöflich" aufgefasst werden und gilt als „visueller Affront" (s. S. 70).
- **Beleidigungen:** Beleidigungen sind genau das Gegenteil des „Gesichtwahrens" (s. S. 105), das die Thais praktisch von klein auf verinnerlichen. Wer jemanden bewusst beleidigt, muss u. U. mit einer rabiaten Gegenreaktion rechnen. Diese kann im Extremfall bis zum Mord führen, wobei der Täter das drohende Gefängnis als weniger schwerwiegend empfindet als die Beleidigung – zumindest im Moment des Affekts. Thais sind sehr dünnhäutig, unter der jovialen, heiteren Oberfläche schlummert oft ein Vulkan.
- **Berührungen/Zärtlichkeiten:** Öffentliche Berührungen unter Paaren gelten bzw. galten in der traditionellen thailändischen Gesellschaft als unschicklich. In den letzten Jahrzehnten hat sich jedoch im Hinblick darauf ein Wandel vollzogen. Teilweise kann man diesen auf eine Art „Verwestlichung" zurückführen. Ein ebenso wichtiger Grund ist aber sicher die Binnenmigration oder Landflucht, durch die sich viele Menschen ihrem alten, sie „überwachenden" Kulturkreis entziehen und stattdessen in die Anonymität der Großstadt eintauchen – und damit in die Freiheit. Je nach Umfeld sollte man einschätzen, wie weit man/frau mit Berührungen in der Öffentlichkeit gehen kann. Im Zweifelsfall gilt: je weniger, desto besser.
- **Beschwerden:** Eine Beschwerde ist nach thailändischem Empfinden eine Art „Gesichtsverletzung", also ein mehr oder weniger schwerwiegender agressiver Akt. Die Person oder Institution, die man kritisiert, wird bloßgestellt, wodurch eine brenzlige Situation entstehen kann. Beschwerden sind so behutsam wie möglich vorzubringen, am besten so, dass sich niemand persönlich angegriffen fühlt, also höflich, aber mit subtilem Nachdruck, um von vorneherein der thailändischen Nonchalance entgegen zu wirken. Viele Thais umgehen das Dilemma, beschweren sich nie und ertragen stattdessen alle Misslichkeiten mit buddhistischem Gleichmut.

  Wenn sich nie jemand beschwert, kann sich auch nichts verbessern. Dadurch ist es verständlich, dass die thailändische Gesellschaft in vielerlei Hinsicht als „eingefroren" und unbeweglich erscheint.
- **Bestattung/Leichenverbrennung:** Thailändische Buddhisten verbrennen ihre toten Angehörigen. Die Totenfeiern stellen – für Westler – oft eine seltsame Mischung aus Trauerfeier und Trinkgelage dar. Die Riten der Thailänder chinesischer Abstammung im Lande unterscheiden sich etwas von denen der „gewöhnlichen" Thais. Muslime, die ca. 4 % der thailändischen Bevölkerung ausmachen, begraben ihre Toten.

- **Bestechung/Schmiergelder:** Schmiergelder sind das Getriebeöl, das praktisch in jedem Amt die Räder ins Rollen bringt. Die Korruption (s. S. 159) hat am westeuropäischen Maßstab gemessen ein beinahe unfassbares Ausmaß angenommen – Tendenz steigend! Als Tourist wird man mit dem Phänomen allerdings kaum in Berührung kommen, außer vielleicht als Auto- oder Motorradfahrer, wenn die Polizei aus heiterem Himmel ein Vergehen erfindet und versucht, ein Bußgeld einzutreiben. Es versteht sich von selbst, dass man für die Geldstrafe keine Quittung erhält. Wahrscheinlich wird das eingezogene Bußgeld abends in einer schummrigen Karaoke-Bar in ein paar Flaschen Bier investiert.
- **Blickkontakt:** Intensiver Blickkontakt zu Fremden – also Anstarren – wird als Akt der Aggression gewertet und kann unangenehme Gegenreaktionen nach sich ziehen. Besonders unter Jugendlichen aus der Unterschicht wird das Anstarren als Provokationsmittel genutzt und kann einen spontanen Kleinkrieg auslösen.
- **Drogen:** Drogen sind weit verbreitet, vor allem die sogenannten *yaa-baa* („Verrückte Medizin"), d. h. Amphetamine. Diese werden von Schülern und Hausfrauen ebenso geschluckt wie von Lkw- und Busfahrern. Unter Einfluss der euphorisierenden und muntermachenden Droge sind schon zahllose Gewalttaten verübt worden und so mancher Dauerkonsument hat seinen Verstand verloren, daher rührt auch die thailändische Bezeichnung. Die Verbreitung ist trotz hoher Strafen, die bis zur Todesstrafe reichen können, immens (s. S. 229).
- **Einkaufen/Märkte/Handeln:** Einkaufen kann man in protzigen Shoppingpalästen, die oft die Shoppingcenter Europas in den Schatten stellen, in kleinen Tante-Emma-Läden oder auf lebhaften Märkten, die zweifellos das meiste Lokalkolorit bieten. In den moderneren Geschäften sind die Preise ausgewiesen und es kann nicht gefeilscht werden; auf Märkten jedoch kann der Preis ausgehandelt werden. Dabei ist der Preisnachlass manchmal nur minimal (z. B. auf Obst- oder Gemüsemärkten), andernorts lässt sich der anfangs genannte Preis allerdings oft auf die Hälfte drücken (z. B. auf Kleidermärkten, an Souvenirständen u. Ä.).
- **Einladungen:** Thais sind Fremden gegenüber generell zurückhaltend, Einladungen von Touristen sind nicht üblich. Erst nach dem Heranwachsen einer Freundschaft wird man eventuell nach Hause eingeladen – bei den einfachen Leuten auf dem Lande weit eher als in Städten wie Bangkok. Aus diesen Gründen ist bei Einladungen durch wildfremde Menschen besser Vorsicht angebracht, vor allem in der Hauptstadt und anderen touristischen Gebieten.

Bei Einladungen von Freunden sollte man etwas mitbringen, ansonsten könnte man den Gast für unhöflich oder geizig halten. Etwas Essbares macht sich immer sehr gut. Speisen oder Leckerbissen, die sich die Gastgeber vielleicht selbst nicht leisten können, sind eine gute Wahl; ebenso teure Süßigkeiten und Konfekt aus dem Ausland. Unter Thais ist es üblich, Freunden und Verwandten von einer Reise ein paar Leckereien mitzubringen.

- **Ess- und Trinksitten:** Thais essen häufig und gerne. Aufgrund der relativ leichten thailändischen Kost kann man es sich auch leisten, oft zu speisen. Gegessen wird meist mit Löffel und Gabel, wobei die Gabel lediglich dazu dient, das Essen auf den Löffel zu schieben. Aufgespießt wird damit eher selten. Viele Thais greifen auch zu Essstäbchen, insbesondere – aber nicht nur – Thais mit chinesischen Wurzeln.
- **Fahrer/Guides:** Das Hauptproblem bei Fahrern und Fremdenführern ist meist die Kommunikation: Nur wenige verfügen über gute Englischkenntnisse. Bei vielen Guides hapert es zudem am Hintergrundwissen – die Informationen zu historischen Bauwerken sind oft lückenhaft oder gar falsch. Zertifikate, die jemanden als „offiziellen" oder „examinierten" Guide o. Ä. ausweisen, bedeuten nicht viel. Praktisch jedes Zertifikat oder Dokument lässt sich „unter dem Tisch" kaufen.

- **Feiern:** Thais sind Frohnaturen, die keine Gelegenheit zum Feiern auslassen. Aus diesem Grund werden auch Feste wie beispielsweise Weihnachten (nur 0,7 % der Bevölkerung sind Christen) oder Halloween begangen, zu denen eigentlich gar kein kultureller Bezug besteht.
- **Fotografieren:** Beim Fotografieren von Personen sollte man vorher um Erlaubnis fragen. Viele Thais sind Fremden gegenüber etwas fotoscheu.
- **Frau und Mann:** Im Vergleich zu manch anderen asiatischen Ländern sind thailändische Frauen sehr emanzipiert und selbstbewusst. Die meisten gehen einer Arbeit nach und oft (oder gar meist?) zeigen sie mehr Fleiß und Verantwortungsbewusstsein als die Männer. Manche kleinen ausländischen Unternehmen in Thailand beschäftigen ausschließlich Frauen, da diese weniger Probleme bereiten als Männer (s. S. 140).
- **Fremdenfeindlichkeit** ist keine Haltung, die in Thailand verbreitet ist. Zwar sind einige Nationalitäten beliebter als andere (siehe Stichwort „Ausländer/Touristen"), eine direkte Feindseligkeit gegenüber Ausländern ist jedoch nicht zu verzeichnen.
- **Freundschaften:** Als Ausländer mit einem/r Thai eine echte und dauerhafte Freundschaft zu schließen, ist nicht einfach. Die kulturellen und sprachlichen Hindernisse sind groß, hinzu kommt die Zurückhaltung vieler Thais, insbesondere gegenüber Ausländern. Nicht selten werden Scheinfreundschaften geschlossen, bei denen nur auf den eigenen Vorteil geschaut wird (s. S. 189).
- **Füße** sind das „Unterste" des menschlichen Körpers und gelten daher als unrein. Füße oder Fußsohlen sollten niemals auf einen Menschen oder auf eine Buddha-Figur zeigen. Zum Beten knien die Thais sich so hin, dass die Fußsohlen genau in die der Buddha-Figur entgegengesetzten Richtung zeigen. Mit dem Fuß auf eine Person zu zeigen gilt als schwere Beleidigung und kann (besonders bei Männern) heftige Gegenreaktionen hervorrufen. Selbst auf Tiere oder Gegenstände sollte man nicht mit dem Fuß zeigen. Wer es dennoch tut, wirkt auf die Thais wie ein unzivilisierter Grobian.
- **Geld:** Thailand ist ein von der Natur gesegnetes Land, in dem bis in die jüngere Vergangenheit fast jeder Einwohner von den Früchten des Landes üppig satt werden konnte. Hungersnöte waren und sind unbekannt. Wer hungrig war, konnte sich ein paar Früchte pflücken, einen Fisch angeln und mit dem Gemüse und dem Reis aus Eigenanbau ein

Auch Thais müssen mit Tuk-Tuk-Fahrern oft lange um den Preis feilschen

köstliches Mahl zelebrieren. Selbst so manches Gemüse oder essbare Kraut wächst unvermittelt in der freien Natur. Folglich war das Rationieren und Planen mit Ressourcen den Thais unbekannt. Diese Mentalität findet sich heute noch weitgehend in Bezug auf das Geld: Wenn es da ist, wird es ausgegeben; wenn nicht, dann muss man eben improvisieren, ein wenig für die schlanke Linie hungern, sich etwas leihen oder das Pfandhaus aufsuchen. Besser mit dem Geld umgehen und Planen können die im Lande ansässigen chinesisch-stämmigen Thais, die folglich fast das gesamte Geschäftsleben kontrollieren (s. S. 90).

■ **Gestik und Mimik:** Die Thais kommen mit wenigen Gesten aus, denn eine ausgeprägte Gestik oder Mimik lassen eine Person als „unbeherrscht" erscheinen. Sie steht durch derartiges Verhalten im Konflikt mit dem buddhistischen Ideal der inneren Ruhe. Eine temperamentvolle Gestik wirkt aggressiv und einschüchternd und sollte folglich vermieden werden.

■ **Glücksspiel:** Das Glücksspiel ist die Passion vieler Thais, obwohl es gesetzlich verboten ist. Gespielt wird in illegalen Kasinos oder im trauten Heim, nicht wenige Glücksritter zocken sich in den Ruin. Legal ist lediglich die staatliche Lotterie. An den Tagen, an denen die Gewinnzahlen gezogen werden (2-mal im Monat), sind die Straßen relativ leer, denn zahlreiche Spieler verfolgen die Ziehung vor dem Fernseher. Sobald die Zahlen bekannt sind, werden sie aufgeregt per Handy an Freunde und Bekannte weitergegeben. Meist heißt es dann: „Verdammt, wieder nichts mit dem Reichtum! Aber nächstes Mal ..."

Homosexuelle und androgyne Menschen haben es in Thailand relativ leicht

- **Grüßen:** Der traditionelle thailändische Gruß ist der *wai* (s. S. 71), bei dem die Handflächen vor der Brust zusammengelegt werden. Die Höhe, in der die Hände gehalten werden, richtet sich nach dem Status der zu grüßenden Person – je höher der Status, desto weiter oben die Hände. Höhergestellte nehmen den *wai* einer Person oft entgegen, ohne selbst zurück zu „waien". Beim „hohen" *wai* wird der Kopf etwas gesenkt oder der Oberkörper gebeugt. Der richtige *wai* ist eine Kunst für sich. Als Ausländer tut man gut daran, ihn gar nicht erst zu versuchen. Die Gefahr, sich lächerlich zu machen (z. B. in dem man eine niedrig gestellte Person wie einen Kellner, eine Kassiererin etc. „wait"), ist groß. Wer „gewait" wird, sollte den Gruß einfach ohne Erwiderung hinnehmen. Eine Ausnahme besteht u. U. in allerhöchsten Kreisen, innerhalb der Elite der thailändischen Gesellschaft, in der man sich allesamt mit dem allerhöchsten, allerrespektvollsten *wai* begrüßt. Die Chance, als Ausländer in diese Kreise vorzudringen, ist aber sehr gering.
- **Hierarchien/Höhergestellte:** Die thailändische Gesellschaft ist hierarchisch strukturiert. Im Grunde ist sie immer noch „feudal" geprägt, so wie in den alten Zeiten, in denen König und Adel das Sagen hatten.

  Der soziale Stand und das Geld entscheiden über das Ansehen. In einem von Korruption durchdrungenen Staatsgefüge bietet Geld unter anderem die Möglichkeit, Einfluss zu nehmen, z. B. um die Gesetze zu eigenen Gunsten zu beugen oder außer Kraft zu setzen. Die Thais wissen sehr wohl, dass reiche Mitbürger nur sehr selten ins Gefängnis wandern. Deren Insassen sind meist Mittellose, die weder über Geld noch über Beziehungen zu Leuten mit Geld verfügen (s. S. 68).

  Menschen aus der Oberschicht werden im Volksmund mit der englischen Abkürzung *Hi-So* (von *High Society*) bezeichnet, die Leute unten, die „Proletarier", mit *Lo-So* (von *Low Society*).
- **Homosexualität:** Ein buddhistisches Prinzip, das in Thailand sehr wichtig ist, ist es, Mitmenschen nicht vorschnell zu verurteilen, sondern generell Toleranz und Milde walten zu lassen. Davon profitieren unter anderem Homosexuelle. Die Zahl der Homosexuellen ist dem Augenschein nach sehr hoch. Vielleicht liegt dies aber auch nur an der Tatsache, dass thailändische Homosexuelle nicht das Gefühl haben, sich verstecken zu müssen. Auffällig ist auch die hohe Zahl der sogenannten „Ladyboys" (*gathoey*), Transsexuellen und Transvestiten, die von Thais oft als „schöner als die richtigen Frauen" bezeichnet werden. Lesben, auf Thai *tom* oder *tomboy*, erfahren die gleiche Toleranz und scheinen ebenso offen ihre Sexualität auszuleben.
- **Hygiene:** Thailand ist ein für asiatische Verhältnisse relativ sauberes Land. Die Thais legen sehr großen Wert auf persönliche Hygiene.

Mann duscht sich mehrmals täglich und die Kleidung wird ebenso oft gewechselt. Wer ungepflegt daherkommt, erniedrigt sich selbst und wird weniger Respekt erfahren als derjenige, der frisch gewaschen und in adrett gebügelter Kleidung auftritt – aber das ist ja nicht nur in Thailand so (s. S. 98).

- **Kinder:** Die Thais lieben Kinder. Kaum ein Ehepaar wird bewusst kinderlos bleiben wollen. Selbst vor der Ehe kommt es heute häufig zu Geburten. Thailand hat nach Laos den zweithöchsten Anteil an Schwangerschaften im Teenager-Alter in Südostasien. Aus finanziellen Gründen wird so manches Baby ausgesetzt, aber ebenso leicht findet sich meist eine Ziehmutter, die ein fremdes Kind als das ihre aufzieht. Kinder von *farang*, mit ihrer weißen Haut und eventuell blonden Haaren, rufen bei Thais – vor allen bei weiblichen – ganz besondere Begeisterung hervor. Die Nachkommen aus gemischt thailändisch-westlichen Ehen werden auffällig oft Schauspieler oder Sänger, da ihr „exotisches" Aussehen ihnen beim Publikum einen Bonus verschafft.
- **Kopf:** Der Kopf ist der Sitz der Seele und damit der heiligste Teil des Körpers. Der Kopf eines fremden Menschen sollte niemals berührt werden. Eine Zuwiderhandlung käme einer großen Missachtung oder bewussten Beleidigung gleich. Bei vertrauten Personen, Intimpartnern etc. gilt diese Regel nicht, zumindest solange die Geste eindeutig liebevoll gemeint ist.

- **Korruption:** Thailand gilt als eines der korruptesten Länder der Welt: Gemäß *Transparency International,* einer Organisation, die für mehr Transparenz und weniger Korruption kämpft, belegte Thailand 2013 unter 177 Ländern einen beklagenswerten 102. Platz – gleichauf mit Ecuador und Panama (je höher die Platzierung, desto geringer die Korruption). Die gute Nachricht lautet: Touristen werden von der Korruption meist nichts mitbekommen, schlimmstenfalls beim Fahren eines Leihfahrzeugs, wobei die Polizei gelegentlich für echte oder erfundene Vergehen Bußgelder abkassiert. Die Geldscheine landen selbstverständlich in der braunen Uniformtasche und werden nicht dem Staatshaushalt zugeführt (s. S. 159).
- **Kriminalität:** Unter Thais ist die Zahl der Gewalttaten hoch, Thailand belegt weltweit einen der vorderen Plätze in Sachen Mord und Schusswaffengebrauch. Schusswaffen sind weit verbreitet, aber auch davon werden Touristen so gut wie nie etwas mitbekommen. Die meisten Vergehen gegen Touristen sind Betrugsfälle, z. B. beim Mieten von Jetskis, wo nach der Rückgabe des Gefährts Unsummen für einen angeblichen Schaden eingetrieben werden, oder beim Kauf von Schmuck und Edelsteinen, bei denen Käufer ohne Sachkenntnisse mit ziemlicher Gewissheit im Nachteil sind. Vom Mieten der Jetskis ist eher abzuraten (vor allem auf Phuket, wo die Jetski-Gauner besonders dreist vorgehen), ebenso vom Kauf von Edelsteinen – es sei denn, man ist Fachmann/frau.

  In der Nähe von zahlreichen touristischen Sehenswürdigkeiten tummeln sich Schlepper, die Touristen mit allerlei Tricks und Lügengeschichten zu Käufen animieren wollen. Häufig wird behauptet, die Sehenswürdigkeit, die man besuchen will, sei „gerade heute" zufällig geschlossen. Die Schlepper bieten dann an, die Touristen woanders hinzubringen. „Ganz zufällig" steht dann auch schon eine Autorikscha bereit, und ehe man sich versieht, wird man an einem Geschäft abgesetzt (s. S. 227).
- **Kritik (im Gespräch):** Kritik anzubringen oder jemandem die Wahrheit direkt ins Gesicht zu sagen, ist „unthailändisch" und wird so weit wie möglich umgangen. Wer Kritik vorbringt, riskiert unangenehme Gegenreaktionen. Folglich wird im täglichen Umgang viel mehr geschmeichelt als kritisiert und dadurch wird ein Klima der Toleranz geschaffen.

◁ Kinder gehören einfach dazu: Ehepaare, die bewusst kinderlos bleiben, sind so gut wie unbekannt

Extrainfo 1 (s. S. 7): Private Firmen liefern gegen Bezahlung Opfer von Gewalttaten und Unfällen in Krankenhäusern ab. Dabei geht es aufgrund der hohen Prämien nicht immer koscher zu.

■ **Kultstätten (Besuch von ~):** Beim Besuch von buddhistischen (oder hinduistischen) Tempeln sind die Schuhe vor der Türschwelle auszuziehen. An den Schuhen, die von anderen Tempelbesuchern abgestellt wurden, erkennt man, wo der „heilige" Bereich beginnt, der nicht mit Schuhen betreten werden darf. Manchmal weisen Schilder auf diese Regel hin. Wer auf einer Besichtigungstour vorhat, viele Tempel zu besuchen, sollte besser gleich Schuhwerk tragen, das sich leicht an- und ausziehen lässt.

■ **Lächeln:** Die Thais rühmen ihre Heimat als „Land des Lächelns". Gelächelt wird tatsächlich viel, allerdings nicht unbedingt aus angeborener Glückseligkeit, sondern eher aus sozialer Konvention. Das Lächeln soll Konflikte verhindern und hält die Gesellschaft zusammen. Je nach Situation kann ein Lächeln viele Bedeutungen haben – sogar negative. Ein Lächeln kann eingesetzt werden, um Unwahrheiten zu überdecken, um „mit lächelnder Miene" Absagen zu erteilen, oder um Unwissen und Hilflosigkeit zu kaschieren. Es umhüllt vielerlei Situationen mit einer Art Zuckerschicht.

■ **Lebenseinstellung:** Thais lieben es heiter und unbeschwert, „Spaß" *(sanuk)* ist eines der zentralen Elemente des sozialen Lebens. Grübler und Pessimisten werden nicht gern gesehen. Tiefgründiges (Nach-)Denken ist vielen Thais ein Graus. Der ausgeprägte Sinn für Spaß und die Abneigung gegen „negative" Gedanken sind aber auch die Grundlage für eine weit verbreitete Oberflächlichkeit. Der Versuch, mit Thais tiefschürfende Gespräche zu führen, endet oft erfolglos. Außer bei guten Bekannten sollte man besser darauf verzichten und selbst die heitere Seite des Lebens betonen.

△ Auch bei dieser Schule in Phuket City müssen die Schuhe draußen bleiben

- **Mönche:** Buddhistische Mönche gelten als Vertreter von Buddha und haben dadurch eine Sonderstellung inne (s. S. 80). Den Gläubigen bringt es „Verdienst" (*buun*) ein, den Mönchen auf ihren Almosenrundgängen Essen zu spenden. Mönche sind aber nicht automatisch „Übermenschen" oder Heilige. Thailändische Zeitungen berichten regelmäßig über Mönche, die vom rechten buddhistischen Pfad auf den hedonistischen Stolperweg abgeglitten sind. Sex und Drogen sind die beliebtesten Mittel, sich ein wenig Abwechslung vom kargen Alltag zu gönnen.

  Den Regeln des Mönchsstandes gemäß dürfen Mönche Frauen weder berühren noch von ihnen berührt werden. Selbst beim Almosengeben werden die Gaben so übergeben, dass keine Berührung stattfindet.

- **Monarchie/Majestätsbeleidigung:** Thailand ist seit 1932 zumindest auf dem Papier eine konstitutionelle Monarchie. Der König gilt als das moralische Oberhaupt des Landes und genießt ein beinahe gottgleiches Ansehen (s. S. 53). Er gilt als „Vater" aller Thais; sein Geburtstag wird gleichzeitig als „Vatertag" gefeiert. Ein strenges Gesetz gegen Majestätsbeleidigung sorgt dafür, dass jegliche Kritik am König unterbunden wird – die Höchststrafe für dieses Vergehen beträgt 15 Jahre Gefängnis. Das Gesetz wird rigoros angewendet und gelegentlich sogar als politische Waffe oder als Druckmittel gegen Rivalen eingesetzt. Die Behauptung, jemand habe eine Majestätsbeleidigung begangen, bringt die beklagte Person umgehend in eine äußerst prekäre Situation. Touristen sollten es so handhaben wie die Thais: außer Lobeshymnen in der Öffentlichkeit keinerlei Meinung zum Thema Königshaus preisgeben. Auch Ausländer sind schon wegen majestätsbeleidigender Aussagen oder Taten (z. B. Vandalismus an einem Königsporträt) oder eines falschen Satzes in einem Buch ins Gefängnis gewandert. Nicht anders erging es thailändischen Webmastern, in deren Internetforen (vermeintlich) anti-monarchistische Beiträge gepostet wurden.

- **Müll/Industrieabfälle:** Ein Umweltbewusstsein im westlichen Sinne existiert in Thailand kaum. Leichtfertig wird mit Müll und Abfällen aller Art umgegangen. Wenn Thais an einem malerischen Ort picknicken, so bleiben meist mengenweise Plastiktüten und Styropor-Verpackungen zurück, auch wenn der nächste Mülleimer nur zehn Meter weit entfernt steht. Nicht anders verhält sich die Industrie mit ihren Abfällen und Abgasen. Der korrupte Staatsapparat erlaubt den Firmen, Gesetze und Auflagen zum Umweltschutz – so vorhanden – zu umgehen. Solange die Höhe der Zahlung stimmt, ist alles in bester Ordnung. Als Tourist sollte man dem schlechten Beispiel nicht unbedingt folgen.

Extrainfo 2 (s. S. 7): Wissenswerte Hintergrundinformationen des Fernsehsenders Al Jazeera zum Gesetz gegen Majestätsbeleidigung

- **Patriotismus/Nationalismus:** Das thailändische Erziehungswesen ist stark auf die eigene Nation ausgerichtet. Die Schüler werden dazu erzogen, sich als stolze Thais zu fühlen und sich voll und ganz mit dem Land und dessen Schicksal zu identifizieren. Der thailändische Geschichtsunterricht dient weniger der geschichtlichen Wahrheitsfindung als der Glorifizierung der Nation. Diese Erziehung führt dazu, dass sich so gut wie alle Thais als waschechte Patrioten bezeichnen würden.

  Nicht selten macht sich ein Überheblichkeitsdenken bemerkbar, vor allem den Nachbarländern Myanmar und Kambodscha gegenüber, mit denen es in der Geschichte oft kriegerische Auseinandersetzungen gab. In der thailändischen Lesart der Geschichte sind die Thais stets die Guten und die Nachbarn die Aggressoren. Die Tatsache, dass Thailand im Gegensatz zu allen Nachbarländern niemals kolonialisiert wurde, bietet ebenfalls Anlass zu Überlegenheitsgefühlen. Ein neutraler, distanzierter Blickwinkel ist in Diskussionen mit Thais in dieser Hinsicht nicht zu erwarten. Über diese engen regionalen Grenzen hinweg wird kaum geschaut; Weltgeschichte oder Weltpolitik sind fast unbekannte Themen.

- **Politik:** Die thailändische Politik ist ein sehr heikles Thema, besonders in den letzten Jahren, in denen das Land praktisch in zwei verfeindete Lager gespalten ist (s. S. 63). Als Ausländer sollte man sich durchaus eine Meinung bilden, diese offen zu äußern ist allerdings nicht sonderlich ratsam. Thais hegen oft eine tiefe Loyalität zu bestimmten Parteien und Politikern. Diese beruht zum Teil weniger auf Logik, sondern auf einer rein emotionalen Grundlage. Bei Gesprächen bleibt man am besten neutral, das verhindert u. U. böses Blut.

- **Prostitution:** Zum Erstaunen vieler Touristen ist Prostitution gesetzlich verboten. Dennoch herrscht an Prostituierten bekanntermaßen kein Mangel (s. S. 149). Der Grund für die florierende Prostitution ist die Korruption, denn Gesetze können durch gezielte Geldzahlungen außer Kraft gesetzt werden. Würde die Prostitution legalisiert werden, verlören viele Personen in lukrativen Schlüsselpositionen ihre illegalen Einnahmen.

  Kunden von Prostituierten haben keinerlei juristische Probleme zu befürchten – außer beim Sex mit Minderjährigen, der auch in Thailand streng bestraft wird (zumindest, wenn Ausländer involviert sind). Als minderjährig gelten in diesem Fall Personen unter 18 Jahren.

> Was macht man nicht alles für die (chinesischen) Götter –
> beim Vegetarian Festival in Phuket geht es besonders „exotisch" zu

Extrainfo 3 (s. S. 7): Beim bizarren Vegetarian Festival fallen viele Teilnehmer in Trance und lassen ihre Körper mit Messern, Eisenstangen und anderen Folterinstrumenten malträtieren.

- **Rauchen:** Rauchen ist in Restaurants, Bars, öffentlichen Gebäuden, öffentlichen Verkehrsmitteln, am Arbeitsplatz (in Gebäuden), in Parks, auf Märkten und auf Sportplätzen untersagt. Sowohl die Raucher als auch die Betreiber der Lokale, in denen geraucht wird, können mit einer Geldstrafe belegt werden. Dennoch wird das Gesetz in zahlreichen Bars außer Acht gelassen.
- **Religion:** So gut wie alle Thais sind religiös, Atheisten sind praktisch unbekannt. Es ist nicht sinnvoll, einem/einer Thai atheistische Prinzipien zu erklären oder die Unlogik bestimmter Glaubensaspekte, Gebräuche oder Riten nahebringen zu wollen. Thais hegen uneingeschränkten Respekt für die Religion ihrer Besucher, das Gleiche sollten auch sie erwarten können. Weniger gut zu sprechen sind die meisten buddhistischen Thais auf Muslime. Dies liegt zum Teil daran, dass im tiefen Süden des Landes (in den Provinzen Yala, Narathiwat und Pattani) seit Jahren muslimische Freischärlergruppen durch Terrorakte eine Loslösung von Thailand erzwingen wollen. Weitere Informationen zum Thema Religion im Abschnitt „Der Buddhismus: allumfassender Einfluss" ab Seite 32.
- **Sex:** Die meisten Thais haben eine entspannte Beziehung zum Sex. Er unterliegt keinem Tabu, sondern wird als ganz natürlicher Akt angesehen (s. S.146). Zudem hat der Großteil der Bevölkerung eine sehr hedonistische Ader. Sex ist für viele eine andere Art von „Spaß" oder

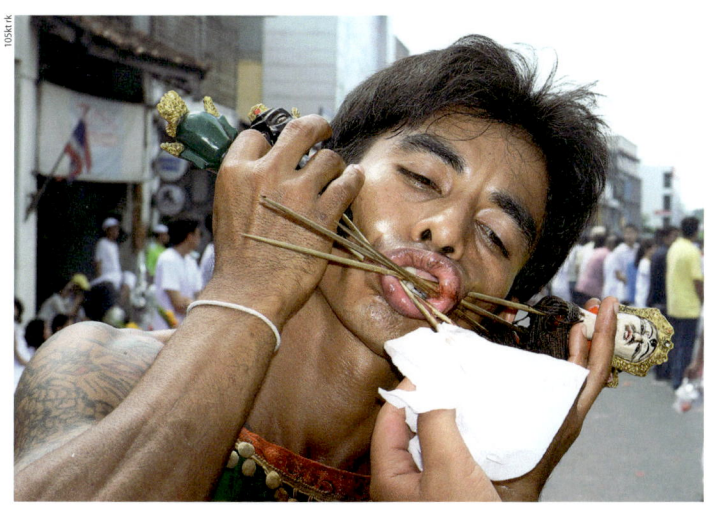

„Genuss", was nicht bedeutet, dass „mann" sich wie in einem Sexparadies fühlen sollte. Außerhalb der Rotlicht-Szene gilt es, bei dem Thema Vorsicht und Zurückhaltung walten zu lassen. Viele Frauen aus gut situierten Familien sind relativ konservativ. Ausländische Touristen, die meinen, alle thailändischen Frauen lägen ihnen zu Füßen, sollten eines Besseren belehrt werden. Zwischen einer Prostituierten aus der Go-Go-Bar und einer gut verdienenden Büroangestellten oder Akademikerin liegen Welten – nicht anders als in Europa.

- **Sprache:** Das thailändische Schulsystem ist eines der rückständigsten in ganz Asien, folglich verfügen viele Thais nur über mangelnde Fremdsprachenkenntnisse und nur wenige sprechen passables Englisch. In Touristenorten dürfte es kaum Kommunikationsschwierigkeiten geben, abseits dieser Orte könnte das schon anders aussehen. Das Erlernen einiger Brocken Thai kann also sicher nicht schaden.
- **Statussymbole:** Geld und Status sind enorm wichtig in Thailand, folglich auch Statussymbole. Das meistverbreitete Statussymbol ist das Auto: Autos werden schon von Leuten erstanden, die nur ein paar hundert Euro im Monat verdienen. Oft werden sie auf Pump erworben, und nicht wenige Käufer müssen sich das Auto im wahrsten Sinne des Wortes vom Munde absparen. Teure Handys, iPhones, iPads etc. sind ebenso „in". Thailändische Frauen schmücken sich gerne mit Handtaschen der Marke Louis Vuitton, in Thailand schlicht „Louis" *(Lui)* genannt. Der gute *Lui* hat allerdings nichts von der Beliebtheit seiner Handtaschen, denn praktisch jede ist ein billiges Imitat.
- **Toilette:** Praktisch alle Toiletten, die der Tourist aufsuchen wird, sind die uns bekannten „westlichen Toiletten". Nur in ganz einfachen Unterkünften in ländlichen Gebieten findet sich noch das ein oder andere Klo, bei dem man sich über ein Loch im Boden hocken muss. Viele moderne Hotels verfügen über eine *spray gun,* eine Art Wasserschlauch, mit dem nach dem Stuhlgang das Hinterteil gereinigt wird. Danach wird aber auch Toilettenpapier benutzt. Letzteres wird in vielen einfachen Restaurants allerdings auch als „Serviette" verwendet: Auf den Tischen stehen Rollen mit Klopapier, von denen man sich ein paar Blatt abreißt, um sich damit den Mund abzuwischen.
- **Trinkgeld:** In besseren Restaurants werden Trinkgelder erwartet, 5–10 % der Endsumme sind angemessen. In schlichten, preiswerten Restaurants oder an Essensständen wird kein Trinkgeld gegeben. Bei Taxis oder Tuk-Tuks sind Trinkgelder ebenfalls nicht üblich, in Taxis

> Was sind denn bitte Verkehrsregeln?

wird bestenfalls der Betrag, den das Taxameter anzeigt, bis zum nächsten Fünfer oder Zehner aufgerundet.

■ **Verkehr:** Thailands Verkehr ist chaotisch. Obwohl die Thais im direkten Umgang miteinander stets darauf erpicht sind, Harmonie walten zu lassen, entwickeln sie sich hinter dem Lenkrad zu gnadenlosen Egoisten. Kein Wunder, dass Thailand nach Libyen und Eritrea die dritthöchste Rate an Verkehrstoten pro Kopf auf der Welt verzeichnet! Eine sehr umsichtige Fahrweise, bei der man für die anderen Verkehrsteilnehmer mitdenkt, ist unbedingt anzuraten. Führerscheine sind praktisch bedeutungslos, da sie für ein paar Euro gekauft werden können. Außerdem ist die Fahrprüfung so einfach, dass selbst ein Sechsjähriger sie bestehen könnte, wenn seine Beine bis zum Gaspedal reichen würden.

Zebrastreifen bieten nicht automatisch Schutz, denn kaum ein Verkehrsteilnehmer hält davor an. Thais benutzen Zebrastreifen meist in Gruppen, d. h. sie warten, bis mehrere Fußgänger versammelt sind, die dann im Pulk die Straße überqueren. So werden die Autofahrer quasi zum Anhalten gezwungen.

Hat sich ein Unfall ereignet, bildet die Fahrerflucht eher die Regel als die Ausnahme. Ist der Fahrer schuldig, so will er sich der Strafe und dem Zorn der Umstehenden entziehen. Ist er unschuldig, so weiß er, dass er nicht auf die Gerechtigkeit und Unparteilichkeit von Polizei und Justiz vertrauen kann. Wer genügend Geld oder einen hohen Status und Beziehungen hat, weiß auch die Verkehrsregeln auf seiner Seite.

- **Verkehrsmittel:** Neben den auch bei uns bekannten Bussen und Zügen wird der Tourist häufig auf die sogenannten Tuk-Tuks zurückgreifen. Es handelt sich dabei um kleine dreirädrige Minitaxis, bei denen der Preis vor Antritt der Fahrt ausgehandelt werden muss. Für Ausländer setzen die Fahrer meist derart hohe Preise an, dass Fahrten mit den Tuk-Tuks teurer ausfallen als mit dem Taxi. Diese verfügen in Bangkok über Taxameter, die von den Fahrern meist auch eingeschaltet werden; auf Festpreise sollte man sich nicht einlassen. Außerhalb von Bangkok gibt es nur an wenigen Orten Taxis (z. B. Chiang Mai, Phuket, Ko Samui). Dort weigern sich die Fahrer oft, nach Taxameter zu fahren, und fordern einen (überhöhten) Festpreis.
- **Vegetarier/Ernährungsvorschriften:** Es gibt nur relativ wenige Vegetarier in Thailand, dennoch finden sich auch in den meisten Kleinstädten ein oder zwei kleine vegetarische Restaurants. Manche Thais essen an bestimmten Tagen aus religiösen Gründen vegetarisch. Ansonsten wird in Thailand fast alles, was schwimmt, läuft oder fliegt, verspeist, allerdings meist in relativ kleinen Portionen. Rindfleisch oder gar Steaks sind nicht sehr beliebt. Muslime essen kein Schweinefleisch. Vegetarier sollten sich die Vokabeln *mangaswirat/mangsawilat* (vegetarisch) und *raan-ahaan mangsawirat/mangsawilat* (vegetarisches Restaurant) merken. Neben den regulären fleischlosen Restaurants gibt es auch solche, die neben Fleisch auch auf Gerichte verzichten, in denen Knoblauch und Zwiebeln enthalten sind, denn diese sollen der spirituellen Entwicklung abträglich sein. Solche Restaurants heißen *raan-ahaan jää*.
- **Zeitverständnis/Pünktlichkeit:** Bei privaten Treffen hält man es mit der Pünktlichkeit nicht sehr genau. Ein Zuspätkommen von 15 bis 20 Minuten ist normal. In Bangkok lässt sich die Verspätung gut auf die berüchtigten Verkehrsstaus der Stadt schieben – die Entschuldigung „*rot tit*" („Es staut") ist eine wirksame Standardausrede.

    In Büros und Fabriken wird Pünktlichkeit erwartet, die Stechuhr ist unbestechlich. Auch bei Geschäftstreffen sollte man pünktlich erscheinen. In Amtsstuben geht es laxer zu: Nach der Mittagspause wird u. U. gar nicht mehr richtig gearbeitet. Schon eine Stunde vor Arbeitsende beschäftigen sich die Damen mit ihrem Make-up, um nach Beendigung der Arbeit gut auszusehen. Wer zu später Bürostunde in einem staatlichem Amt vorspricht, wird dieses vielleicht relativ leer vorfinden und möglicherweise auf mangelnden Elan seitens der Beamten treffen.

◁ Übung macht den Meister – mit Essstäbchen umzugehen erfordert zu Beginn viel Geduld

Die drei Grundpfeiler der Gesellschaft – oder vier?

Der Buddhismus: allumfassender Einfluß | 32

Zauber, Amulette und Aberglaube:

der Buddhismus auf der Volksebene | 39

Vereinender Faktor: die Monarchie | 53

Die Nation: eine einzige große Familie? | 60

◁ Dieses weibliche Fabelwesen begrüßt die Besucher
in einem der zahlreichen Tempel des Landes (110kt Foto: rk)

Der Buddhismus: allumfassender Einfluss

„Die Ära, aus der diese Religion stammt, ist sehr ungewiss, und es ist unmöglich, genau zu sagen, wann sie begann und wie sie sich verbreitet hat ... Die Siamesen behaupten, dass sie ihren Ursprung in Siam nahm."

(Nicolas Gervaise, 1688)

Gibt es einen einzelnen großen Faktor, der das Leben der meisten Thais grundlegend bestimmt, so ist dies sicherlich der Buddhismus. Vom Buddhismus geprägte Denkweisen durchdringen fast jeden Lebensschritt und jedes Lebensstadium. Wer also die Thais verstehen möchte, hat sich mit dieser Weltreligion auseinanderzusetzen, die schon fünf Jahrhunderte vor Beginn des Christentums weite Teile Asiens beeinflusste. Dass die Thais es im Laufe der Zeit zu einer eigenen, typisch thailändischen Form des Buddhismus gebracht haben, spricht nur für ihre nationale Individualität, die einen der wichtigsten Werte darstellt und auf der stolz beharrt wird. Wir haben uns also in erster Linie mit der **thailändischen Variante des Buddhismus** zu beschäftigen, so wie sie sich im Alltagsleben präsentiert.

Der Buddhismus beruht auf der Lehre von **Siddharta Gautama**, einem Fürstensohn, der um das Jahr 543 v. Chr. in Lumbini im heutigen Nepal (wenige Kilometer jenseits der indischen Grenze) das Licht der Welt erblickte. Der Ehrentitel **„Buddha"** (= „Der Erleuchtete"), unter dem er später in ganz Asien und darüber hinaus bekannt werden sollte, wurde ihm erst am Ende seiner religiösen Suche von seinen Anhängern verliehen.

Siddharta Gautama lebte in seiner Jugend ein ausschweifendes Leben, so wie es für die meisten Fürstenfamilien typisch gewesen sein dürfte. Schon früh kamen ihm Zweifel über Sinn und Nutzen von materiellen Errungenschaften. Im Alter von 29 Jahren verließ er schließlich die Sicherheit seines Palastes, trennte sich für immer von seiner jungen Ehefrau *Yashodhara* und dem gerade geborenen Sohn *Rahula* und suchte in der Einsamkeit Antworten auf die Fragen des Lebens. *Rahula* bedeutet „Fessel" und der Name sollte andeuten, dass der junge Sohn eine Fessel an Siddhartas weltliches Leben war; diese zu Gunsten eines spirituellen Lebens zu lösen, war sicher nicht einfach. Bei seiner Suche unterwarf er sich streckenweise asketischen und marternden Disziplinen, die er aber bald als nutzlos verwarf. Die Wahrheit lag, so erkannte er später, immer auf dem **„Mittleren Weg"** – niemals in zu Extremen neigenden Denk- oder Handlungsweisen. Diese Philosophie von einem ausgeglichenen Handeln und Denken hat bis heute tiefgreifende Spuren in der Psyche der Thais hinterlassen.

Nach vielerlei Kasteiungen erlangte *Siddharta Gautama* – unter einem Bodhi-Baum meditierend – schließlich die Erleuchtung. Der Ort dieses Ereignisses, das das Leben eines Großteils der Menschheit prägen sollte, liegt im heutigen Nordindien und wurde *Bodh Gaya* genannt, frei übersetzt der „Ort der Erleuchtung".

Der frisch gebackene *Buddha* oder „Erleuchtete" fasste seine Erkenntnisse in den **Vier Edlen Wahrheiten** zusammen, die später vielen westlichen Denkern als deprimierend „lebensfeindlich" erscheinen sollten:

1. Dukkha (= „Schmerz"): Alles Leben ist Leiden;
2. Samudaya (= „Begierde"): Alles Leiden wird durch Begierden hervorgerufen;
3. Nirodha (= „Beendigung"): Dem Leiden kann durch Auslöschen der Begierden ein Ende bereitet werden;
4. Magma (= „Weg"): Die Begierden lassen sich durch das Begehen des „edlen achtfachen Pfades" auslöschen und somit auch das Leiden.

Dieser **Achtfache Pfad** war eine Art strikter Lebenskodex, der dem, der ihm folgte, eine hohe moralische Haltung und ungebrochene Selbstdisziplin abverlangte. Er bestand aus:

1. der richtigen Erkenntnis, d. h. dem Erkennen der Grundprobleme aller Existenz;
2. dem rechten Denken, d. h. Denken, ohne zu verletzen, dem Hegen von edlen Gedanken;
3. der rechten Rede, d. h. Rede, ohne zu verletzen oder ohne aus eigennützigen Motiven die Unwahrheit zu sagen;
4. den rechten Taten, d. h., nicht zu töten, stehlen etc., sondern seinen Mitmenschen zu helfen;
5. dem rechten Lebenserwerb, d. h. Lebenserwerb, der nicht andere auf irgendeine Weise schädigt;
6. der rechten Bestrebung, d. h., aus eigener Kraft die negativen Gedankenströme zu überwinden;
7. der rechten Aufmerksamkeit, d. h., durch Kontemplation und Meditation zur Selbsterkenntnis zu gelangen;
8. der rechten Konzentration, d. h. der Gabe, einen Gedanken bis zu seinem Ende zu verfolgen, ohne davon abzuschweifen.

Selbst zu Buddhas Zeiten werden sich nur wenige Zeitgenossen diesem Kodex unterworfen haben, der ein Höchstmaß an Muße und Meditation erforderte. Das „gemeine" Volk versuchte wahrscheinlich eher ein normal-harmonisches Leben zu führen, als durch zahlreiche Meditationsübungen ein höheres Bewusstsein zu erlangen, was ungemein mehr Anstrengung verlangte.

Wer sich dennoch den Mühen aussetzte, sollte belohnt werden: Nach buddhistischer Lehre steht nach dem Tode des Menschen die Reinkarnation, d.h. seine Seele wird in einem anderen Körper – schlimmstenfalls auch als Tier oder Dämon – wieder geboren. Wer in seinem Leben mehr gute als schlechte Taten begangen oder sich in einen reinen Bewusstseinszustand hineinmeditiert hatte, durfte mit einer besseren Wiedergeburt und somit einem günstigeren Schicksal rechnen. Ein Übermaß an schlechten Taten würde dementsprechend durch eine negative Reinkarnation vergolten.

Diese Philosophie des **Karma** (Thai: *gkam*), des Vergeltens von Gleichem mit Gleichem, durchdringt noch heute das Denken eines jeden Buddhisten und hat tiefgreifende Auswirkungen. Einer der positiven Effekte ist der oft bewundernswerte Gleichmut, mit dem Missstände oder Unheil ertragen werden können, da sie ja im Grunde durch böse Taten im vorangegangenen Leben selbstverschuldet sind. Weniger positiv ist ein häufig daraus entstehender Fatalismus, der die negativen Zustände als schicksalsgegeben annimmt und jeden Versuch, diese aktiv zu beenden, im Keim erstickt. Ein Großteil des asiatischen Laisser-faire, das westliche Besucher immer wieder abwechselnd zu Bewunderung und Verachtung verleitet, beruht auf der Vorstellung eines unabänderlichen, selbstverschuldeten Karmas.

Das Endziel des Buddhismus ist das **Nirwana** (Thai: *niphaan*), das Auslöschen aller Begierden, das in einen körperlosen, übermenschlichen Zustand mündet und das Ende der Kette der Wiedergeburten bedeutet. Als Buddha als vollkommen Erleuchteter starb, muss er dieses ersehnte Nirwana erreicht haben; zahlreiche Statuen von „Liegenden Buddhas" (Thai: *phra non*) zeigen ihn in gerade dem Moment, in dem er – auf seiner rechten Seite liegend – ins Nirwana übergeht. Den „normalen" Buddhisten allerdings, die vor den Statuen Opfergaben ablegen, dürfte das Nirwana ebenso weit entfernt sein wie dem Christen der Gedanke, sich für die Missetaten anderer ans Kreuz schlagen zu lassen!

Wie wohl jede andere Weltreligion auch, so spaltete sich auch der Buddhismus nach dem Hinscheiden seines Begründers in unterschiedliche Zweige. Von Indien aus verbreitete sich die ursprüngliche Form des Buddhismus, die später **Hinayana** („Kleines Fahrzeug") genannt wurde, nach Sri Lanka und weite Teile Süd- und Südostasiens. Später bildete sich in Indien der **Mahayana** („Großes Fahrzeug") heran, der China, Zentralasien, Vietnam, Kambodscha, Japan und weitere Teile Ostasiens erreichte.

Im Gegensatz zum Hinayana legte der Mahayana keinen großen Wert auf die Erlangung eines persönlichen Nirwana, sondern sah sein Ideal in den **Boddhisattva,** vollkommenen Wesen, die anderen zur Erlösung verhalfen. Ein Boddhisattva sollte erst ins *Nirwana* einziehen, wenn auch das letzte Wesen auf Erden von seinen Leiden befreit worden war.

Nachdem Thailand schon im 3. Jahrhundert v. Chr. mit dem Buddhismus in Kontakt gekommen war, verankerte *König Ramkhamhaeng* (reg. 1279–1298) von Sukhothai aufgrund des Einflusses von ceylonesischen Mönchen den Hinayana-Buddhismus als Staatsreligion. Mitte des 18. Jh. revanchierten sich thailändische Mönche und eine Delegation unter der Leitung von *Phra Ubali* aus Ayutthaya führte in Kandy auf Sri Lanka die „höhere Mönchsweihe" ein (nur für Aspiranten aus der höchsten srilankischen Kaste), die für eine Wiederbelebung des im Niedergang begriffenen Buddhismus auf der Insel sorgte. Die Beziehungen der buddhistischen Bruderländer Sri Lanka und Thailand wurden weiterhin gepflegt und bis heute besteht ein reger „Mönchsverkehr" zwischen beiden Län-

◁ Massenanfertigung: Buddha- und Mönchsfiguren in einem Geschäft in Bangkok

dern. 1978 stifteten Mönche aus Sri Lanka Teile der angeblichen Asche Buddhas dem Wat Indraviharn in Bangkok, wo sie in den Haarknoten der gigantischen Buddhastatue des Tempels eingemauert wurden.

In Thailand wird der landesübliche Hinayana-Buddhismus allerdings anders bezeichnet – als **Theravada** oder „Weg der Älteren". Auf diese Weise soll die Ursprünglichkeit dieser Form des Buddhismus verdeutlicht werden und ebenso wird so die etwas herablassende Titulierung „Kleines Fahrzeug" im Gegensatz zum „Großen Fahrzeug" geschickt umgangen. Im Vergleich mit dem Mahayana fühlt sich der Theravada als die Form des Buddhismus, die sich mit größtmöglicher Mühe an die exakte Befolgung der Heilslehre hält.

Über diese schriftengerechte Ausübung wacht der **Sangha,** die „Gemeinschaft der Mönche", bzw. ein daraus gewählter Aufsichtsrat. Diesem Rat unterwerfen sich die Mönche schon bei ihrer Ordination, indem sie die folgenden Pali-Sätze sprechen:

Buddham Sharanam Gacchami
Dhammam Sharanam Gacchami
Sangham Sharanam Gacchami

Zu deutsch:
Ich nehme Zuflucht im Buddha
Ich nehme Zuflucht im religiösen Gesetz
Ich nehme Zuflucht in der Gemeinschaft der Mönche

Vergehen gegen die vom *Sangha* vorgeschriebenen Regeln können für Mönche den Ausschluss aus dem Mönchsstand bedeuten. Im schlimmsten Fall kann der Rat ein Strafverfolgungsverfahren beantragen, Missetätern droht sogar Gefängnis. Wie alle konfessionellen Aufsichtsräte, so besteht auch dieser aus konservativen älteren Herrschaften, die unkonventionelle Abweichungen von der vorgeschriebenen Norm ohne jedes gnädige Wohlwollen betrachten. Das bekam im Jahre 1989 auch die **Sekte Santi Asoke** zu spüren. („Santi Asoke" ist die übliche englische Transkription; sprich *saanti asok,* zu deutsch: „Frieden und Sorglosigkeit".) Sie wurde 1975 von einem ehemaligen TV-Produzenten gegründet, der sich zunächst als „herkömmlicher" Mönch hatte weihen lassen und sich mit Mönchsnamen nun *Phra Bodhirak* nannte. Unzufrieden mit der sei-

> Kein Tempel ohne Stupa:
Im Idealfall enthalten sie Teile der sterblichen Überreste Buddhas

ner Meinung nach fälschlichen Auslegung des Buddhismus, scharte er zahlreiche Anhänger um sich und gründete Santi-Asoke-Zentren in Bangkok, Nakhon Pathom, Khorat, Nakhon Sawan und Roi Et.

Was machten diese Leute nun anders? Zunächst einmal waren sie strikte Vegetarier, wogegen die „normalen" Mönche auch Fleisch essen; weiterhin verpflichteten sich Santi-Asoke-Mönche auf Lebenszeit, wogegen die „normalen" Mönche in den meisten Fällen nur wenige Wochen oder Monate im Mönchsstand verbringen; und wohl am wichtigsten von allem – diese Mönche beteten nicht zu Statuen Buddhas, wie es sonst die Regel war – und hielten

ein schlichtes, tatkräftiges Leben für wichtiger als Meditation.

1989 strebte der Sangha ein Gerichtsverfahren gegen *Phra Bodhirak* und seine Anhänger an, da sie keine „echten" Mönche seien. Das folgende juristische Hin und Her sah kurzzeitige Verhaftungen der Mitglieder vor, endete aber ansonsten lediglich mit der Auflage, dass die Santi-Asoke-Mönche ihre Mönchsgewänder ändern mussten, um sich von den – laut *Sangha* – „echten" Mönchen deutlich zu unterscheiden.

Bei der Debatte schlugen sich große Teile der Bevölkerung und die allermeisten Politiker rückhaltlos auf die Seite Goliaths, des *Sangha*. Journalisten, die positiv über *Santi Asoke* schrieben, wurde sogar mit Gefängnis gedroht, ihren Zeitungen mit sofortiger Schließung. Die Mitglieder der Sekte haben den Kampf gegen das religiöse Establishment mehr oder weniger aufgegeben und agieren im Stillen; man finanziert sich aus dem biologischen Anbau von Nahrungsmitteln und betreibt vegetarische Restaurants.

Zeigte die Überreaktion gegen *Santi Asoke* auf der einen Seite die Grenzen thailändischer Demokratie und Meinungsfreiheit auf, so wurde im Besonderen aber auch eine thailändische Urangst offengelegt: die Angst, das so mühsam aufrecht erhaltene Staatsgefüge könne jeden Moment zusammenbrechen. Es ruht auf drei Grundpfeilern, die auch in der Nationalflagge ihren symbolischen Ausdruck finden – **Monarchie** (in der Flagge als blauer Streifen dargestellt), **Nation** (in der Flagge rot) und **Religion,** was in der Mehrheit mit Buddhismus gleichzusetzen ist (in der Flagge weiß). Rumort es in einem der drei Grundpfeiler – in diesem Falle im Standbein Religion –, so scheint das gesamte Staatsgefüge gefährdet.

Staat und *Sangha* mussten jedoch bald einsehen, dass eine weitere Verfolgung juristisch unsinnig wäre und der gescholtenen Sekte womöglich noch weitere Anhänger liefern könnte – wie man weiß, ist *any publicity good publicity*. Einen weiteren Zulauf hätte man sicherlich nicht gewünscht, da damit auch wertvolle Spendengelder in die Kasse von *Santi Asoke* geflossen wären. So erstarb die Diskussion zwar allmählich, in esoterischen Kreisen wird aber seither gemunkelt, dass Buddha – sollte er noch einmal diesen Planeten besuchen müssen – sich am liebsten als Santi-Asoke-Mönch reinkarnieren würde!

Als staatstragende Säule genießt der Buddhismus wie jede andere Religion den **Schutz des Gesetzes,** und *König Bhumipol Adulyadej* versteht sich als Schutzherr einer jeden in Thailand vorhandenen Konfession. Willkürliche Beleidigungen einer Religionsgemeinschaft können mit Gefängnisstrafen geahndet werden. Das hat schon so manch westlicher Tourist oder manches Fotomodell zu spüren bekommen, die sich zum Posieren für Fotos auf Buddhastatuen setzten. Buddhastatuen gelten als heilige Symbole, die durch Daraufsetzen oder -stellen entweiht werden. Als ein dänisches Magazin Fotos von einem Thai-Mädchen abdruckte, das auf einer Buddhastatue posierte, waren weite Teile der thailändischen Bevölkerung entrüstet. Um einer eventuellen Schmähung ihrer Religion vorzubeugen, dürfen aus Thailand keine Buddhastatuen ausgeführt werden – eine Folge von Fällen, in denen sie als Briefbeschwerer oder Hutständer hatten herhalten müssen.

In seiner Funktion als Schutzpatron der Religionsgemeinschaften besucht *König Bhumipol* Moscheen und Kirchen ebenso wie die buddhistischen *wat*. Der im Allgemeinen sehr **tolerante Buddhismus** duldet an seiner Seite jede andere Religion, sofern sie nicht das Staatsgefüge erschüttert. Thailand ist somit zu einem religiösen Musterland herangewachsen, in dem Scharmützel zwischen unterschiedlichen Konfessionen, so wie sie z.B. in Indien fast an der Tagesordnung sind, vorläufig undenkbar sind.

Heute sind 95% aller Thais **Buddhisten,** 4% sind Moslems und das restliche Prozent rekrutiert sich aus Christen (ca. 300.000), Sikhs und Hindus (zusammen ca. 100.000) und anderen. Für **Atheisten** ist aber weder in der Statistik noch im täglichen Leben Platz. Atheist zu sein ist für Thais ein unvorstellbarer Zustand der Leere, eine Existenz ohne jeglichen Halt. Reisende, die von sich behaupten, keiner Konfession anzugehören, werden dafür eine große Menge Unverständnis ernten, möglicherweise vermischt mit einer Spur gut kaschiertem Abscheu.

Zauber, Amulette und Aberglaube: der Buddhismus auf der Volksebene

„Der fünfzehnte Himmel ist der Wohnsitz der Gesegneten; hier erfreuen sie sich einer Glückseligkeit, die vollkommen wäre, wäre sie nicht durch Zeit begrenzt. Diese kann 16 Millionen Jahre währen, aber es gibt nur wenige gute Menschen, deren Wohltätigkeit so hohen Grades ist, daß sie ihnen eine so lange Belohnung bescheren könnte. Jedes Jahr können 16.076.000 Menschen in dieses neue Paradies eingehen."

Nicolas Gervaise, 1688

Räucherstäbchen gehören an vielen Schreinen einfach dazu – so wie hier am Erawan-Schrein in Bangkok, der stets von dichten Rauchschwaden umhüllt ist

Als sich der Buddhismus ab dem 3. Jahrhundert v. Chr. über das Gebiet des heutigen Thailand ausbreitete – initiiert vom indischen *König Ashoka,* der Missionare entsandt hatte –, stieß er dort auf eine Reihe anderer Religionsformen. Südindische Brahmanen-Priester hatten den **Brahmanismus** eingeführt, eine frühe, von magischen Riten durchsetzte Form des **Hinduismus.** Die Brahmanen wurden aufgrund ihrer Zauberkundigkeit sogar an den Königshof gerufen und mit der Durchführung aller wichtigen Zeremonien betraut. Diese Aufgabe nehmen ihre Nachfahren noch heute wahr. Der Hinduismus verbreitete sich durch indische Händler über ganz Südostasien und beeinflusste auf thailändischem Gebiet vor allem die Völker der Mon und Khmer. Allen voran ging jedoch der **Animismus,** die Urform aller Religion, der schon seit Menschengedenken gehuldigt worden war.

All diese Religionsformen konnten mit dem toleranten Buddhismus koexistieren. Sie vermischten sich sogar mit ihm und bildeten eine volksnahe Religionsform, die stark von Ritualen geprägt war. Das bedeutete aber auch eine Verwässerung des ursprünglichen Buddhismus, dessen Begründer die Innenschau und Meditation propagiert hatte, nicht aber Rituale oder das Verehren von Götterbildern.

Möglicherweise konnte der Buddhismus – eine im Grunde intellektuell-nüchterne, den Intellekt fordernde Religion – nur durch die **Vermischung mit Ritual und Aberglauben** überleben.

Der heutige in Thailand praktizierte Buddhismus ist immer noch diese volksnahe Mischform und neben dem ernsthaften Suchen nach dem „eigenen Licht" im Inneren, wie Buddha es formuliert hatte, existiert ein Sammelsurium an animistisch und brahmanistisch geprägten Ritualen.

010kt rk

So ist es alltäglich, wenn sich Gläubige von verehrten Mönchen **Amulette** *(khrüang raang/khong khlang)* aushändigen lassen, die mit *saksit,* einer spirituellen, übernatürlichen Energie, geladen sein sollen. Zu den wichtigsten Amuletten gehören kleine Bildnisse Buddhas, die aus Kalkstein und geheiligtem Wasser gepresst und als Halskette getragen werden. Zahlreiche Mönche verteilen die populären *klik* oder *palaat klik,* holzgeschnitzte Penisse in allen

Größen, die Unglück fernhalten und Glück herbeizaubern sollen. Mancher Geschäftsinhaber stellt sich einen *klik* in die Auslage, um so einen guten Umsatz zu erreichen, und „füttert" ihn symbolisch mit Obst oder *phüak*, einem Wurzelgemüse, das dem *klik* besonders bekommen soll. Im Garten des Hilton Hotels in Bangkok steht ein Schrein, der der chinesischen Göttin *Mae Tabtim* (übersetzt je nach Auslegung „Mutter Granatapfel" oder „Mutter Rubin") geweiht ist und der aus überdimensionalen Holzpenissen besteht. Hier beten Gläubige um Schutz und Beistand und legen weitere kleinere Holzpenisse ab. Besonders erfolgversprechend sind dort Gebete von Frauen, die hoffen, schwanger zu werden.

1990 ging eine Klik-Manie durch den Nordosten Thailands, die ökonomisch rückständigste Region des Landes. Nachdem zahlreiche meist männliche Einwohner aus ungeklärter Ursache im Schlaf verstorben waren, sahen Teile der Bevölkerung die Geisterwelt im Spiel und versuchten sich durch das Aufstellen von **klik** oder das Tragen von ganzen Klik-Ketten um die Hüfte zu schützen. Einige Männer legten zudem Frauenkleider an und bemalten ihre Fingernägel, was – nach Aussage von Zauberkundigen – weiteren Schutz versprach. Das Phänomen des unerklärlichen nächtlichen Todes ist in der Medizin unter dem Begriff SUNDS bekannt, eine Abkürzung für *Sudden Unexplained Nocturnal Death Syndrome*. Da selbst in Fachkreisen nicht viel über das Syndrom bekannt ist, schien der Bevölkerung die Zuflucht zu den *klik* plausibel. Nachdem in der Provinz Ubon Ratchathani die *klik* wie Pilze aus dem feuchten Tropenboden geschossen waren, sah sich die Provinzregierung zu einer Aufklärungskampagne in Sachen „Klik gegen SUNDS" gezwungen.

Um sich vor Unglück zu schützen, lassen sich viele Männer mit **Tätowierungen** *(sak)* versehen, die sie im günstigsten Falle sogar unverwundbar machen, sodass ihnen selbst Messer oder Kugeln nichts anhaben können. Die Tätowierungen werden von einem erfahrenen Tätowiermeister *(khru sak)* unter Rezitation von magischen Formeln in die Haut geritzt. (Das Wort *khru* geht auf die bekannte Sanskrit-Vokabel *guru* zurück.)

Ebenfalls unverwundbar machen soll das *leg laay*, eine kleine zauberwirksame Metallkugel, die unter der Haut – meistens am Oberarm – eingeführt wird, wo sie eine schwellungsähnliche Erhebung bildet. Die Ironie dabei: Der Talismann führt häufig zu schmerzhaften Hautinfektionen, seltener zur angestrebten Unverwundbarkeit.

Harmloser ist der *sa khot*, ein farbiger, von einem Mönch gesegneter Zwirnsfaden, der um das Handgelenk getragen wird und vor Unglück

◁ Obst und Blumen: häufige Opfergaben an chinesisch-buddhistischen Schreinen

schützen soll. Neben den genannten steht ein weiteres großes Angebot an Amuletten zur Verfügung und Thailand beherbergt florierende Amulettmärkte (z. B. auf dem Gelände von Wat Rajanatda, Bangkok), die keinen Wunsch offen lassen. Kenner der Szenerie kaufen die Amulette erst nach eingehender Prüfung und Absprache mit einem erfahrenen Mönch.

Nach dem Urteilsspruch des *Sangha* ist Mönchen das Austeilen von Amuletten nicht gestattet. Ein Mönch, der von sich behauptet, über *saksit* zu verfügen und diese auf Amulette übertragen zu können, handelt entgegen der buddhistischen Lehre, die die Zurschaustellung von spirituellen Fähigkeiten verurteilt. Als 1989 im Verlaufe der Santi-Asoke-Kontroverse auch das unbuddhistische Amulettverteilen vieler Mönche in die Debatte geriet, tauchte so mancher Klik-Verteiler in den Untergrund ab. So auch ein bekannter Mönch des Nordostens, der speziell wegen seiner kraftgeladenen *klik* zu Ruhm gekommen war und nun – gehetzt von den Spähern der *Sangha* und der Polizei – sein Heil in der Flucht suchte.

In den Jahren 2006/2007 wurde Thailand von einer wahren **Amulettmanie** erfasst. Im Tempel Wat Mahathat in Nakhon Si Thammarat in Südthailand werden die sogenannten Jatukham-Rammathep-Amulette gefertigt, denen besondere magische Kräfte nachgesagt werden. Die Amulette können von einigen Hundert bis zu Hunderttausenden von Baht kosten. Die Nachfrage stieg plötzlich so sehr an, dass im „Run" auf die Amulette sogar eine Person vor dem Tempel zu Tode getrampelt wurde. Das Geschäft mit den Talismanen wurde zum Milliardenbusiness und allerorts sah man plötzlich Männer, die sich die dicken Amulette, mit einem Buddha-Bildnis darauf, vom Halse baumeln ließen. Die Glücksbringer sollen unterschiedliche magische Kräfte besitzen und einer bestimmten Art von Jatukham wird nachgesagt, dass es den Träger „grundlos reich" machen würde. Die Jatukham-Manie ist wohl nicht zufällig gerade zu diesem Zeitpunkt entstanden: Thailand durchlebte zu der Zeit eine schwierige politische Phase, die Wirtschaft verzeichnete einen Einbruch und vielen Thais fehlte eine Zukuntsperspektive – die Jatukham-Amulette versprachen einen magischen Ausweg aus der Krise.

Neben Amuletten oder Tätowierungen gelten aber auch ganze **Schreine oder Tempel** als mit besonderer *saksit* versehen. Viele der Schreine sind dabei hinduistischen oder chinesischen Gottheiten wie *Brahma, Vishnu, Shiva* oder der zuvor erwähnten *Mae Tabtim* geweiht. Das möglicherweise bekannteste Beispiel hierfür ist der Erawan-Schrein in Bangkok,

> Der Erawan-Schrein in Bangkok:
Thailands wichtigster Schrein aus der Hindu-Tradition

der im Ruf steht, die Wünsche von dort Betenden zu erfüllen. Passanten, die am Schrein vorübergehen, falten die Hände in einem respektvollen *wai,* dem traditionellen thailändischen Gruß. Dasselbe tun auch zahlreiche Bus- oder Autofahrer, die sogar ihr Lenkrad für einige Sekunden sich selbst überlassen.

An vielen chinesischen Tempeln, die von der chinesischen Minderheit besucht werden, werden Tempelfeste abgehalten, die u. a. der Göttin *Mae Tabtim* geweiht sind. Dabei gehen Medien in Trance über glühende Kohlen, durchstechen sich Zunge oder Wangen mit Schwertern oder besteigen Leitern, deren Sprossen mit skalpellscharfen Messern besetzt sind. Dabei schützt sie die *saksit* der Göttin, die aber nicht immer unfehlbar ist. Todesstürze von den bis zu 30 m hohen Leitern oder üble Fußverletzungen wurden schon registriert. Als 1989 bei Wat Singh in Bangkok ein Medium, ein junges Mädchen, in die Tiefe gestürzt war, versammelten sich zuerst einige Gläubige um die Verunglückte und beteten zu der Göttin, die sie in dem Mädchen wähnten. Erst nach einer guten Viertelstunde kam jemand auf die Idee, einen Krankenwagen zu rufen.

An chinesischen Tempeln fallen die bunten, etwa konisch geformten Schlote auf, in denen Thailands Chinesen Opfergaben für die Ahnenwelt verbrennen: falsche Banknoten, Papphäuser, Pappautos – bevorzugterweise Marke Mercedes – und was die Toten sonst noch so an Materiellem benötigen mögen. Die **Opfergaben** stellen die Toten zufrieden, die ihrerseits aus dem Jenseits für das Glück und Wohlergehen der lebenden Nachkommen sorgen. Eine Vernachlässigung der Ahnenverehrung dagegen bedeutete sicheres Unheil. Wer den überdurchschnittlichen Wohlstand von Thailands chinesischer Minderheit betrachtet, mag fast an die Effizienz der Opfergaben glauben.

Die Liste von im Grunde „unbuddhistischen" Ritualen um Götter, Geister oder Ahnen könnte noch viele weitere Seiten füllen. Auf Hunderte von Arten versuchen die Thais, sich mit den sie umgebenden unsichtbaren Kräften zu arrangieren und sie zu ihren Gunsten zu beeinflussen. Die Achtung, die sie dabei der spirituellen Welt schenken, ist stark von Furcht geprägt – von der Furcht, die Kraft der **Geister** könne bei Missachtung oder Vernachlässigung in ihrem Leben katastrophale Ereignisse auslösen. Diese Angst vor den Geistern drückt sich auch in zahllosen schlecht produzierten *nang phi* oder Geisterfilmen aus, die den Thais zwar Alpträume bereiten können, dem westlichen Betrachter aber eher ein amüsiertes Lächeln abgewinnen. Geisterfilme gehören neben amourösen Seifenopern zu den beliebtesten Filmen in Thailand.

Geister gibt es überall. Aus Angst vor ihnen scheuen sich viele Thais davor, in Hotels oder fremden Häusern zu übernachten, oder meiden Gegenden, von denen sie glauben, dass sich dort besonders viele Geister von Verstorbenen aufhalten, z. B. auch die Gebiete, in denen beim Tsunami im Dezember 2004 viele Menschen starben. Nach dem Tsunami ging die Zahl der thailändischen (ebenso wie auch der chinesischen, taiwanesischen und südkoreanischen) Besucher in den betroffenen Gebieten dramatisch zurück, da haarsträubende Geistergeschichten die Runde machten. Die thailändische Regierung ließ zweimal Mönche aus Japan einfliegen, die am Strand von Patong auf Phuket exorzistische Rituale durchführten. Diese dienten dem Zweck, die ängstlichen Thais (und anderen Asiaten) davon zu überzeugen, dass nun die unruhigen Geister ihren Frieden gefunden hätten und keine Geistersichtungen mehr zu befürchten seien.

Fast zu jedem Haus gehört ein sogenanntes **Geisterhäuschen** *(san phra phuum),* das den Geistern zur Verfügung gestellt wird, die das Gelände bewohnt haben, bevor das Haus gebaut wurde. Zur Errichtung dieser Geisterhäuschen sind penible Regeln zu befolgen, deren Missachtung großes Unglück auslösen kann. In den Geisterhäuschen werden regelmäßig Opfergaben wie Reis, Obst oder Süßigkeiten abgelegt, die die Haus-

▷ Bei vielen Thais sehr beliebt: der glückbringende Hindu-Gott Ganesha

geister beschwichtigen sollen. Von Art und Aussehen können sich die Geisterdomizile enorm unterscheiden: Da gibt es von kleinen, vogelhausähnlichen Konstruktionen mit zusammengeklaubtem Wellblechdach bis zum opulenten, blumenüberstreuten Schrein von Banken oder Kaufhäusern, die größer sind als so manche menschliche Unterkunft, so ziemlich alle Variationen. Man beachte z. B. die beiden bombastischen Geisterhäuser am World Trade Centre in Bangkok, von denen eines dem hinduistischen Elefantengott *Ganesh* geweiht ist. Es gibt also so viele Arten Geisterhäuser, wie es Menschenwohnungen gibt, denn die Großzügigkeit, die man der Geisterwelt zeigt, ist auch eine Frage des Geldes.

Geisterhäuser neben Banken und Kaufhäusern – nichts könnte das perfekte Nebeneinander von „modernem" Leben und traditionellem Geisterglauben besser symbolisieren. Westler haben oft Schwierigkeiten, beide Aspekte unter einen Hut zu bringen, für Thais gehören sie zusammen und schließen sich nicht gegenseitig aus. Schließlich helfen die Geister, dass das Bankgeschäft floriert und das Kaufhaus seine Umsätze steigert!

Auch die *Thai Airways International*, die westlichen Fluggesellschaften bezüglich Sicherheit in nichts nachstehen dürfte, verlässt sich außer auf hochqualifizierte Techniker auch auf die Hilfe der spirituellen Sphäre. So werden neue Flugzeuge von hoch angesehenen Mönchen im feierlichen Ritual gesegnet. Dabei wird der Zeitpunkt der Segnungszeremonie auf einen astrologisch günstigen Moment gelegt. Die Mönche haben dazu wie bei allen Segnungsfeiern in ungerader Zahl zu erscheinen, da gerade Zahlen Unglück heraufbeschwören würden. Eine gerade Anzahl von Mönchen kommt nur bei Totenfeiern zusammen, da dem zu Feiernden ohnehin nicht mehr viel zustoßen kann.

Ebenso werden Fabrik- oder Geschäftseröffnungen durch althergebrachte Rituale gesegnet und selbst manch westlich ausgerichteter, dynamischer Jungmanager verzichtet nicht darauf. Zum Teil natürlich aus reiner Konvention, da die Gesellschaft einfach eine derartige Feier erwartet, andererseits aber auch aus Sicherheitsgründen: Schließlich ist ja durch nichts bewiesen, dass es keine Geister gibt, also warum sollte man das Unheil heraufbeschwören?

Wie wohl überall auf der Welt, so schlummert auch in Thailand das Konservative unter einer hauchdünnen Maske der Modernität. Und so ist es auch nicht allzu verwunderlich, wenn man vielleicht ein junges Mädchen in Jeans und flotter Bluse sieht, das den Stadtgeistern von Bangkok am Lak Muang (Stadtschrein) einen fettglänzenden Schweinskopf opfert, denn Schweinsköpfe mögen Bangkoks Stadtgeister angeblich besonders gern.

Aberglaube – Ge- und Verbote im Alltag

Die folgenden abergläubischen Einstellungen finden sich noch bei vielen Bewohnern rückständiger ländlicher Gebiete, den meisten Bewohnern Bangkoks dürften sie jedoch zunehmend unbekannt sein. Das Bildungsgefälle zwischen den Städten (allen voran Bangkok) und beispielsweise den ärmeren Landstrichen im Nordosten des Landes kann immens sein.

- An einem Mittwoch sollten niemals größere Unternehmungen, darunter auch Wohnungsumzüge oder Reisen, begonnen werden. Selbst das Haareschneiden an diesem Tage könnte Unglück bringen. Aus diesem Grund bleiben viele Friseurgeschäfte in den ländlichen Gebieten am Mittwoch geschlossen, es käme ohnehin kaum jemand.
- Die Mondfinsternis wird als der Versuch des bösen Geistes *Rahu Kin Chan* („Mondfressergeist") betrachtet, den Mond zu verschlingen. Bei Beginn des Ereignisses werden die Familienangehörigen geweckt, um zusammen mit allen Dorfbewohnern einen furchterregenden Lärm zu erzeugen, der den Geist vertreiben soll. Dazu wird unter lautem Geschrei mit allem geschlagen, gerasselt und gescheppert, was einen Ton erzeugt. (Wie viele andere thailändische Bräuche hat auch dieser seinen Ursprung im kulturell so einflussreichen Indien; in indischen Dörfern wird heute noch der „Mondfresser" mit Lärm verjagt.) Außer den Menschen werden aber auch der im Haus vorhandene Reis und Betel „geweckt", deren innewohnende gute Geister bei der Bekämpfung des Mondfressergeistes helfen sollen. Schwangere Frauen müssen sich zur Mondfinsternis eine Nähnadel an die Bluse stecken, da sonst der Geist in das ungeborene Kind einfahren könnte.

▷ Nächtliche Gebete: Kaufhäuser in Bangkok wetteifern im Bau immer opulenterer Götterschreine

- Der Geist *Phii Pungtai* hängt sich an zur Erde fallende Sterne, um in ungeborene Kinder einzufahren. Nach landläufiger Auffassung ist *Phii Pungtai* die Seele eines Verstorbenen, der wieder geboren werden soll. Wer eine Sternschnuppe fallen sieht, sollte niemanden darauf aufmerksam machen, da die Mission des *Phii Pungtai* sonst scheitern würde und er einen neuen Anlauf zur Wiedergeburt unternehmen müsste.
- Schwangere Frauen sollten nicht auf der Türschwelle sitzen, das hätte eine schwere Geburt zur Folge. Während der Schwangerschaft sollte die Frau niemals Kinder als „hässlich" *(na gliet)* bezeichnen, da sie dann selber ein unansehnliches Kind zur Welt bringen würde. Schlangen respektieren Schwangere und würden sie niemals beißen. Während der Schwangerschaft soll die Frau keine Eier aufschlagen, Muscheln öffnen oder Tiere schlachten, um sich nicht am Leben zu versündigen. Isst die Frau Früchte, die zwillingsähnlich zusammengewachsen sind, wird sie Zwillinge gebären. Um eine leichte Geburt zu gewährleisten, sollte die Frau unter dem Bauch eines Elefanten herkriechen. Aus diesem Grunde sieht man selbst in Bangkok Elefantentreiber, die Schwangere gegen ein Entgelt unter ihren Dickhäutern hindurchkriechen lassen. Schwangere, die mit einem großen Kochlöffel essen, bekommen Kinder mit einem hässlichen, großen Mund.
- Die Tochter des Hauses sollte beim Kochen niemals singen. Ansonsten bekommt sie später einen Ehemann, der um vieles älter ist als sie.

- Beim Essen im Familienkreis sollte niemals gesagt werden, dass das Essen gut schmeckt. Dies würden Geister hören, die dann Bauchschmerzen verursachen würden. In gleicher Weise sollten kleine Kinder nie als hübsch, sondern immer nur als hässlich bezeichnet werden, damit die Geister nicht auf das Kind aufmerksam werden und es aus Neid peinigen.
- Wird das Essbesteck so auf den Tisch gelegt, dass es wie in einer langen Reihe aufgereiht wirkt, wird ein Verwandter das Haus besuchen.
- Wenn Glühwürmchen ins Haus fliegen, werden bald Gäste zu bewirten sein.
- Stößt jemand beim Essen auf, so denkt gerade jemand an ihn/sie und spricht dessen/deren Namen aus.
- Beim Essen im Familienkreis sollte man niemals gleichzeitig aufhören, da man sonst gemeinsam sterben muss.
- Wenn jemand aus dem Hause geht und ein Gecko beginnt zu rufen, so sollte er sein Unterfangen besser verschieben. Es könnte ihm ein Unheil widerfahren.
- Wer zu Fuß geht oder in einem Fahrzeug sitzt und verendete Tiere sieht, sollte darüber keine Bemerkung machen, sonst könnte ihm/ihr ein Unglück zustoßen.
- Fährt ein Bräutigam ins Brauthaus zur Hochzeitsfeier und sieht unterwegs ein totes Tier, sollte auch er keinesfalls darüber sprechen. Die Ehe würde in einer Katastrophe enden.
- Bei der Hochzeitsfeier darf unter keinen Umständen Geschirr kaputtgehen, ansonsten endet die Ehe mit Sicherheit in Scheidung.
- Wird beim Hochzeitsschmaus das Essen an die Mönche ausgegeben, so ergreifen Braut und Bräutigam den Löffel gleichzeitig. Dabei versuchen beide, den Löffel so weit vorne wie möglich zu fassen. Wer am nächsten an die Schöpfstelle greift, wird in der Ehe das Sagen haben.
- Am Hochzeitstag schlagen alte Frauen, die eine glückliche und lange Ehe geführt haben, das Brautpaar mit einer Matte oder einem kleinen Teppich. Daraufhin wird die Ehe der frisch Vermählten ausdauernd und glücklich sein.
- In der Hochzeitsnacht versucht jeder Ehepartner, als Letzter einzuschlafen. Denn wer zuletzt einschläft, wird auch als Letzter sterben.
- Finger- oder Fußnägel sollten niemals abends oder nachts geschnitten werden. Wer es dennoch tut, wird sich in einen bösen Menschen verwandeln.
- Fegt jemand nachts die Wohnung, darf der Schmutz zwar zusammengekehrt werden, sollte aber nicht aus dem Haus geworfen werden. Ansonsten wird Geld nie lange im Hause bleiben.

- In der Abenddämmerung beginnen böse Geister, die Erde heimzusuchen. Deshalb sollte man niemals während des Überganges vom Tage zur Nacht schlafen. Die Geister würden versuchen, in den Schlafenden einzudringen.
- Wer mit dem Kopf nach Westen schläft, wird von schweren Albträumen gepeinigt werden. Leichen werden aber mit dem Kopf nach Westen aufgebahrt, denn werden sie in eine andere Himmelsrichtung ausgerichtet, besonders Nord-Süd, werden bei der Leichenfeier Probleme auftreten.
- Der Frangipani-Baum darf nur in der Nähe von Friedhöfen oder an anderen Orten, die mit Leichen und Tod in Verbindung stehen, gepflanzt werden. Überall anders würde er unsägliches Unglück heraufbeschwören. Außerdem ist die Thai-Vokabel für den Frangipani-Baum, *lan tom*, zu ähnlich dem Wort *ra tom* (= „traurig") – kein gutes Omen.
- Unterschreibe niemals ein Dokument mit einem roten Stift! Rot ist die Farbe des Blutes und Bestattungsunternehmen schreiben den Namen des Verstorbenen ebenfalls in Rot an den Sarg. Wer mit Rot unterschreibt, unterzeichnet sein eigenes Todesurteil. Auch sollten niemals Briefe in roter Farbe adressiert und geschrieben werden.
- Leichen wird eine Geldmünze in den Mund gelegt, damit sie auf ihrer Seelenwanderung nicht ganz bargeldlos dastehen! Nachdem die Leiche verbrannt wurde, versuchen die Trauergäste, die Münze zu finden, da sie großes Glück bescheren soll.
- Wenn das Alter einer Leiche an den Sarg geschrieben wird, werden meistens ein paar Jahre zum wahren Alter hinzugegeben. Damit wird den bösen Geistern ein Denkzettel verpasst!
- Nach der Verbrennung einer Leiche nehmen die Angehörigen die sterblichen Überreste in einer Urne mit nach Hause. Dort beten sie für das Wohlergehen des Verstorbenen auf seiner Seelenwanderung – aber auch dafür, dass er ihnen die kommenden Lotteriezahlen im Traum verraten möge!
- Mehrere Male nach dem Tod eines Familienangehörigen spenden die Verwandten Mönchen die Lieblingsspeise des Verstorbenen. Damit sorgt man für das Wohlergehen seiner Seele. Alle Mönche, die zur Feier geladen sind, müssen etwas essen, da die Seele sonst gepeinigt würde.
- Niemals sollte man unter Wäscheleinen hindurchkriechen und schon gar nicht, wenn daran Unterwäsche hängt! Da der Kopf der höchste Körperteil ist, würde er so entweiht und Unglück wäre die Folge. Trägt jemand ein zauberkräftiges Amulett, so würde dies um seine Kraft gebracht.

- Frauen, deren Brüste gerade nach vorne zeigen, sind *khon kin pua* oder „Gattenfresserinnen". Ihnen werden die Ehemänner mit Sicherheit wegsterben! Die unglückträchtigen Brüste heißen auf Thai *nomm chii naa pua* oder die „Brüste, die zum Gesicht des Gatten zeigen".
- Soll ein neues Haus gebaut werden, muss zunächst ein *mor phii*, ein „Geisterdoktor", oder ein anderer Zauberkundiger das Grundstück auf die Anwesenheit von bösen Geistern überprüfen. Werden dort solche vermutet, wird der Bau abgeblasen.
- Im Haus dürfen keine Nägel in den Boden geschlagen werden. Andernfalls würden die Geister erzürnt, und brächten der Familie Magenschmerzen.
- Fliegt eine Eule zum Haus, die von Thais oft *nok phii* oder „Geistervogel" genannt wird, droht großes Unglück. Ebenso, wenn sich ein *hia* oder Waran dort blicken lässt, der das Symbol für Unheil ist. (Aus diesem Grunde ist das Wort *hia* auch ein übles Schimpfwort, das nicht unbedacht benutzt werden sollte.) In beiden Fällen muss eine ungerade Zahl Mönche ins Haus geladen und dort bewirtet werden. Nur so kann man das Unglück noch abwenden.
- Erscheint im Haus ein kleiner Sandhaufen (z. B. Staub oder Ameisenhaufen), darf dieser nicht beseitigt werden, da er Glück bedeutet.
- Im Haus darf nicht geflötet werden, da dies unweigerlich die bösen Geister anlocken würde.
- Man sollte nie auf die Schwelle eines Hauses treten, sondern immer darüber hinweg, um nicht die Geister zu verstören, die im Hause wohnen.
- Zucken die Augenlider, so ist dies ein Omen. Zuckt das rechte Lid, so bedeutet dies, dass die Person weinen wird; zuckt das linke, bedeutet dies Lachen.
- Möchte ein Mann heiraten, versucht er herauszufinden, wie seine Auserwählte mit Stößel und Mörser umgeht. Dazu versucht er heimlich, sie bei der Küchenarbeit zu belauschen. Schlägt sie den Stößel hektisch in den Mörser, so hat sie ein „heißes Herz" und die Ehe wird problematisch. Dafür hat sie aber auch jede Menge „Feuer" und ist wahrscheinlich auch fleißig. Arbeitet sie mit ruhigen Stößen, so ist sie umsichtig und anständig.
- Ist ein Kind erkrankt, so kann es in einem Ritus von einer Buddhastatue oder einem verehrten Mönch „adoptiert" werden. So werden sich die bösen Geister, die das Kind heimgesucht hatten, zurückziehen müssen.

- Ereignen sich immer wieder Missgeschicke, nachdem einem Kind die Haare geschnitten wurden, so glaubt man, die Geister ließen das Haareschneiden nicht zu. Man lässt sie dann lieber wachsen. Müssen die Haare dennoch geschnitten werden – z. B. zum Schulantritt – so müssen die Geister durch aufwendige Riten und Opfergaben beschwichtigt werden. Dazu werden ihnen Spielfilme vorgeführt!
- Ist ein Kind regelmäßig krank, so schert man seinen Kopf und lässt nur einen Zopf auf der Krone des Hauptes stehen. Dieser Zopf (*phom juk*; engl. *topknot*) wird später in einer aufwendigen Zeremonie abgeschnitten, worauf man hofft, dass sich das Gesundheitsproblem gelöst haben möge. Einmal im Jahr finden im Brahmanen-Tempel (Bot Phram) in Bangkok Massenveranstaltungen statt, in denen unzähligen Kindern der Haarzopf abgeschnitten wird.
- Kinder sollten nicht unter großen Bäumen oder auf größeren Ameisenhaufen urinieren. Diese sind Wohnsitze von Geistern, die die Kinder mit Krankheit bestrafen würden. Durch Darbringen von Opfergaben an die Geister können diese aber wieder umgestimmt werden und die Kinder genesen.
- Die Blätter des Granatapfelbaumes vertreiben böse Geister und beschützen das Haus. Thailands Chinesen huldigen der Göttin des Granatapfels, *Mae Tabtim*, d. h. „Mutter Granatapfel" (*tabtim* bedeutet aber auch „Rubin").
- Der Bananenbaum ist der Wohnsitz des weiblichen Geistes *Nang Tani*. Durch einen magischen Ritus können Männer *Nang Tani* „heiraten" und sie in ihre Gewalt bekommen. Auf diese Weise können die übernatürlichen Kräfte des Geistes dem Mann jeden Wunsch erfüllen. Verliert er aber die vollkommene Kontrolle über *Nang Tani*, kann sie ihm großen Schaden zufügen.
- Pflanzen, die an Tempeln gepflanzt werden, so wie der Bodhi-Baum (*thon po*) oder der *phi kun*, dürfen nicht in die Nähe von Wohnhäusern gepflanzt werden, wo sie Unheil heraufbeschwören könnten.
- Kein Hausbesitzer sollte den Baum *ma fai* an seinem Hause pflanzen; *ma fai* klingt ähnlich wie *fai mai*, und das bedeutet „Es brennt". Das Haus könnte folglich ein Opfer der Flammen werden.
- Zahlreiche Pflanzen oder Obstsorten bringen Unheil, wenn sie an der falschen Stelle am Haus gepflanzt werden. Die *Jackfruit* z. B. muss immer hinter dem Haus wachsen, anderswo brächte sie Unglück.

◁ Kein Zutritt für Dämonen:
Talisman zur Geisterabschreckung an einem thai-chinesischen Haus

- Aberglauben kann sich auch in alltäglichen Floskeln ausdrücken. So fragen die Thais nie „Wie geht es dir?". Die geläufigste Frage ist stattdessen „Wohin gehst du?" („Pai nai?"). Der Grund liegt in der Annahme, die bösen Geister würden denjenigen zu piesacken beginnen, der antwortet, es gehe ihm gut. Die Geister würden dann alles daran setzen, diesen Zustand zu ändern! In früheren Zeiten antworteten Kranke, die auf dem Weg der Genesung waren, auf die Frage, ob es ihnen schon besser gehe, mit „Nein, es geht mir noch schlechter als zuvor!" Auch das sollte die Plagegeister auf Distanz halten ... Eine Ähnlichkeit besteht zur Angewohnheit von einigen westlichen Völkern, bei der Erwähnung eines positiven Zustandes „auf Holz zu klopfen". Das Holzklopfen soll dafür sorgen, den Zustand durch Zerreden nicht plötzlich ins Gegenteil umschlagen zu lassen.
- Auf die obige Frage erwarten die Thais übrigens kaum eine ernst zu nehmende Antwort. Die Floskel *pai thiau* (= „gehe spazieren", „mache einen drauf" etc.) reicht allemal.

◹ Volles Sortiment: Manche Geister oder Götter bevorzugen Fleischgaben, andere lieben es vegetarisch

Vereinender Faktor: die Monarchie

„Alles, was Seine Majestät benutzt, wird als heilig erachtet, und ihm wird eine solche Ehrerbietung dargebracht, daß ... es sogar verboten ist, darauf zu zeigen, worauf der frevelhafte Finger die Strafe der Amputation erleiden muß ..."

Nicolas Gervaise, 1688

Soweit man die Geschichte zurückverfolgen kann, wurden die Thais von einer Folge fast ausnahmslos gütiger Könige regiert. Das **erste Thai-Königreich, Nanchao,** wurde um das Jahr 650 auf dem Gebiet der heutigen Provinz Yünnan in China gegründet. Zu Beginn dieser Periode mischten sich die Herrscher kaum in administrative Belange. Sie überließen diese lieber lokalen Dorfvorstehern, die von den Dorfbewohnern gewählt wurden. Im Laufe der Zeit entwickelte sich aber eine Art nationales Gemeinschafts- und Verantwortungsgefühl und die Könige von Nanchao nahmen zunehmend persönlichen Einfluss.

Die direkte Machtausübung war durch ein unzureichendes Straßen- und Kommunikationssystem noch stark eingeschränkt. Wenn sich der König seinem Volke zeigte, wurde ihm in prunkvollen und aufwendigen Riten gehuldigt, wie es einem Herrscher gebührte. In Kriegszeiten forderte er absolute Loyalität von seinen Untertanen, während er es in Friedenszeiten bei mäßigen Steuerabgaben bewenden ließ. So musste jeder Bauer pro Jahr nur zwei Maß Reis als Tribut abführen.

Nachdem die Thais Nanchao aufgegeben hatten und weiter in Richtung Süden gewandert waren, gründeten sie Mitte des 13. Jahrhunderts das Königreich von **Sukhothai** (1253–1350). Diese Periode wird heute häufig als die „Wiege der Thai-Kultur" betrachtet – bezeichnenderweise bedeutet der Name übersetzt „Die Morgendämmerung des Glücks".

In Sukhothai etablierte sich eine Form der Monarchie, die von nun an die Regel werden sollte: Der König war ein **wohlwollender, väterlicher Herrscher,** der sich ehrlich um das Wohlergehen seines Volkes bemühte. Der herausragendste der Sukhothai-Herrscher war *König Ramkhamhaeng* oder **„Rama der Tapfere"**, der von seinen Untertanen vertrauensvoll *Khun Phor* genannt wurde, „Verehrter Vater". *Ramkhamhaeng* (er regierte 1279–1298) regierte mit einer geschickten Mischung aus patriarchischer Härte und Diplomatie. Die Dörfer wurden mit so viel Regierungsgewalt ausgestattet, dass sie ihre Belange selbst regeln konnten. Jeder einzelne Untertan aber lag dem König persönlich am Herzen: Um dem Volk möglichst nah zu sein, ließ er eine Glocke am Palasttor anbringen, die jeder

Einwohner läuten sollte, der eine Beschwerde oder ein persönliches Anliegen vorzubringen hatte. Erklang die Glocke, so erschien der König persönlich, um sich den Fall schildern zu lassen und helfend einzugreifen.

König Ramkhamhaeng verankerte den **Hinayana-Buddhismus** als Staatsreligion und verlangte von seinen Ministern und der königlichen Familie einen hohen moralischen Standard, so wie es in der Lehre des Buddha stand. In der Befolgung der Religion war kein Platz für Standes oder Kastendünkel und so entwickelte sich eine egalitäre und nur locker strukturierte Gesellschaft. Die väterliche Rolle des Königs wurde in der Folgezeit weiter von einem Gesetzes-Kodex untermauert, dem *Thammasat* (von Sanskrit *dhrarma shastra* = „religiöses Gesetzbuch"). Diesen hatten die Thais vom Volk der Mon übernommen, das gemischt indisch-burmesischer Herkunft war. Der *Thammasat* propagierte einen **idealen Monarchen,** einen „König der Gerechtigkeit", der sein Volk mit Milde regiere. Gemäß dem Kodex sollte der König die **„zehn königlichen Tugenden"** haben: das Geben von Almosen, Moralität, Liberalität, Aufrichtigkeit, Sanftheit, Selbstzucht, Zorneslosigkeit, Gewaltlosigkeit, Geduld und Zurückhaltung. Er sollte so weise und umsichtig regieren, dass ihm dafür die Hingabe und Loyalität seiner Untertanen zuteil wurde. Da es aber keine Institution gab, die den König auf die Einhaltung des Kodex hätte überprüfen und seine Macht hätte beschneiden können, war dem König die Befolgung des *Kodex* selbst überlassen. Allein dessen Existenz aber zeigt den Versuch der Thais, die Rolle des idealen Monarchen zu definieren.

Als Mitte des 14. Jahrhunderts das Reich von **Ayutthaya** folgte, wandelte sich auch die Stellung des Königs. Während der Ayutthaya-Periode (1350–1767) übernahmen die Thais zahlreiche Einflüsse der Khmer-Kultur, die ihrerseits stark von indischem Gedankengut geprägt war.

△ Dieser Taxifahrer wird von Bildern der thailändischen Könige gut behütet

Nach Auffassung des indischen Brahmanismus war der Monarch ein **„Gottkönig"** (Sanskrit *deva raja*), die Inkarnation eines göttlichen Wesens. Dementsprechend pompös wurde das den Herrscher umgebende Ritual gehandhabt. Der König war der Ursprung aller politischen und juristischen Macht und überließ die praktische Ausübung einer privilegierten Schicht von Aristokraten und Priestern. Der König wurde zum uneingeschränkten Herrn über sein Volk, zum *chao jiwit,* dem „Herrn des Lebens", der aber folglich auch Todesurteile aussprechen konnte. Aufgrund seiner gottgleichen Geburt war es jedem Untertanen untersagt, sein Gesicht zu sehen – hatte doch jemand das königliche Antlitz erblickt, wurde er dafür mit dem Tode bestraft. Reiste der König durchs Land, wurden Zäune entlang der Wege errichtet, die das Volk am Anblick des Herrschers hindern sollten. Der König wurde zu einem fernen, unnahbaren Wesen.

Stand dies schon in krassem Gegensatz zum Bild des wohlwollenden Monarchen von Sukhothai, so wurde auch der *Thammasat* durch das hinduistische Gesetzbuch des *Manu (Manu Smriti)* ersetzt. Es behandelte die Pflichten von Kasten, die (untergeordnete) Rolle der Frau, die mannigfaltigen Verpflichtungen des Untertanen seinem König gegenüber und sah harte Strafen gegen die Verstoße vor. Vom vormaligen väterlichen Wohlwollen seitens des Königs war nicht mehr viel geblieben.

Das Reich von Ayutthaya endete 1767, als die Burmesen nach langer Belagerung alles niederbrannten, zerschlugen oder plünderten, dessen sie habhaft werden konnten. Es folgte eine Periode der Verwirrung, die schließlich durch einen gewissen *General Taksin* beendet werden sollte, der das Reich wieder vereinte. Im Jahre 1770 wurde **Taksin** König und verlegte die Hauptstadt nach Thonburi. In den folgenden Jahren wurde er zunehmend exzentrischer, bis er schließlich im Jahre 1782 – vollkommen dem Wahnsinn anheim gefallen – entmachtet und hingerichtet wurde. Dabei wurde er in einer Art und Weise ins Jenseits befördert, die ausschließlich Mitgliedern der königlichen Familie vorbehalten war: Der Todeskandidat wurde kurzerhand in einen Samtsack eingenäht und mit einer duftenden Sandelholzkeule geprügelt, bis der letzte Lebenshauch aus ihm gewichen war.

Auf *Taksin* folgte 1782 *Chao Phya Chakri,* auch ein ehemaliger General, der in seinem ersten Herrscherjahr die Hauptstadt nach Bangkok verlegte, damals ein unbedeutendes Fischerdorf und ein Zollposten. Dem neuen König wurde der Titel „Rama" verliehen, der vom Namen des Hindu-Gottes abstammte – ein Hinweis, dass die Vorstellung von der göttlichen Herkunft des Königs, wie sie in Ayutthaya existierte, noch in gewissem Maße weiter bestand. Aus *König Chakri* wurde *Rama 1.,* der Begründer der **Chakri-Dynastie,** die bis heute fortbesteht.

Extrainfo 4 (s. S. 7): Dieses 5-Stunden-Opus erzählt die Geschichte von Prinzessin *Suriyothai,* die im 16. Jahrhundert während der burmesischen Invasion in Ayutthaya ihr Leben verlor.

Von den nachfolgenden Herrschern verdienen *König Mongkut, Rama 4.* (er regierte 1851–1868), und sein Sohn, *König Chulalongkorn, Rama 5.* (reg. 1868–1910), besondere Erwähnung. Unter dem Einfluss westlicher Ideen modernisierte **König Mongkut** sein Reich und – wenn er auch der Demokratie nicht sehr zugetan war – schuf er die menschenfreundlichste Monarchie, die man in Sukhothai je gekannt hatte. Bezeichnenderweise schaffte er das Gesetz ab, das besagte, ein Untertan könne dem Herrscher nicht ins Antlitz sehen; außerdem führte er die Anhörungen wieder ein, in denen die Bürger von Sukhothai ihre Klagen hatten vorbringen können.

Sein Nachfolger, **König Chulalongkorn,** war von der Demokratie ebenso wenig zu überzeugen wie vor ihm sein Vater, er nutzte aber seine absolute Macht, um westliche Technologie einzuführen. Er beendete außerdem soziale Übel wie die Sklaverei und bemühte sich merklich um das Wohlergehen seiner Untertanen – ganz im Sinne des alten Thammasat-Kodex. *Mongkut* und *Chulalongkorn* gelten heute als die „Architekten" des modernen Thailand.

Die absolute Monarchie sollte jedoch bald ein jähes Ende nehmen. Ein 32-jähriger Intellektueller namens **Pridi Phanomyong,** der in Frankreich Wirtschaft und Jura studierte und nun einen Professorenposten an der Chulalongkorn-Universität in Bangkok innehatte, scharte eine Gruppe von Monarchiegegnern um sich. Der Zorn richtete sich vor allem gegen den extravaganten, verschwenderischen Regierungsstil *König Vajiravudhs* (reg. 1910–1925), der ein tiefes Loch in die Staatskasse gerissen, aber keine politischen Reformen mit sich gebracht hatte. 1932, zur Regierungszeit von *Vajiravudhs* Nachfolger *König Prajadhipok,* vollbrachte die Gruppe um *Pridi Phanomyong* einen unblutigen Putsch, der das Ende der absoluten Monarchie bedeutete. *König Prajadhipok,* der Demokratie ohnehin wohlwollender gesonnen als seine Vorgänger, löste die bisherige Regierungsform auf und setzte an ihre Stelle die **konstitutionelle Monarchie.** Damit war eine neue Epoche für Thailand angebrochen. *Pridi* wurde 1946 fälschlicherweise verdächtigt, König *Ananta* umgebracht zu haben und er floh ins Exil

nach China, dann nach Frankreich. Später wurde sein Ruf rehabilitiert und er konnte nach Thailand zurückkehren, wurde aber noch immer von vielen weniger gebildeten Thais als der Königsmörder angesehen; die besser gebildeten Mitbürger kennen ihn als den Begründer der bekannten Thammasat-Universität.

Der bei dem Putsch leitende Militär aufseiten der Rebellen war übrigens ein gewisser *Colonel Phayuhasena,* dem die höhere Militärlaufbahn verwehrt worden war, da er nicht mit der königlichen Familie verwandt war.

Die Beziehung der Thais zu ihrem Königshaus, insbesondere zum gegenwärtigen *König Bhumipol Adulyadej, Rama 9.,* ist unter Berücksichtigung der vorangegangenen Ausführungen zu sehen. In den Augen seines Volkes ist der König alles, was die Könige in der Historie waren: gütiger, väterlicher Herrscher und unnahbarer Gottkönig zugleich. Das Volk liebt ihn wegen seines unermüdlichen Einsatzes für sein Land und respektiert und achtet ihn als die höchststehende Person in einer extrem hierarchisch strukturierten Gesellschaft.

Vergleicht man die thailändische Gesellschaft mit einer Pyramide – eine recht passende Analogie – so steht der König einsam und allein an der Spitze, auch wenn er politisch gesehen kaum Einfluss nimmt. Der König ist und bleibt die Person, auf die alle Augen gerichtet sind, da kann an Ministerpräsidenten kommen und gehen, wer mag! Der König ist die wahrscheinlich einzige unumstrittene Person im ganzen Land, ein einender Faktor, der Thailand zusammenhält. Auf eine Art personifiziert der König sogar sein Land – **der König ist Thailand** und Thailand ist der König!

König Bhumipol (sprich: Phumiphon = „Der Hüter der Welt") wurde am 5. Dezember 1927 in Cambridge, Massachusetts (USA), geboren, wo sein Vater an der Harvard Medical School für sein Doktorexamen studierte. Dieser war der Bruder des regierenden Königs *Prajadhipok.* In der Thronfolge stand *Bhumipol* hinter dessen möglichen Kindern und seinem eigenen, älteren Bruder *Ananta.* Wie es das Schicksal so fügte – *Prajadhipok* blieb kinderlos, worauf *Ananta* den Thron bestieg. Im Jahre 1946 fand man ihn eines Morgens erschossen in seinem Bett auf. Das Mysterium um seinen Tod wurde nie endgültig geklärt. So folgte ihm *Bhumipol* auf den Thron, wurde aber erst nach seiner Heirat mit *Sirikit Kitthiyaghon* am 5. Mai 1950 offiziell zum König gekrönt. Seither wird der 5. Mai als „Tag der Krönung" (engl.: *coronation day;* Thai: *wan chart mongkhon*) begangen.

◁ Allgegenwertige Präsenz: Poster und Plakate
mit dem geliebten König Bhumipol finden sich überall

In den folgenden Jahren bewies er sich als ein Monarch, der hautnah am Volke blieb – ganz in der Tradition der Könige von Sukhothai also. Jedes Jahr legte er Tausende von Kilometern zurück, um sich vor Ort ein Bild von den Problemen seiner Untertanen zu machen. Häufig ist aber auch über seine private Seite berichtet worden: So ist er ein Mann vieler Talente: Er malt, fotografiert, spielt zahllose Musikinstrumente – darunter auch ein heißes Jazz-Saxophon! –, komponiert, segelt, entwirft seine Segeljachten selbst und betätigt sich als Wissenschaftler, der auf seinem weitläufigen Palastgelände zahlreiche Forschungsprojekte betreibt.

Seit dem 2. Juli 1988 ist *König Bhumipol* der Monarch mit der längsten Regierungszeit in Thailand. Er gilt auch als **der am längsten regierende Monarch der Welt.** Im Jahr 2006 feierte das Land das 60-jährige Thronjubiläum des Königs. 2007 wurde der 80. Geburtstag des Monarchen begangen. Da der König an einem Montag geboren wurde, trugen zahllose Thais zu diesem Anlass gelbe Hemden, denn **Gelb** ist traditionell die Farbe, die mit dem Montag assoziiert ist. Zahlreiche Betriebe erlegten ihren Angestellten von da an auf, montags Gelb zu tragen; viele Menschen taten dies aber auch aus freien Stücken, einfach um dem König Respekt zu zollen. Königin *Sirikit* ist an einem Freitag geboren und die Farbe des Freitags ist Blau: folglich tragen viele Thais am Geburtstag der Königin blaue Hemden. (Die anderen Tage und ihre Farben: Sonntag – Rot, Dienstag – Rosa, Mittwoch – Grün, Donnerstag – Orange, Samstag – Purpur). Da die Farben Gelb und Rot seit 2008 allerdings auch symbolisch für politische Gruppierungen stehen und das Tragen gelber und roter Hemden als politische Aussage gewertet werden kann, meiden viele Thais diese Farben mittlerweile sogar (s. folgendes Kapitel).

Die historische Stellung des Königs, kombiniert mit der persönlichen Hochachtung, die seine Untertanen für ihn hegen, machen ihn zu einem unantastbaren Wesen. Kritik am König, seiner Familie oder der Monarchie im Allgemeinen wird öffentlich niemals geäußert. Selbst hinter geschlossenen Türen wird sich kaum ein Thai zu negativen Bemerkungen hinreißen lassen. Jede kritische Äußerung könnte als **Majestätsbeleidigung** aufgefasst werden, auf die Gefängnisstrafen bis zu 15 Jahren stehen. Als Majestätsbeleidigung würde auch das mutwillige Zerstören eines Königsportraits, das Treten darauf o. Ä. gewertet. Auch wer wütend auf einem Geldschein herumtreten sollte – aus welchen Gründen auch immer – riskiert einen längerfristigen Gefängnisaufenthalt: Auf allen Geldscheinen ist schließlich der König abgebildet. Vor Jahren berichteten thailändische Zeitungen vom Fall eines westlichen Touristen, der sich in einem Restaurant bei der Rückgabe des Wechselgeldes betrogen fühlte. Er warf das Geld zu Boden und trampelte sich darauf die Wut aus dem Bauch.

Extrainfo 5 (s. S. 7): „Candlelight Blues" ist die bekannteste Komposition des Jazz-Fans und -Musikers König *Bhumipol*.

Die Angestellten des Restaurants waren über diese Behandlung ihres Herrschers bis aufs Mark schockiert und riefen die Polizei. Es folgte eine längere Einweisung in Staatsgewahrsam. Interessanterweise ist es oft der König, der den Missetäter wieder aus dem Gefängnis holt. Zu hohen Feier- oder Jahrestagen erlässt er regelmäßig Amnestien, bei denen sich für eine große Zahl von Insassen die Pforten öffnen. Kein Wunder also, dass die einsitzende Unterwelt den Feiertagen mit besonders großer Aufmerksamkeit entgegenfiebert.

Von der rückhaltlosen Verehrung, die dem König von seinem Volk zuteil wird, fällt auch ein Großteil auf **seine Familie** ab. Aus der Ehe mit Königin *Sirikit* gingen vier Kinder hervor: die Prinzessinnen *Ubol Rattana*, *Sirindhorn* und *Chulabhorn* sowie Prinz *Vajiralongkorn*. Sowohl Prinzessin *Sirindhorn* als auch Prinz *Vajiralongkorn* sind designierte Nachfolger des Monarchen, in der Thronfolge stehen sie gleichermaßen vorne an. Der Gesundheitszustand des derzeit 86-jährigen Königs ist sehr labil, das Ende seiner Regentschaft ist abzusehen.

Ob es in Zukunft einen neuen König oder – zum ersten Male in der Geschichte Thailands – eine regierende Königin geben wird, bleibt abzuwarten. Einer alten Weissagung zufolge wird es nach *Rama 9.* keinen weiteren König mehr geben – was immer das auch bedeuten mag. Die Thais sähen es wohl am liebsten, wenn die beliebte Prinzessin *Sirindhorn* – volkstümlich *Phrathep* genannt, „Edler Engel" – eines Tages auf dem Thron Platz nehmen würde.

Im Gegensatz dazu deuten allerdings alle Anzeichen darauf hin, dass der Kronprinz die Thronfolge antreten wird. Anders als in anderen Monarchien, in denen die Klatschpresse gerne hinter die Palastmauern blickt, bleibt alles, was das Innenleben der thailändischen Monarchie betrifft, ein großes Geheimnis.

◹ Große und kleine Bildnisse des Königs sind allgegenwärtig

Die Nation: eine einzige große Familie?

„... verachten sie im Allgemeinen andere Nationen und sind davon überzeugt, daß man ihnen das größte vorstellbare Unrecht antut, wenn man ihre Überlegenheit in Frage stellt"

Nicolas Gervaise, 1688

In der thailändischen Flagge wird die Nation durch die Farbe Rot symbolisiert – eine kräftige Farbe für einen blassen Begriff. Der Beginn der thailändischen Nation wurzelt in der Periode von Sukhothai, in der, wie wir gesehen haben, väterlich-gütige Monarchen über ein Volk herrschten, das einer einheitlichen Religion huldigte. War der König wie ein Patriarch, der über eine weit verzweigte Familie herrschte, so kittete die gemeinsame Religion diese weiter zusammen. Thailand, ein Gefüge aus zahlreichen ethnischen Gruppen, verschmolz so relativ problemlos zu einer soliden staatlichen Einheit.

In der Folgezeit vermochte es Thailands Diplomatie (und wohl auch eine gute Portion Glück), alle Bestrebungen westlicher Mächte, das Land unter ihre Kontrolle zu bringen, abzuwehren. Als alle Nachbarländer unter der Knute der Briten oder Franzosen stöhnten, blieb Thailand als einziges Land in Südostasien und eines der wenigen Länder Asiens frei.

Daher auch der Name: Die international gebräuchliche Bezeichnung „Thailand" stammt von der Vokabel *thai* (= „frei"), also **„Land der Freien".** Die Thais selber nennen ihre Heimat in Landessprache *prathet thai* oder *müang thai,* was eine exakte Übersetzung des Begriffes ist (*prathet/müang* = „Land"). Der Name wurde erst 1939 eingeführt; zuvor hieß das Land „Siam", was vom Sanskrit-Begriff *shyama* (= „dunkel") stammt. Die östlichen Nachbarn der Thais, die Khmer, bezeichneten die Thais aufgrund ihrer dunkleren Hautfarbe als *shyama*. Diese Deutung dürfte aber den wenigsten der auf helle Haut so erpichten Thais gefallen.

Die Beziehungen der Thais mit den Europäern beschränkten sich auf den Handel; alle Versuche, politisch Einfluss zu nehmen, sind mehr oder weniger erfolglos verlaufen. Nur einem Abenteurer griechischer Herkunft, einem gewissen **Constantine Phaulkon** (1647–1688), gelang es eine Zeit lang, Macht im Lande auszuüben: *Phaulkon* war auf verschlungenen Wegen nach Thailand gelangt, wo er es mit List und Tücke bis zum Premierministerposten unter *König Narai* brachte. Sein Hauptanliegen war dabei die persönliche Bereicherung. Als am Königshofe durchschaut worden war, dass *Phaulkon* den König und die Franzosen, die gern Thailand in Besitz genommen hätten, gegeneinander ausspielte, wurde er wegen Hochverrats zum Tode verurteilt. Nachdem der Henker sein Werk vollbracht hatte, schottete sich Thailand 150 Jahre lang gegen Europa ab – die Fremden hatten ein nachhaltiges Misstrauen geschaffen.

Das **Verhältnis der Thais zu Ausländern** ist heute stark vom zuvor Dargelegten geprägt. Ausländer passen nicht in die eng verflochtene, streng hierarchisch gegliederte Struktur der thailändischen Gesellschaft; ähnlich der indischen Kastengesellschaft, in der kein Platz für Ausländer bzw. Nicht-Hindus ist, sind sie Fremdkörper, die nirgends einzuordnen sind. Außer in der Kaste der *farang*, der „weißen Ausländer", dieser unverständlichen Wesen, die sich nicht einmal in Landessprache ausdrücken können. Zwar nimmt man an, dass Westler weitaus wohlhabender sind als durchschnittliche Thais, aber auch das kann ihnen keine identifizierbare Position in der Gesellschaft erkaufen. Die Positions- und damit Machtlosigkeit der Ausländer lässt bestenfalls die Kategorisierung unter der Rubrik „steinreich" zu und macht sie so häufig zu Ausbeutungsobjekten skrupelloser Zeitgenossen und -genossinnen.

Dazu sind die Thais **stolz auf ihr Thai-Sein,** eine Tatsache, die sicherlich auf der niemals unterjochten Freiheit ihres Volkes beruht. Die Thais mögen als servile Kellner Dienst in einem schäbigen Esslokal tun, unter der (trinkgelderfördernden!) Maske der Weichheit und Servilität verbirgt sich aber ein unbeugsamer Stolz, der nicht verletzt werden will. Das Thai-Sein gibt den Thais Stolz und Identität. (Interessanterweise gelten aber nur Buddhisten als „echte" Thais, die im Lande lebenden Hindus oder Moslems werden gemeinhin als *khääk* bezeichnet, als „Gäste"; dies ist ein Hinweis auf die Ursprünge thailändischen Nationaldenkens im alten Sukhothai, als jeder Thai sich zur Staatsreligion Buddhismus bekannte.)

◁ Rote Streifen auf der thailändischen Flagge sind ein Symbol für die Nation. Weiß symbolisiert den Buddhismus als Staatsreligion, während Blau ein Zeichen der Monarchie ist.

Eine gehörige Portion Unfreiheit schleicht sich allerdings durch die gegenwärtig weit verbreitete Korruption in das Leben der Thais ein: Wirklich „frei" sind nur die Thais, deren Wohlstand oder gesellschaftliche Position es verhindern, dass sie durch korrupte Staatsbeamte gebeutelt werden (siehe Kapitel „Korruption").

Was weiterhin gegen Ausländer spricht, ist ein tief sitzendes, wenn auch gut kaschiertes Misstrauen, das in Anbetracht der Aktivitäten einiger historischer und zeitgenössischer Persönlichkeiten gerechtfertigt sein mag. In der Vergangenheit hatten Fremde oft sehr eigennützige Absichten, siehe das Paradebeispiel *Constantine Phaulkon;* und auch heute strömen zahlreiche Fremde ins Land, die sich an dessen dunklerer Seite zu laben gedenken, sprich an Drogen oder Prostituierten.

So halten die Thais Ausländern gegenüber eine gewisse Distanz, die aber auch eine Schutzfunktion erfüllt: Die Distanz erspart den Thais die Konfrontation mit fremden Werten und sichert so das landeseigene Wertsystem und die geliebte Nation gegen Außeneinflüsse ab.

Auf den ausländischen Betrachter wirkt die thailändische Gesellschaft vielleicht tatsächlich wie eine homogene Familie, in die aufgenommen zu werden fast unmöglich scheint. Schule und Staat tun das Ihre, damit das **Nationalbewusstsein** aufrechterhalten und gestärkt wird. So treten Schulkinder vor dem Unterricht zu einem Fahnenappell an und singen die Nationalhymne oder patriotische Lieder; um 8 Uhr morgens und 6 Uhr abends wird die Nationalhymne landesweit über alle Radiostationen ausgestrahlt und tönt aus Abertausenden von öffentlichen Lautsprechern. Passanten haben zu diesem Anlass innezuhalten und der Hymne zu lauschen. In den Dörfern oder kleineren Städten kommt in diesen Momenten jeglicher Verkehr zum Erliegen, während die meisten Bewohner Bangkoks die Hymne weitgehend „überhören", um ihren Geschäften weiter nachgehen zu können. Das allabendliche Fernsehprogramm endet jeweils mit der Nationalhymne, zu der Bilder der Flagge oder der Königsfamilie eingeblendet werden. Vor Kinoveranstaltungen wird die königliche Hymne gespielt, die ebenfalls mit Bildern des Monarchen und seiner Familie unterlegt wird. Auch hat sich zur königlichen Hymne jedermann zu erheben.

Das alles stärkt das Nationalbewusstsein, ohne dass dabei ein Gefühl der Peinlichkeit aufkäme, so wie es wahrscheinlich in zahlreichen europäischen Ländern der Fall wäre.

Auf der negativen Seite könnte man durchaus argumentieren, dass die Thais von Kindheit an einer Art Gehirnwäsche unterzogen werden, die darauf angelegt ist, sie glücklich und zufrieden mit den Gegebenheiten im Lande sein zu lassen, und dass diese Zufriedenheit dazu beiträgt, die Machtverhältnisse aufrecht zu erhalten. Bei all dem zur Schau gestellten Patriotismus sind Ausländer mehr oder weniger Außenstehende, zum Teil vielleicht amüsierte Beobachter einer ihnen fremden „Familie". Selbst die Einheirat in diese ändert meist nur wenig. Mancher „Expat" (von engl.: *expatriate* = Auswanderer, Ausgebürgerter) hat nach vielen Jahren der Ehe in Thailand feststellen müssen, dass er am Ende immer noch der geblieben ist, der er schon zu Anfang war – der fremde, bestaunte und schwer adoptierbare *farang*.

Die politische Volksseele: gespalten in Rot und Gelb

Bis in die jüngste Vergangenheit rühmte Thailand sich einer großen nationalen Einigkeit: Thai zu sein, bedeutete als „Kind eines geliebten Königs" zu leben und mit dem Volk geeint durch Dick und Dünn zu gehen. Die thailändische Weltsicht ist in vielerlei Hinsicht „thaizentrisch", wobei Thailand als ein begnadetes und gesegnetes Land betrachtet wird, während die Welt außerhalb relativ bedeutungslos und peripher erscheint. Die Liebe zu Thailand wird den Thais von Kindheit an vorgeführt. Das Volk wähnt sich privilegiert und merkt dabei nicht, wie die Machthabenden es beuteln und gängeln. Seit einigen Jahren ist es um die Einigkeit nicht mehr so gut bestellt. Auslöser war der Wahlsieg des erstmalig 2001 zum Premierminister gewählten **Thaksin Shinawatra.** *Thaksin*, ein Telekommunikations-Tycoon und Milliardär, hatte die patriotisch betitelte Partei „Thai Rak Thai" („Thais lieben Thais") gegründet und einen außerordentlich hohen Wahlerfolg errungen. Besonders populär war er in verarmten Schichten des Nordostens, einer Region, die von Politikern anderer Couleurs stets ignoriert wurde. Er erwies sich als geschickter Manipulator. Mit der rechten Hand warf er den verarmten Bevölkerungsschichten einige Brosamen zu und mit der linken bereicherte er sich durch zahlreiche politische Schachzüge in vielleicht nie dagewesenem Maße.

Nebenbei zeigte er demagogische Anwandlungen. Die Pressefreiheit wurde unterdrückt und in einem kontroversen „Krieg gegen die Drogen" ließ *Thaksin* über 2500 vermutete Drogenhändler ohne Gerichtsverfahren hinrichten. Die Opfer wurden von Kommandos aus dem Hinterhalt erschossen und nicht selten kamen Unbeteiligte zu Schaden.

Im Jahre 2006 wurde *Thaksin* während seiner zweiten Amtsperiode durch einen **Militärputsch** entmachtet. Das Militär steht traditionell im engen Verhältnis zum Königshaus und man könnte mutmaßen, dass der Putsch von „allerhöchster Stelle" gutgeheißen wurde. Viele Kritiker unterstellten *Thaksin,* dass er das Königshaus untergraben wollte und sogar, dass er eine Republik befürworte, also einen Staat ohne König. *Thaksin* selbst verneinte derartige Ambitionen.

> **Extrainfo 6** (s. S. 7): Der „Thaksin Rap" ist ein witziger Song über den flüchtigen und wegen Korruption zu einer Gefängnisstrafe verurteilten Ex-Premier *Thaksin Shinawatra.*

Seit 2006 befindet *Thaksin* sich mit wechselndem Wohnsitz im Exil, in Montenegro und Dubai befinden sich seine Hauptwohnsitze. Wegen irregulärer Machenschaften wurde er in Abwesenheit zu einer Gefängnisstrafe verurteilt, weitere Prozesse stehen noch an. Seine Anhänger in Thailand halten ihm jedoch die Treue und wählten auch nach dem Putsch wieder eine thaksintreue Regierung.

Oppositionelle Thaksin-Gegner, die sogenannten **„Gelbhemden"** besetzten 2008 eine Woche lang sogar Bangkoks internationalen Flughafen, um die Regierung unter *Somchai Wongsawat*, einem Schwager *Thaksins*, zum Rücktritt zu zwingen. Gelb ist die Farbe des Königshauses und die „Gelbhemden" sind ein loser Zusammenschluss von Monarchietreuen und Nationalisten, allesamt Erzfeinde *Thaksins*. Als Gegenpol zu den „Gelbhemden" formierten sich die Thaksin-Anhänger als **„Rothemden"**. Diese sorgten ihrerseits für Chaos in Thailand: Im Mai 2010 kam es während der Regierung *Abhisit Vejjajivas* („Demokratische Partei") zu einer gewaltsamen Besetzung von Bangkoks Innenstadt durch die „Rothemden". Die **Ausschreitungen** nahmen teilweise Formen eines Aufstandes an. *Thaksin* wiegelte seine Anhänger durch „Phone-Ins" und Videoübertragungen aus dem Ausland auf und es liegt der Verdacht nahe, dass er seine Gefolgschaft auch finanziell unterstützte. Teilnehmer an den Demonstrationen und Versammlungen wurden angeblich mit Tagessätzen von 300–1000 Baht für ihre Anwesenheit bezahlt. Die Besetzung der Innenstadt wurde durch das thailändische Militär beendet und am Ende waren offiziell 92 Menschenleben zu beklagen.

Im Nordosten und Norden des Landes hat *Thaksin* die meisten Anhänger. Die Mehrzahl seiner Gegner findet sich in Südthailand, wo die Bewohner zu einem großen Teil Mitstreiter der „Demokratischen Partei" sind, die als Partei der wirtschaftlich besser Gestellten und der gesellschaftlichen „Elite" gilt. Das Land ist aber nicht nur regional sondern auch quer durch die Gesellschaft in seiner politischen Meinung gespalten.

Im Juli 2011 wurden erneut **Wahlen** durchgeführt und die neue Pro-Thaksin-Partei „Phuea Thai" stellte überraschenderweise die Schwester *Thaksins*, **Yingluck Shinawatra,** als Kandidatin für den Premierposten auf. *Yingluck* war zuvor Geschäftsfrau und hat keinerlei politische Erfahrungen. Im August 2011 wurde *Yingluck* **Premierministerin** und löste den bis dahin amtierenden Premierminister der „Demokratischen Partei", *Abhisit*, ab. *Yingluck* war damit die erste Frau, die Thailands höchstes politisches Amt erklomm. Kaum ein Thai zweifelt jedoch daran, dass der wahre Premierminister im Hintergrund ihr Bruder *Thaksin* ist, der seine Schwester aus der Ferne instruiert. Für Thailand beginnt damit ein weiteres, diffuses und tragikomisches Kapitel seiner politischen Geschichte.

Der Frieden nach der Wahl sollte jedoch nur von kurzer Dauer sein: Wie nicht anders zu erwarten, ist die Regierung in zahlreiche Korruptionsskandale verwickelt. Durch populistische Maßnahmen, die nur darauf angelegt waren, die rot-gesinnte Landbevölkerung zu besänftigen, drohte dem Land ein finanzieller Super-GAU. Folglich fanden sich die Gegner von *Thaksin* Ende 2013 in Bangkok zu Großdemonstrationen zusammen. Diese waren darauf angelegt, das Land zum Stillstand zu bringen, die Regierung zu stürzen und den Shinawatra-Clan ein für alle Mal aus der thailändischen Politik zu verjagen. Anfang 2014, bei Drucklegung dieses Buches, war die Demonstrationswelle noch voll im Gange.

Die politische Zukunft Thailands bleibt weiterhin ungewiss. Die Fronten könnten weiter auseinanderbrechen, wenn das Ereignis eintritt, welches gefürchtet wird wie kein anderes: das Ableben des Königs *Bhumipol*. Der König ist gesundheitlich schwer angeschlagen und lebt heute – nachdem er einige Jahre im Siriraj Hospital in Bangkok behandelt wurde – in seinem Palast in Hua Hin. Viele Thais fürchten, dass sich die Spannungen nach seinem Tod in einer Art Bürgerkrieg entladen könnten. Die „Gelbhemden" stehen für die Weiterführung der Monarchie (unter dem voraussichtlichen Nachfolger **Kronprinz Maha Vajiralongkorn,** dem einzigen Sohn des Königs); bei den „Rothemden" dagegen scheint die Einstellung zum Königshaus – allen Lippenbekenntnissen zum Trotz – nicht immer ganz klar. Vereinzelte Extremisten haben sich bereits gegen die Monarchie geäußert – ein schweres Vergehen in Thailand. Es bleibt zu hoffen, dass der erwartete politische Super-GAU noch möglichst lange auf sich warten lässt ...

„Echte" Demokratie wird in Thailand noch lange auf sich warten lassen

Denk- und Lebensweise

Ein fester Platz für jeden: die soziale Hierarchie | 68

Die Kunst des rechten Grußes: der wai | 71

Tham bun: Pluspunkte für die Wiedergeburt | 75

Die Mönche: Stellvertreter Buddhas auf Erden | 80

Sanuk, sabai und suay: die thailändische Lebensphilosophie | 88

Das thailändische Lächeln: Oh, was soll es bedeuten? | 99

Verletzt, entehrt und unversöhnlich: „Verlust des Gesichts" | 105

Wenn das Lächeln gefriert: Gewalt kontra Sanftmut | 112

Wie gewonnen, so zerronnen? Thais und das Geld | 124

Die Familie: Loyalität bis ans Lebensende | 135

Frau und Mann: mit Selbstbewusstsein gegen Machotum? | 140

Sex, Bordelle und Prostitution: Garten der Gelüste? | 146

Korruption: Hilfst du mir, so helf ich dir! | 159

Land und Stadt: die Beschaulichkeit und das Monster | 163

Die Höflichkeit: ein Zeichen von Charakter | 167

Die Gestik: alles unter Kontrolle | 173

◁ Die Rolling Stones, ein Handy und esoterischer Zauber –
in Thailand passt das alles gut zusammen (114kt Foto: rk)

Ein fester Platz für jeden: die soziale Hierarchie

„Damen von Rang distinguieren sich durch die Anzahl ihrer Diener, die Schönheit ihrer Boote, die Pracht ihrer Gewänder und durch ihr Betel-Kästchen, das sie vor sich hertragen lassen."

(Nicolas Gervaise, 1688)

Von Anfang an war die thailändische Gesellschaft eine Klassengesellschaft, in der jedes Mitglied seinen angestammten Platz einnahm. Zwar hatte diese **hierarchische Ordnung** keine direkte Sanktion in der Religion wie etwa das Kastensystem im Hinduismus, die allbeherrschende Philosophie des Karma aber ließ es plausibel erscheinen, dass den Menschen aufgrund ihrer Taten im vorangegangenen Leben eine mehr oder weniger privilegierte Stellung zukommen musste. So galt der König als die Inkarnation einer Seele, die in ihren vergangenen Existenzen ein Höchstmaß an *bun* oder „Verdienst" durch gute Taten erworben hatte. Ein Leben am unteren Ende der sozialen Skala, beispielsweise als Sklave, war dagegen ein untrügliches Zeichen für vorhergehende Leben in Niedertracht und Sünde.

Die Gesellschaft spaltete sich in eine unüberschaubare Anzahl von **sozialen Stufen** und bekam, bildlich gesprochen, die Form einer Pyramide. An deren Spitze herrschte einzig und allein der König, gefolgt von einem in Klassen unterteilten Adelsstand. So berichtete *Nicolas Gervaise* von fünf rangverschiedenen Adelsklassen. Die Damen der feinen Gesellschaft taten ihren Stand durch den Prunk ihrer Kleidung, die Eleganz ihrer Boote, die Kostbarkeit ihres Betel-Kästchens und durch die Anzahl ihrer Diener kund.

Die **strikten Hierarchien** sorgten auf ihre Weise für den Frieden im Reich. So erklärte der Engländer *F. A. Neale* die Friedfertigkeit, die er unter den Einwohnern Siams beobachtet hatte, in seinem Buch „Narrative of a Residence in Siam" wie folgt: „Von klein auf lernen sie, jeder Klasse zu gehorchen und sie zu respektieren, angefangen vom

König bis zu jenen, die einen winzigen Grad über ihnen stehen; und von den ihnen Niedrigerstehenden wird ihnen selber wiederum dieselbe Ehrerbietung zuteil, die sie anderen zollen; folglich ergeben sich kaum Gelegenheiten zum Disput, selbst wenn sie diesem zugetan wären." Auf Vergehen gegen die Würde von höher Gestellten stand Auspeitschung, „das Schreckgespenst, das drohend über den Häuptern aller Völker Asiens hängt" – so *Neale* weiter.

An eine **Auflehnung gegen die strengen Strukturen** war nicht zu denken. Selbst die Abschaffung der Sklaverei durch den reformfreudigen König *Chulalongkorn* im Jahre 1892 war weniger die Folge eines zunehmend von Klassenlosigkeit geprägten Denkens, als der Versuch, es den USA gleichzutun, die kurz zuvor unter *Abraham Lincoln* die Sklaverei in die Geschichtsbücher verbannt hatte. *Chulalongkorns* Thailand sollte in den Augen des Westens nicht barbarisch-rückständig erscheinen. Außerdem waren wahrscheinlich finanzielle Erwägungen mit im Spiel: Da Sklaven keine Steuern zahlen konnten, wurde durch deren neuen Status als freie Bürger eine neue steuerabführende Bevölkerungsschicht geschaffen.

Das Klassendenken war also noch lange nicht aus dem Weg geräumt. Weitergenährt wird es noch heute durch **viel zitierte religiöse Texte**. So z.B. durch die *Trai Phuum Phra Ruang* („Die drei Welten gemäß Phra Ruang"), die Mitte des 14. Jh. geschrieben worden war und deren Verfasser später König in Sukhothai werden sollte. Die Schrift erläutert, dass jedem Wesen sein durch eigene Taten hervorgerufener Platz zugewiesen ist; ein Infragestellen dieser Theorie bedeutet – so die *Trai Phuum Phra Ruang* – ein Auflehnen gegen das religiöse Gesetz. Noch heute beziehen zahlreiche Mönche aus der Abhandlung Material für ihre Predigten an die Bevölkerung und festigen so auch die ohnehin schon stark verinnerlichten Hierarchien.

Als Bestandteil dieser Strukturen werden den Thais gewisse Verhaltensmuster abverlangt. So können Niedriggestellte oder Untergebene mit einem raueren Umgangston angesprochen werden, Hochgestellten oder Vorgesetzten dagegen ist der nötige Respekt zu zollen. Diese Standesunterschiede finden ihren Ausdruck auch in einem **differenzierten Gruß- und Anredesystem** (siehe dazu das folgende Kapitel). Zu den hochgestellten Personen müssen auch unumwunden die Reichen gezählt werden, egal aus welcher Bevölkerungsschicht sie ursprünglich stammten oder auf welchen dubiosen Wegen sie ihr Vermögen auch verdient haben mögen: Aufgrund der weit verbreiteten Korruption ist es schließlich möglich, sich Recht und Macht zu erkaufen. Wer Geld hat, ist unantastbar.

◁ Kniefall: Den Mönchen ist höchster Respekt zu zollen

Ein gutes Beispiel hierfür ist tagtäglich in den Straßen Bangkoks zu beobachten. So bekommt ein falsch parkender BMW oder Mercedes grundsätzlich keinen Strafzettel, denn dessen Besitzer – der Gedanke liegt nahe – ist wahrscheinlich ein sehr einflussreicher Mensch. Und er könnte den Strafzettel verteilenden Polizisten durchaus einige Probleme bereiten! Die Strafzettel bekommen so nur die „Kleinen", die mit den japanischen Billigwagen oder dem Motorrad, denn die können keine Repressalien in die Wege leiten. Treffen Thais mit ihnen fremden Personen zusammen, so gilt es als Erstes, die **soziale Position und die damit verbundene Machtstellung auszuloten.** Dazu steht ihnen eine reichhaltige Checkliste zur Verfügung: So achten sie auf Kleidung, Benehmen und Art der Sprache; um das Gegenüber dann noch enger einkreisen zu können, versuchen sie etwas über Schulbildung, Beruf, Gruppenzugehörigkeiten, Vermögensverhältnisse, Reichweite seiner Beziehungen, Verwandte und sogar sein Alter herauszubekommen. Die Abklärung all dieser Punkte erlaubt ihnen eine recht exakte soziale Platzierung des Gegenübers.

Nicht so einfach aber ist es mit diesen **merkwürdigen farang!** Bei ihnen fällt den Thais die Platzierung schwer, denn die ansonsten unfehlbare Checkliste funktioniert nicht mehr. Zwar werden alle *farang* zunächst einmal automatisch für recht wohlhabend gehalten, andererseits zeigen sich den Thais immer wieder Touristen in schludrigen kurzen Hosen, schäbigen T-Shirts und billigen Gummisandalen. Dies ist in Thailand die Kleidung der Ärmsten der Armen! Zudem spazieren Farang-Frauen in undezent-freizügiger Kleidung durch die Gegend und benehmen sich dabei forsch wie die Männer. So agieren thailändische Frauen nur, wenn sie aus dem Slum und/oder aus dem Bordellmilieu stammen! Zahlreiche männliche *farang*, die sich ihr Thai-Vokabular in den Go-Go-Bars von Bangkok angeeignet haben, schocken die Thais durch ihre Sprache, denn das ist die der Bar-Girls und die ist alles andere als stubenrein. So reden nur Thais mit zweifelhaftem Background, solche, mit denen sich „bessere" Thais niemals abgeben würden. Die Ausländer sind nach dem thailändischen Wertesystem also unmöglich in der Gesellschaft zu platzieren.

Da die soziale Position von solch eminenter Bedeutung ist, neigen die Thais zum „Hochstapeln", zum **Vortäuschen einer höheren Stellung, als sie tatsächlich innehaben.** Zum Teil aus diesem Grunde kleiden sich die meisten Thais auffallend gepflegt, was in vielen Fällen den Geldbeutel über Gebühr strapaziert. Im Gegensatz zu Westlern, die zum „dressing down" neigen (siehe Touristen in oben genannter Schluderkleidung), kleiden sich so manche Thais über ihre Verhältnisse gut, was bei vielen Touristen wiederum Missverständnisse auslöst: Diese halten somit Thailand für wohlhabender, als es in Wirklichkeit ist. Der Trick mit der guten Kleidung hat so zumindest bei den *farang* gewirkt; die Thais selber können aber durchaus besser differenzieren und lassen sich nicht so leicht in die Irre führen.

Wie wohl in allen Gesellschaften, so greifen auch in Thailand die niedrigeren sozialen Schichten aus Kompensationsgründen verstärkt in die **„Mehr-Schein-als-Sein"-Trickkiste.** So behängen sich viele Bar-Girls, die in den Augen der „anständigen" Thais eine vollkommen indiskutable Lotterschicht darstellen, mit dicken Goldketten. Der zur Schau gestellte „Reichtum" soll den Gesichtsverlust wettmachen, den die Arbeit als Prostituierte nun einmal mit sich bringt. (Nicht dass sich die „ehrenwerteren" Thais dadurch groß blenden ließen!) Die Freunde der Bar-Girls, die oft gleichzeitig als deren Zuhälter fungieren, schmücken sich ebenfalls mit viel Gold und protzen mit schweren, lärmenden Motorrädern. (Die Thais erkennen sie dennoch meist als das, was sie sind – zu meidende *nak leng,* Schurken oder Rowdys.) Ähnlichkeiten mit entsprechenden Bevölkerungsschichten in Europa sind sicher nicht zufällig; in der Heimat fällt das Erkennen solcher Verhaltensmuster nur ungemein leichter!

Auch die „besseren" Kreise müssen sich gelegentlich für teurer verkaufen, als sie eigentlich sind. So wird in Geschäftskreisen oft behauptet, dass ein Geschäftsmann zwar ohne ein Dach über dem Kopf auskommen könnte, aber nicht ohne einen Mercedes! Wer als Businessman keinen Mercedes fährt, gilt als nicht solvent und findet auch niemanden, der sich mit ihm auf Geschäfte einlassen würde!

Die Kunst des rechten Grußes: der wai

„Wenn sich zwei Freunde auf der Straße treffen, grüßen sie sich, indem sie ihre Hand zur Stirn erheben, und gleichermaßen, wenn sie einem Mönch begegnen oder eine Pagode passieren."

Nicolas Gervaise, 1688

Thailands strikte hierarchische Strukturen werden auch im Alltagsleben sichtbar und so manche scheinbar wertfreie Handlung ist ein Ausdruck dieser allgegenwärtigen Machtverhältnisse. Ausländer, die in der Regel eher an egalitäre Gesellschaftsstrukturen gewöhnt sind, benötigen eine längere Zeit der Beobachtung, ehe sie alltägliche Handlungen in diesem Sinne entschlüsseln können.

Ein tagtägliches Beispiel, das die Hierarchien verdeutlicht, ist der **traditionelle thailändische Gruß,** der *wai.* Dieser hat seinen Ursprung wahrscheinlich in der indischen Geste des *namasté,* zu der die Handflächen wie

im Gebet vor der Brust zusammengelegt werden. Die Geste an sich wirkt schon weit ehrerbietiger (und eleganter!) als das Händeschütteln der Westler. Das Händeschütteln widerspricht auch dem in vielen Ländern Asiens verbreiteten Konzept der „rituellen Reinheit", denn Hochgestellte könnten sich ja durch die Berührung mit Niedergestellten „verunreinigen". Die Vorstellung hat ihren Ursprung im Kastendenken Indiens, das sich in unterschiedlicher Form auch über dessen Grenzen hinaus ausgebreitet hat.

Während es bei dem indischen Gruß keine klaren Abstufungen gibt, die auf den **Status der Grüßenden** schließen lassen, so ist die Form des *wai* stark reglementiert und ein Ausdruck der Macht- oder Statusverhältnisse. So entscheidet der Status des zu Grüßenden darüber, wie hoch der Grüßende die gefalteten Hände beim *wai* zu heben hat. In der Praxis sieht das folgendermaßen aus:

- Grüßen sich etwa **Gleichgestellte,** so heben sie die gefalteten Hände so weit, dass die aneinandergelegten Daumen sich in Brusthöhe befinden. Der Kopf wird dabei nicht gesenkt und beide sehen sich gerade in die Augen – ein Zeichen, dass beide „gleichwertig" sind und keiner den anderen zu fürchten braucht.
- Sozial **höher gestellte und ältere Personen** (mit Ausnahme der eigenen Eltern) werden durch einen etwa brusthohen *wai* (wie oben) gegrüßt, dabei ist der Kopf aber ehrfürchtig zu senken. Das Senken des Kopfes könnte im übertragenen Sinne als das Hinhalten des Kopfes eines Hinzurichtenden gegenüber seinem Henker gedeutet werden; durch das Senken des Kopfes setzt man sich der Macht des höher Gestellten aus und fördert möglicherweise dessen Wohlwollen.
- Die **Eltern und sehr hoch gestellte Persönlichkeiten** werden gegrüßt, indem sich die Daumen beim *wai* in Mundhöhe befinden. Dabei ist der Kopf hingebungsvoll zu senken. Diese dabei erreichte fast gebetsähnliche Haltung fördert das Wohlwollen des zu Grüßenden, der durch den *wai* in seinem hohen Status bestätigt wird. Bezeichnender-

Extrainfo 7 (s. S. 7): Das Video zeigt, wen und wie man richtig „wait".

weise „waien" so häufig Personen, die sich eines Vergehens schuldig gemacht haben und um Verzeihung bitten. Thailändische Tageszeitungen drucken häufig Fotos von frisch gefangenen Ganoven, die sich so bei ihren Häschern „entschuldigen".

- Als lebende Symbole des Buddha sind **Mönche** besonders respektvoll zu grüßen. Dazu werden die gefalteten Hände so hoch gehoben, dass die Daumen in Höhe der Nasenwurzel ruhen, da wo sich angeblich das mystische „Dritte Auge" befindet. Dabei wird der Kopf tief gesenkt. Diese demütige Haltung ist ein Ausdruck der Unterwerfung unter den Buddha, den Mönchsstand und *dhamma,* das religiöse Gesetz. Eine Missachtung könnte in den Augen vieler Thais katastrophale Folgen nach sich ziehen, die respektvolle Huldigung dagegen bringt dem Demütigen Pluspunkte für die nächste Geburt ein.
- Zur Begrüßung sehr hoch stehender Mönche oder von Mönchen, denen man eine spirituelle Kraft *(saksit)* nachsagt, hockt man sich auf den Knien nieder, wobei die Fußsohlen respektvoll nach hinten, vom zu Grüßenden weg, zu zeigen haben. Während die Hände zum *wai* über dem Kopf zusammengelegt werden, beugt sich der Grüßende nach vorn auf den Boden und legt dort schließlich die Hände mit den Handflächen nach unten vor dem Kopf. In dieser Stellung verharrt der Grüßende (auch: Bittende!) ein paar Sekunden. Diese inbrünstige Steigerung des *wai* heißt *khraap.*
- Zur Begrüßung des **Königs** begibt man sich ebenfalls in die oben beschriebene Hockstellung, wobei die Hände in Stirnhöhe zusammengelegt werden. Dabei ist der Kopf so tief wie möglich zu senken. Diese Begrüßung heißt *thawai bangkhom.* Vorher hat man sich dem König auf Knien zu nähern und nach dem Gruß muss sich der Grüßende rückwärts wieder auf Knien entfernen, um dem König nicht unhöflich seine Kehrseite zuzuwenden. Westliche Monarchen oder andere westliche Staatsgäste begrüßt der (als unkonventionell bekannte) König allerdings durch einen sympathisch-schlichten Händedruck. Spricht man mit dem König, so muss man *ratchasap* anwenden, eine stark von Sanskrit und Khmer beeinflusste Variante des Thai, in der sich aber nur sehr gebildete Personen einigermaßen zuverlässig ausdrücken können. Das Wort *ratchasap* stammt von Sanskrit *raja shabda* („königliche Laute").

Zur **richtigen Ausführung** des *wai* gehört also die korrekte Einschätzung des Gegenübers, das Wissen um seine soziale Platzierung. Ausländer ha-

---

◁ Fast Food lässt grüßen: der willkommen heißende „wai" des McDonald's-Clowns

ben damit ihre Probleme. So benutzt so mancher Tourist den *wai* – in seinem Bemühen, besonders „Thai" sein zu wollen – peinlich falsch: Wer also z. B. einen Kellner allzu respektvoll „wait", verspottet ihn im Grunde, da der Kellner um seinen „niedrigen" Stand weiß und ein zu „hoher" *wai* so letztlich nur als bewusster Hohn aufgefasst werden kann – vergleichbar mit einem Bettler, der von einem großzügigen Geldgeber mit „Euer Hochwohlgeboren" angeredet würde! Als Nebeneffekt macht sich der zu „hoch" „waiende" Tourist so selbst „niedrig" und eventuell lächerlich. Glücklicherweise verzeihen die Thais die oft missratenen wai-Versuche von Westlern mit einem nachsichtigen Grinsen.

Das **beste Rezept für Westler** ist im Grunde, gänzlich auf den *wai* zu verzichten. Kein Thai nimmt das übel, denn jeder weiß, dass sich die Westler mit dem *wai farang* begrüßen, dem „Gruß der Ausländer", dem guten alten, klassenlosen Händedruck. Wird man selber zuerst „gewait", so braucht der Gruß nur durch ein kurzes, anerkennendes Kopfnicken und ein freundliches Lächeln erwidert werden. Das entspricht vollkommen dem automatisch hohen Status der *farang*. Auf keinen Fall sollte der *wai* von Kindern oder sehr niedrig Gestellten erwidert werden (z. B. Bettler, aber auch Kellner o. Ä.), das würde ausgesprochen lächerlich wirken. Hier tut's eine sehr knappe Anerkennung durch Kopfnicken und Lächeln.

Abzuraten ist allerdings vom **Händeschütteln,** da die meisten Thais – mit Ausnahme solcher, die längere Zeit im Westen verbracht haben – vielleicht nicht recht wissen, wie sie auf die ausgestreckte Rechte reagieren sollen. Einfacheren Naturen kitzelt dies ein peinlich berührtes Kichern hervor. Frauen sollten auf gar keinen Fall durch den Händedruck begrüßt werden, es sei denn, sie gehören zu den sehr, sehr wenigen „verwestlichten" Vertreterinnen des weiblichen Geschlechts. Der öffentliche Körperkontakt, dazu zählt auch das Händeschütteln, ist tabu und nur unter sehr guten Freunden gestattet. Ansonsten vermittelt er der Umwelt den Eindruck von „Intimität", was der Frau in den allermeisten Fällen sehr peinlich wäre. (Das lockere Verhalten von Bar-Girls darf hier im Übrigen nicht als Gegenbeispiel angeführt werden; sie verdienen durch die körperliche Berührung ihr Brot und stehen in den Augen der Thais ohnehin schon auf einer solch niedrigen Stufe, dass sie nichts mehr zu verlieren haben!)

Aus dem wai-Dilemma hilft den Ausländern die **Grußformel** „*sawadtii khap*" bzw. „*sawatdii khaa*". Beides kann zu einem umgangssprachlichen „*sawatdii*" abgekürzt werden. (Das Wort *sawatdii* stammt von Sanskrit *swasthya* = „Gesundheit"; es ist auch verwandt mit der *swastika,* dem „Glückszeichen" oder „Hakenkreuz".) Dieser Gruß kann alles Mögliche bedeuten, so z. B. „Guten Morgen", „Guten Tag", „Guten Abend", „Seien Sie mir gegrüßt" und auch „Auf Wiedersehen". Das *sawatdii* kann jederzeit ohne begleitenden *wai* gebraucht werden. Wer will, kann dazu leicht mit dem Kopf nicken. Die Anhängsel *khap* und *khaa'* sind Höflichkeitsfloskeln, die jeweils nur von Männern *(khap)* oder Frauen *(khaa)* benutzt werden können. Das *khap* wird im Thai übrigens *khrap* geschrieben, das „r" wird aber nur noch gesprochen, wenn es sehr formell zugehen soll.

Tham bun: Pluspunkte für die Wiedergeburt

„Da sie fest daran glauben, daß Glück in der Gegenwart nichts anderes ist als die Belohnung für Tugendhaftigkeit in der Vergangenheit, und daß das Gute, das sie in diesem Leben tun, ihnen nach ihrer nächsten Wiederkunft zur Erde mit Zins und Zinseszins zurückgezahlt werden muß, ersparen sie sich keine Mühe im Erlangen eines besseren Schicksals in jener nächsten Existenz. Der Ausdruck ‚Tham Bun oder ‚Gute Taten tun liegt ihnen permanent auf den Lippen."

Nicolas Gervaise, 1688

In dieser Beziehung hat sich seit den Zeiten des alten *Nicolas Gervaise* gewiss nichts geändert: Da die buddhistischen Thais an ihre Reinkarnation glauben, deren Umstände von ihren vorangegangenen Handlungen abhängen, versuchen sie, sich durch „gute Taten" für ein möglichst günstiges Schicksal zu qualifizieren. Diese **Philosophie des tham bun** (= „gute Taten verrichten") beruht also unmittelbar auf der Theorie des Karma, d. h. gute Taten in diesem Leben werden durch ein glückliches nächstes Leben belohnt, schlechte durch ein entsprechend leidvolles.

Diese alles durchdringende Philosophie hat ihre Auswirkungen im Alltagsleben, heute ebenso wie gestern. Hören wir dazu noch, was *Nicolas Gervaise* Ende des 17. Jh. beobachtet hat:

▷ Wer dem Buddha einen Obolus entrichtet, sichert sich ein gutes Schicksal

„In Bezug auf die Taten, die mit Gott in Zusammenhang stehen, ist der Eifer der Siamesen exzessiv. Die meisten von ihnen ruinieren sich, indem sie Ihm Tempel und Statuen errichten und diese dann schmücken, und diejenigen, die nicht die Mittel dazu haben, begeben sich an einen einsamen Ort, wo sie Ihm kleine Hütten aus Holz oder Blätterwerk weihen. Nach Gott, so glauben sie, gibt es nichts Hinwendungswürdigeres als den Dienst am Nächsten. Sie helfen den Armen, besuchen die Kranken und bauen Herbergen im Lande, die Reisenden von großem Nutzen sind, da es im ganzen Königreich keine Gasthäuser gibt, und sie bringen Wasser, um (die Reisenden) zu erquicken. Die Frauen sind nicht weniger eifrig in der Demonstration ihrer Frömmigkeit, deren Hauptaufmerksamkeit den Mönchen gilt. Sie sind davon überzeugt, dass es ein großer Verdienst ist, diese an gewissen Feiertagen zu waschen; am standhaftesten aber glauben sie an die Spenden, die sie den Mönchen zuteil werden lassen. Die Mönche, denen sie ihre Aufmerksamkeit widmen, unternehmen nichts, sie in diesem Glauben zu schwächen, predigen ihnen vielmehr, daß es keine auch noch so schwere Sünde gäbe, die nicht durch das Almosengeben hinweggewaschen werden könne, und dass es eine unfehlbare Methode sei, der Hölle zu entgehen. Da einfache und leichtgläubige Gemüter sich durch Beispiele immer beeindrucken lassen, erfinden und erzählen (die Mönche) Hunderte von solchen Geschichten, die darauf abzielen, sie weiter zu überzeugen."

Schon zu *Gervaises* Zeiten schien das *tham bun* zu einer institutionalisierten Handlung geworden zu sein, zu einem Ritual, das weniger mit spontanem Mitgefühl zu tun hatte als vielmehr mit einem spirituellen Kuhhandel, der einzig und allein persönliche Vorteile – wenn auch erst in der

nächsten Existenz – garantieren sollte. Buddha selber hatte diese Variante von „guten Taten" sicher nie propagiert und auch scharfsinnige Buddhisten unserer Zeit, wie der hoch verehrte *Bhikku Buddhadasa* (1906–1993) aus Chaiya bei Surat Thani, sahen keinen echten spirituellen Gewinn darin. *Bhikku Buddhadasa* beispielsweise legte nur Wert auf die Meditation, die in der Lage sei, den Menschen von innen her zu echt empfundener Güte zu führen. Aus dem Volksglauben ist *tham bun* aber nicht wegzudenken und bildet die Basis für zahllose, **tagtäglich zu beobachtende Handlungen.** Im Folgenden einige Beispiele dazu:

- Eine der verdienstreichsten Taten, die Eltern vollbringen können, ist das Hingeben eines Sohnes in den Mönchsstand, wenn auch nur auf begrenzte Zeit. Durch die Mönchsweihe *(buat phra)* wird den Eltern *bun* zuteil, frei übersetzt „Verdienst" oder „Tugend" (von Sanskrit *punya*). Aufgrund der Dankbarkeit, die thailändische Kinder ihren Eltern lebenslang zu zollen haben, betrachten es viele junge Männer als ihre Pflicht, den Eltern dieses *bun* zukommen zu lassen. Nicht zuletzt aber fällt auch ein Großteil *bun* für den Sohn selber ab, der sich durch sein Mönchsleben in die spirituelle Nähe zu Buddha begibt.
- Jeden Morgen, mit Ausnahme der dreimonatigen Fastenperiode *jam phansa* (Juli–Oktober), machen sich die Mönche auf ihren Almosengang *(bintha baat),* bei dem sie sich ihre Sammelgefäße *(baat)* von den Gläubigen mit Speisen füllen lassen. (*Bintha baat* stammt von Sanskrit *pinda pata*, „den Klumpen hinwerfen".) Dieses allmorgendliche, faszinierende Ritual gilt dabei keineswegs als „Bettelei", im Gegenteil: Da die Mönche den Gläubigen dadurch die Gelegenheit geben, Gutes zu tun, ist man diesen dafür aufrichtig dankbar. Beobachtet man den Almosengang, so fällt auf, dass es die Geber sind, die sich respektvoll und ehrfürchtig den Empfängern nähern. Letztere quittieren die Gaben wortlos und ohne Anteilnahme. (Von einigen Mönchen ist sogar bekannt, dass sie Speisen, die ihnen nicht behagen, später einfach wegwerfen!)
- Die Statuen von verehrten Mönchen und Buddha werden von Tempelbesuchern mit dünnen Goldplättchen beklebt, was ebenfalls spirituellen Verdienst verspricht. Früher lebten von der Herstellung dieser Goldplättchen ganze Handwerkersippen, die sich z. B. in der Thanon

◁ Hoch mit dem Zaster: Zum Richtfest eines neuen Tempels werden gespendete Geldscheine am Giebel aufgezogen

Ti Thong („Goldschlägerstraße") am Wat Suthat in Bangkok angesiedelt hatten. Heute ist die Herstellung industrialisiert. Kranke kleben die Plättchen gelegentlich genau an die Stelle der Statue, an der sie selber zu genesen hoffen. Das gilt besonders für Statuen von den *Luang Pho*, d. h. von verehrten Mönchen, denen man eine außerordentliche spirituelle Kraft nachsagt.

- Auch Tiere geben den Gläubigen die Gelegenheit, Gutes zu tun. Vor vielen Tempeln sitzen Vogel- oder Schildkrötenverkäufer, die ihre Tiere für ein paar Baht an die Besucher verkaufen. Diese lassen sie dann frei und hoffen so wiederum, durch ihre gute Tat *bun* erworben zu haben. Die Schildkröten werden meist in Tempelteichen ausgesetzt, die Vögel lässt man an Ort und Stelle in die Freiheit fliegen. Dabei wird im Inneren oft um die Erfüllung eines Wunsches gebeten – ein Fall von „Instant Karma", also die Hoffnung, die gute Tat möge sich sofort lohnend auszahlen. Häufig werden anschließend Lotterielose gekauft, da sich die Chancen für einen Gewinn nun – so uns der Erleuchtete helfe! – erhöht haben dürften.

Zu den „guten Taten" gehört die Tradition, dünne Goldplättchen auf die Buddha- und Mönchsstatuen zu kleben

Girlanden für Jumbo: Elefanten werden mit Buddha assoziiert, daher sind Elefantenfiguren Empfänger von Opfergaben

Tierfreundlich ist das Freilassen der Vögel oder Schildkröten aber nicht, denn ein Großteil der ausgesetzten Tiere, die nie zuvor in Freiheit gelebt haben, geht zugrunde. Thailändische Tierschutzorganisationen warnen deshalb regelmäßig davor, zumal dies nur die Züchtung von weiteren Tieren bedeutet.

- Zur „Unterhaltung" von Schutzgeistern oder -göttern werden von Gläubigen klassische Tanzveranstaltungen gesponsert. Diese sind z. B. tagtäglich am Erawan-Schrein und dem Lak Muang, dem Schrein der Schutzgeister der Stadt, in Bangkok zu sehen. Dazu wird eine Truppe von Musikern und Tänzern/Tänzerinnen angeheuert, die die Götter durch ihre Präsentation gnädig stimmen sollen. In den meisten Fällen geht es hier um eine sofortige Verbesserung des Schicksals, so z. B. bei Krankheit, Finanzproblemen etc. Auch vor derartigen Schreinen findet man die unermüdlichen, menschenumlagerten Losverkäufer der Staatslotterie, deren Finanzlage sicher nichts zu wünschen übrig lässt.
- An den „Buddha-Tagen" *(wan phra)*, mehrmals im Monat zu begehende, dem Buddha geweihte Tage (keine gesetzlichen Feiertage), essen zahlreiche Gläubige nur vegetarisch. Wem das als ein zu großes Opfer erscheint, der isst zumindest eine vegetarische Mahlzeit. Am „Buddha-Tag" dürfen auch offiziell keine Tiere geschlachtet werden. Der Verzicht auf das sonst so heißgeliebte Fleisch und die damit verbundene indirekte Schonung der essbaren Tierwelt soll ebenfalls zu Glück im nächsten Leben verhelfen. Oder besser noch, in diesem Leben! So gibt es wohlberechnende Zeitgenossen, die ein paar Tage lang rein vegetarisch essen, um sich dann – mit jeder Menge *bun* ausgestattet – in eine Zockerrunde zu stürzen. Andere kaufen den nächstgelegenen Lotteriestand leer. Ob die mehrtägige vegetarische Kost tatsächlich eine höhere Gewinnchance verspricht, ist wissenschaftlich nicht erwiesen; sicher ist, dass viele Zocker in Polizeigewahrsam landen, da Glücksspiele in Thailand verboten sind (ausgenommen die Staatslotterie!).
- Als *tham bun* können weiterhin viele kleine alltägliche Handlungen gelten, mit denen Gutes getan oder die Götter- und Geisterwelt beschwichtigt wird: So das Almosengeben an Bettler, die

Spende an den Tempel oder eine wohltätige Organisation, das Ablegen von Opfergaben (z. B. Blumen, Obst etc.) an Tempeln, Schreinen oder Räumen, die von Geistern bewohnt sein sollen.

Durch das Hilfsmittel *tham bun* arrangieren sich die Thais mit den Mächten, die das Schicksal bestimmen, und versuchen, es zu ihren Gunsten zu wenden. Ob man dabei an den Erfolg der Methode glaubt oder nicht: Sicher ist, dass sie der psychologischen Beruhigung dienlich ist, denn wenn man schon all diese guten Taten auf seinem Konto gutschreiben kann, was soll da eigentlich noch schief gehen? Ist dann doch so einiges danebengegangen, wird dies von den Thais oft als die Folge der Außerachtlassung von Tham-bun-Ritualen gewertet. Dann bekommen die Mönche am nächsten Morgen halt noch schmackhafteres Essen in ihre *baat* gelegt oder man versucht sich gar an einer einwöchigen, gnadenlosen Vegetarierkur!

Nicolas Gervaise berichtet noch von einer anderen Methode des *tham bun,* die heute in Thailand durchaus willkommen wäre: So schickte der Erste Minister des Königs zu jener Zeit Späher aus, die nach alten, kranken oder entwurzelten Bäumen Ausschau hielten. Hatte man welche gefunden, wurde alles zu deren Rettung unternommen – eine weise Form des *tham bun,* die *Gervaise* in seiner vor-ökologischen Ignoranz mit dem Adjektiv „lächerlich" honorierte.

Die Mönche: Stellvertreter Buddhas auf Erden

„Die Mönche sind die Priester der Siamesen, und sie behaupten, daß die Institution des Mönchsstandes aus dem Himmel stamme und von einem Engel begründet worden sei, den Sommonokodom (Buddha) zum ersten Mönch geweiht hatte."

Nicolas Gervaise, 1688

Mag man auch tagelang abgelegene Gebiete bereisen, ohne einen Vertreter der Regierung zu Gesicht zu bekommen, so wäre es in der Tat seltsam, wenn ein Tag verginge, an dem man nicht mit einer lebendigen Manifestation des Buddha konfrontiert würde. So schrieb *Dr. Niels Mulder* 1979 in seiner Studie „Everyday Life in Thailand – an Interpretation". Tat-

> Mönche gelten als Mittler zwischen den Menschen und Buddha mit seinem spirituellen Pfad

sächlich sind die Mönche ein Bestandteil thailändischen Lebens; ein Thailand ohne Mönche wäre nicht vorstellbar. Da der Buddhismus die Staatsreligion ist (auch wenn eine sehr tolerante Religionsfreiheit herrscht), wird das Thai-Sein mit Buddhist-Sein gleichgesetzt und die Institution des Mönchsstandes stützt und festigt so das Staatsgefüge.

Thailands buddhistische Tradition will es, dass jeder buddhistische Mann mindestens drei Monate seines Lebens als Mönch *(phra)* verbringt. In früheren Zeiten mag damit das ernstlich brennende Verlangen nach Meditation und Erleuchtung verbunden gewesen sein, heute ist dies sicherlich nur noch in Ausnahmefällen der **Grund für den Schritt in den Mönchsstand.** Wie im vergangenen Kapitel erwähnt, gibt es heute meist andere Motivationen. Viele junge Männer halten es für ihre Pflicht ihren Eltern gegenüber, ihnen durch ihr Mönchsein „Verdienste" für das nächste Leben zu verschaffen. Als Nebeneffekt fällt aber auch ein großer Teil *bun* für den Mönch selber ab. Kein Wunder also, wenn die Mönchsweihe als ein freudiges Ereignis gefeiert wird, zu dem der gesamte Familien- und Freundeskreis zusammenströmt. Mönchsweihen haben oft den Charakter von kleinen Volksfesten, bei denen der Alkohol in Strömen fließt. Der dabei einzig ernste Festteilnehmer ist der zu weihende junge Mann selber, dem die Teilnahme an den bacchantischen Aspekten der Feierlichkeiten versagt ist.

Die zweite große Gruppe von Mönchen stammt aus den ärmeren Bevölkerungsschichten, die ihren Kindern keine bessere **Schulausbildung** zukommen lassen können. Diese ist je nach Schule an unterschiedlich hohe Gebühren geknüpft, die viele Familien der Unterschicht nicht aufbringen können. Der *wat* (Tempel) bietet somit eine Alternative. Dort können die Mönche kostenlos und nach Herzenslust studieren und werden währenddessen bei ihren morgendlichen Almosengängen mit Speisung versorgt. Manch junger Mann bringt es so zu einer soliden Schulbildung, die er sich außerhalb des Tempels nie hätte leisten können. Der Tempel hat somit noch die Funktion, die er in früheren Jahrhunderten innehatte: gleichzeitig Ort der religiösen Er-

bauung und Schule bzw. Uni zu sein. Erfahrene Mönche unterrichteten Thai, Pali, Mathematik und Naturwissenschaften; sie vermittelten sie die Grundlagen des Buddhismus, wobei ihnen die Wandgemälde zu Hilfe kamen, die Ereignisse aus Buddhas Leben oder andere allegorische Geschichten darstellten. Erst Anfang der dreißiger Jahre des 20. Jahrhunderts wurden die Mönche durch weltliche Lehrer ersetzt. Noch heute aber befinden sich die meisten Grundschulen unmittelbar neben einem Tempel.

Nur wenige junge Männer, die sich zu Mönchen weihen lassen, streben eine **klerikale Karriere** an, die sie nach langen Jahren zu respektierten Äbten machen kann. Zwar genießen die langgedienten Mönche in der strengen Tempelhierarchie ein hohes Ansehen, der Weg dorthin ist aber lang und entbehrungsreich.

Zu jeder Zeit befinden sich ca. 300.000 oder mehr Männer im Mönchsstand, verteilt auf ca. 30.000 Tempel. Von diesen verbringen nur 10 % zehn oder mehr Jahre im Tempel, einige davon ihr ganzes Leben. Aus diesen bildet sich die administrative Oberschicht der *wat*. Etwa 65 % sind bis zu drei, fünf oder zehn Jahren lang Mönche, wobei die meisten die **Zeit im Mönchsstand** zur Weiterbildung nutzen. Etwa 25 % aller Mönche bleiben nur wenige Wochen oder Monate im Tempel; einige sogar nur ein paar Tage. Viele lassen sich zu Beginn der buddhistischen Fastenperiode (*khao phansa*) im Juli weihen und verlassen den Tempel zum Ende der Fastenperiode (*ook phansa*) im Oktober. Egal wie lange der Mönch beabsichtigt hatte, im Mönchsstand zu bleiben, so kann er jederzeit straflos

In Buddhas Fußstapfen: Nicht allen Mönchen gelingt es jedoch, die buddhistischen Ideale allzeit zu erfüllen

dem Stand enthoben werden. Jeder aber, der einmal Mönch war, genießt dafür ein gewisses Ansehen in seiner Umgebung; zum einen, weil er sich der Disziplin des religiösen Lebens unterworfen hat, zum anderen, weil er sich als guter Sohn erwiesen hat, der seinen Eltern zu „Verdienst" verhalf.

Der **Tagesablauf der Mönche** ist streng reglementiert. Vor Sonnenaufgang werden sie durch einen Glocken- oder Paukenschlag geweckt und versammeln sich zum Gebet. Danach machen sie sich auf ihren Almosengang (*bintha baat*) mit den Bettelgefäßen (*baat*). Diese müssen, den buddhistischen Regeln entsprechend, aus acht Teilen hergestellt sein, d. h. dem Boden, sechs Seitenteilen und einem oberen Rand. Nachdem sich die Mönche ihre Gefäße haben füllen lassen – wobei sie jede Speise klaglos anzunehmen haben –, begeben sie sich zurück zum Tempel und verzehren die Speisen. Nach der Mittagszeit darf kein Mönch mehr etwas zu sich nehmen. Der Nachmittag gehört dem Studium der heiligen Schriften und der Sprache Pali, in der diese abgefasst sind. Zahlreiche Mönche widmen sich intensiv dem Englisch-Studium. *Nicolas Gervaise* hatte seinerzeit die Mönche und deren Tatendrang in etwas unvorteilhafterem Licht gesehen und schrieb: „Der Müßiggang, der in ihren Klöstern herrscht, hat eine starke Anziehungskraft auf diese Nation, die keine größere Freude kennt als die, zu leben ohne etwas zu tun, und dann noch auf Kosten anderer." Zumindest die letzten beiden Regeln sind heute nicht mehr praktikabel. So sieht man durchaus Mönche, die – Kleingeld in der Hand – sich am Straßenrand Softdrinks oder gar Zigaretten kaufen. Ganz so genau kann man

Das **Mönchsdasein** *wird weiterhin durch* **227 penible Vorschriften** *geregelt. Die wichtigsten davon sind:*

Weder Mensch noch Tier zu töten; nicht zu stehlen; keinen Geschlechtsverkehr auszuüben; keine Rauschmittel zu sich zu nehmen; weder etwas zu borgen noch zu leihen; zwischen Mittag und dem folgenden Morgen nicht zu essen; nicht übermäßig zu essen; seinen Nächsten nicht zu richten; Frauen nicht genussvoll zu betrachten; keinen Theater-, Musik- oder ähnlichen Darbietungen beizuwohnen; kein Parfüm oder Öl zu benützen; nicht mit spirituellen Errungenschaften zu prahlen; keine Waffen zu besitzen; keine Freundschaften mit Laien zu knüpfen, um daraus Almosen zu gewinnen; nichts zu tun, das nicht der Religion dient; nicht höher zu sitzen oder zu schlafen, als die höher gestellten Mönche; nicht des anderen Eigentum zu begehren; nicht neben einer Frau zu sitzen; seine Haare, Brauen und Bart zu scheren; nichts zu kaufen oder zu verkaufen; kein Geld, Gold oder Silber zu berühren.

diese Regeln heute nicht mehr nehmen, einige müssen dem Zeitgeist geopfert werden. Gelegentlich gibt es sogar Zeitungsberichte von **amourös geneigten Mönchen,** die abends ihre orangefarbene Mönchsrobe ablegen, sie gegen Jeans und T-Shirt eintauschen und dann die Nacht bei ihren Freundinnen verbringen. Der kahl rasierte Kopf wird mit einer Mütze getarnt und auf eventuelle Fragen von Neugierigen nach dem Beruf wird geantwortet, man sei „Soldat". Ist ein solcher Missetäter erwischt, wird er dem Mönchsstand enthoben, „entrobt". Das ist ein gnädiger Akt, bedenkt man, welche Strafen in früheren Zeiten auf den Mönchs-Beischlaf standen: So wurden im 17. und 18. Jahrhundert sowohl der Mönch als auch die mit ihm ertappte Frau über einem Holzkohlefeuer langsam geröstet; im 19. Jahrhundert wurden beide lediglich dazu verdammt, bis an ihr Lebensende Gras zu schneiden, mit dem die königlichen Elefanten gefüttert wurden; oder sie mussten lebenslänglich die Reismühle des Königs drehen.

In den 1990er-Jahren mehrten sich aber auch die Fälle, in denen Mönche auf ganz brutale Weise **straffällig** wurden. Eine Reihe von Vergewaltigungen, Mord und Vergehen gegen das Waffen- oder Rauschgiftgesetz gingen auf das Konto der frommen Männer in Orange und es wurden Stimmen laut, die ein striktes Ausleseverfahren bei der Aufnahme in den Mönchsstand forderten. Gelegentlich hatten sich frisch entlassene Sträflinge zu Mönchen weihen lassen, da dies die beste Möglichkeit war, zunächst einmal kostenlos Unterschlupf zu finden.

Mönche, die ihr 227-Punkte-Reglement brechen, gab es schon zu allen Zeiten; dem hohen Ansehen, das der Mönchsstand bei den meisten Thais genießt, hat dies bisher nur wenig geschadet. Mönche gelten als die **Träger einer positiven spirituellen Kraft (saksit),** und einige hoch verehrte Mönche, die sogenannten *luang pho* (etwa „Verehrter Vater"/„Verehrte Väter"), gelten als besonders mit zauber- oder heilkräftiger Energie ausgestattet. Amulette, die diese Mönche gesegnet haben, sind als Talismane gegen böse Geister sehr gefragt. Einige Amulette tragen das Bildnis der Mönche selber. Obwohl die *luang pho* oder *phra saksit* (= „Mönche mit spiritueller Kraft") im Grunde gegen eine der 227 Grundregeln verstoßen, nämlich die, die besagt, der Mönch solle nicht mit spirituellen Errungenschaften prahlen, ist das Amulettverteilen eine akzeptierte Praxis. Stirbt ein *luang pho* oder *phra saksit,* so wird der Tempel, in dem seine sterblichen Überreste aufbewahrt werden, schnell zum Wallfahrtsort. Gebete auch zu dem toten Mönch gelten als Erfolg versprechend. Selbst Abbilder des Mönches werden als die Träger der spirituellen Energie betrachtet; so befindet sich z. B. in Wat Paknam in Bangkok eine lebensechte Wachsnachbildung eines hoch verehrten Abtes, vor dem die Gläubigen inständig um die Erfüllung von Wünschen beten.

Auch der König zollt den Mönchen seinen Respekt. Am Ende der Fastenperiode *(ook phansa)* überreicht der König ihnen neue Mönchsroben und andere Utensilien, dazu religiöse Ritualgegenstände. Diese Tradition pflegten schon die Vorgänger des Monarchen. Die Mönche brauchen sich als Vertreter einer höheren Ordnung nicht vor dem König zu verbeugen und nehmen die Gaben teilnahmslos und ohne ein Wort des Dankes hin. Eine Anklage wegen Majestätsbeleidigung haben sie nicht zu befürchten. Das hat in der Vergangenheit vielleicht manchen König innerlich erzürnt: So berichtet *Nicolas Gervaise,* dass *König Narai* die Mönche weitgehend aus seinem Blickfeld verbannen ließ, um sie nicht demütig grüßen zu müssen, seinerseits auch keinen Gegengruß zu erhalten. Bevor der König durch eine Ansammlung von *kuti* oder Mönchsunterkünften geleitet wurde, mussten Hofdiener die Fenster und Türen der Mönchshäuser schließen. Es sollten keine Mönche daraus hervorlugen, denen der König mit devotem Gruß hätte huldigen müssen.

Hinweise für den Umgang mit Mönchen

- **Frauen** dürfen Mönche niemals berühren. Die Mönche wären sonst spirituell „verunreinigt" und müssten sich komplizierten Reinigungsritualen *(abatt)* unterwerfen. Fahren Mönche in öffentlichen Stadtbussen (meist kostenlos!), so sitzen sie immer auf der hintersten Sitzbank. Dort wird ihnen von den anderen Passagieren Platz gemacht. Frauen stehen dabei als erste auf, um die Mönche nicht in die Situation zu bringen, in ihrer Nähe zu sitzen. Bei Überlandfahrten in den klimatisierten Bussen haben auch die Mönche zu zahlen, da die Busse meist Privatgesellschaften gehören, die nicht so großzügig sind wie die staatlichen Verkehrsbetriebe. In diesem Fall können die Mönche allerdings überall sitzen, nicht nur in der hintersten Reihe. Sollte dennoch zufällig eine Frau den Sitzplatz neben dem Mönch gebucht haben, wird die an Bord befindliche Hostess eine taktvolle Umplatzierung vornehmen, um den Mönch nicht der Berührungsgefahr auszusetzen. Ähnliches gilt bei Flügen der *Thai Airways International,* der thailändischen Fluggesellschaft.
- Werden den Mönchen bei ihren Almosengängen **Speisen übergeben,** so hat der Geber/die Geberin nach alter Regel barfuß zu sein. (Die Mönche sind in diesem Falle auch barfuß.) Dies kann im modernen Leben heute allerdings nur noch selten eingehalten werden. Die Speisen sollen respektvoll und graziös in die *baat* gegeben werden, nicht etwa, als werfe man den Mönchen missmutig etwas zu. Frauen müssen hierbei wieder darauf achten, die Mönche nicht zu berühren. Bei Fahr-

ten in klimatisierten Bussen inklusive Essen oder bei Flügen der *Thai Airways* überreicht die Hostess die Speise einem Mitpassagier, der sie dann an den Mönch weiterreicht.

- Werden Mönchen bei ihren Almosengängen **Gegenstände überreicht,** so müssen diese mit beiden Händen gefasst werden. Das bei uns übliche Geben mit nur einer Hand würde wie „halbherziges" Geben wirken und wäre nicht respektvoll. Übergeben Frauen Gegenstände, so können sie diese dem Mönch nicht direkt in die Hand geben. Vielmehr breitet der Mönch einen Teil seiner Robe aus, in den die Frau den Gegenstand zu legen hat; oder der Mönch breitet ein Tuch vor sich aus, auf das der Gegenstand gelegt wird. Als letzte Alternative können Frauen die Utensilien von einem Mann überreichen lassen.
- Mönchen gebührt der allerhöchste Respekt. Das drückt sich auch in der Sprache der Thais aus, die über zahlreiche Formen verfügt, sich in verschiedenen Höflichkeitsstufen auszudrücken. So gibt es im Thai eine Vielzahl von Personalpronomen für unser „du" oder „Sie", die alle unterschiedliche Grade von Respekt ausdrücken. Die gebräuchlichsten dieser Personalpronomen sind *müng, gä, eng, suu, dtua, thö, khun* und *than*. Die erste Form, *müng*, kann eine grobe Beleidigung darstellen und wird ansonsten nur unter sehr engen Freunden benutzt; *thö* ist schon etwas respektvoller und wird ebenfalls unter guten Freunden verwandt; *khun* ist die allgemein höfliche **Anredeform,** die unserem „Sie" am nächsten kommt. Mönche werden allerdings mit *than* angesprochen, der respektvollsten Anredeform. Dieses ansonsten nur selten gebrauchte *than* ist etwa mit „Euer Hochwürden" zu übersetzen. (Außer Mönchen werden so verehrte, ältere Personen oder hoch gestellte Persönlichkeiten angesprochen.) Bei den Durchsagen der *Thai Airways* werden auch die Passagiere mit *than* angeredet – ein Zeichen von Respekt vor dem zahlenden Kunden!
- Passiert man **sitzende Mönche** (z. B. in einem Restaurant, an einer Parkbank o. Ä.), so hat man sich dabei etwas zu ducken, man muss sich „kleiner machen". Die Thais empfänden es als eine Anmaßung, wenn der Laie hocherhobenen Hauptes an den Mönchen vorüberginge. Diese Denkweise beruht auf der Vorstellung vom Kopf als dem Sitz der Seele; da der Mönch als ein höheres Wesen betrachtet wird, hat der Laie seinen Kopf nicht über den des Mönches zu erheben. Auch wenn der Kopf des Vorübergehenden durch das Ducken nicht tatsächlich unter den des Mönches gesenkt wird, so zählt doch zumindest die Geste, wie unvollkommen sie auch ausgeführt sein mag. Die Mönche brauchen sich für diese „Unterwürfigkeit" nicht zu bedanken, sondern nehmen sie regungs- und kommentarlos hin.

Extrainfo 8 (s. S. 7): Dokumentation über thailändische „Waldmönche", die Buddhas Lehren auf eine Art auslegen, die sich stark vom kommerziellen „Mainstream-Buddhismus" unterscheidet

- **Kritische Bemerkungen über den Buddhismus** oder die Form seiner Ausübung sind absolut zu unterlassen, auch wenn man irgendwo eine Angriffsfläche gefunden zu haben glaubt. Das Infragestellen des Buddhismus käme einer Missachtung der Mönche gleich, die ja dessen lebendige Repräsentanten sind. Auch vom Diskutieren **allzu weltlicher Themen** (z. B. Prostitution, Sex) ist abzuraten, da sich die Mönche damit ohnehin nicht beschäftigen sollten. Einige schwarze Schafe unter den Mönchen schneiden solche Themen selbst gerne an, aber darauf sollte man/n (und vor allem frau) nicht eingehen.

Segnung mit Reisigbündel und Weihwasser:
Der Mönchssegen garantiert sowohl spirituelles als auch materielles Glück

Sanuk, sabai und suay: die thailändische Lebensphilosophie

„Die Siamesen sind von Natur aus kein sehr emsiges Volk, und ... die meisten von ihnen ziehen die Ruhe eines Müßiggängerdaseins all den Ehren, Freuden oder materiellen Vorteilen vor, die sie sich durch Arbeit erwerben könnten."

Nicolas Gervaise, 1688

Die in der Kapitelüberschrift genannten Thai-Begriffe dürften zu den ersten Vokabeln gehören, die Ausländer in Thailand erlernen. **Sanuk** bedeutet „Spaß" und **sabai** entspricht etwa unserem „gemütlich", „wohlig", „angenehm" oder/und „bequem". So ganz exakt trifft keine der Übersetzungen zu, denn das *sabai* drückt ein so typisch thailändisches Lebensgefühl aus, dass man es kaum in andere Sprachen übersetzen kann. Ähnlich geht es ja auch dem deutschen Wort „Gemütlichkeit", das sich so schwerlich übersetzen lässt.

Das *sabai* wird häufig zu *sabai sabai* verdoppelt, was ein noch gesteigertes Gefühl des Wohlseins ausdrückt. *Sabai sabai:* Alles ist prima, in Ordnung, wunderbar gemütlich, entspannt, bequem, no problem.

Suay ist Thai für „schön" und eines der wichtigsten Adjektive, das die Sprache kennt: Die Thais sind hoch entwickelte Ästheten, die den Wert von Objekten und Menschen zu einem immensen Teil an deren Äußerem messen. Das rein äußerliche „Schönsein" ist oft wichtiger als der funktionale Nutzen (bei Gegenständen) oder der inneren Qualitäten (bei Menschen). Die Thais haben in ihrer Entwicklung einen wahren Schönheitskult geschaffen, dessen Auswirkungen auf Schritt und Tritt zu beobachten sind.

Wie nicht anders zu erwarten, so haben auch die drei Standpfeiler der thailändischen Lebensphilosophie, *sanuk, sabai* und *suay,* sozio-

Extrainfo 9 (s. S. 7): An *Songkran,* dem thailändischen Neujahrfest, wird überschwänglich gefeiert, ordentlich gezecht und jedermann mit Wasser übergossen, beschossen oder beworfen.

logische und historische Ursachen. Jedes Volk bzw. dessen Mentalität ist ein Ergebnis langer Entwicklungsprozesse und im Falle der Thais waren vieler Faktoren am Werk, die diese einzigartig unbeschwerte Lebensweise haben entstehen lassen.

Einer der Hauptauslöser war sicherlich die **üppige Natur,** mit der das Land von jeher gesegnet war. Sie versorgte die Thais mit einem schier unglaublichen Sortiment an Früchten, Gemüsen, Kräutern und Gewürzen, ohne dass sie dafür viel hätten tun müssen. All das wuchs von allein. Harte Arbeit gab es eigentlich nur beim Pflanzen der Reissetzlinge und beim Eintragen der bald darauf folgenden Ernte zu verrichten. Zwischen den kurzen Arbeitsperioden konnte man ein **bequemes Müßiggängerdasein** führen. Fische, die die Nahrung ergänzten, waren alten Beschreibungen zufolge so zahlreich, dass man sie mit bloßen Händen fangen konnte. Viel zu arbeiten gab es also auch hier nicht. Selbst in Bangkoks Klongs konnte man sich – so erzählen alteingesessene Bewohner – noch vor 30 oder 40 Jahren in Minutenschnelle eine Mahlzeit erangeln.

Schulschluss: Schüler in Phuket machen sich einen Foto-Spaß

Teenie-Party im Kaufhaus: Vergnügungen sind essenzieller Lebensbestandteil bei Jung und Alt

Die **langen arbeitsfreien Perioden** zwischen Ernte und Aussaat wurden mit Spaß und Spiel verbracht, mit Hahnenkämpfen, Bootsrennen und endlosen Dorfpalavern, bei denen die Zeit bestenfalls daran gemessen wurde, wie viele Betelnüsse man hatte kauen können. Andere Völker hätten die freie Zeit möglicherweise zur Entwicklung komplizierter wissenschaftlicher oder philosophischer Theorien genutzt, die Thais beschieden sich mit einem anstrengungslosen Leben in Freude und Frohsinn. Die Muße machte sie aber zu **Ästheten,** die sich zur Steigerung ihres Wohlbefindens nur mit schön Anzuschauendem umgaben. Die Thais wurden zu talentierten Handwerkern und Künstlern, die ihre Werke bis ins Detail zu verschönern verstanden. In vielen Fällen waren sie Meister mehrerer Sparten zugleich – Steinmetz, Maler und Architekt oder vielleicht in irgendeiner anderen Kombination von Disziplinen. Dieser künstlerische Sinn hat sich bis heute erhalten. Den Höhepunkt bilden die Abertausenden von filigran ausgeführten Tempelanlagen und deren Wandgemälde, die die Besucher immer wieder in Staunen versetzen.

Machte es die Natur den Thais sehr einfach, müßig zu sein, so kam ein weiterer, den Ehrgeiz lähmender Faktor dazu: In der Gesellschaft hatten von jeher strenge Hierarchien bestanden, die nur **geringe Entwicklungsmöglichkeiten** zuließen. Die soziale Mobilität, das Ausbrechen aus einer niederen Gesellschaftsschicht in eine höhere, war fast unmöglich. Jeder hatte seinen angestammten Platz und musste sich den höher Gestellten beugen. So wurden die Thais weiter des Arbeitseifers und Ehrgeizes beraubt und ihre **Philosophie vom Hier und Jetzt,** das es zu genießen galt, verfestigte sich. Man machte das Beste aus den gegebenen Umständen und scherte sich wenig darum, was die Zukunft brachte.

Und das ist heute nicht viel anders. Bis in die 1980er-Jahre waren 65 % aller Thais in der Landwirtschaft beschäftigt und lebten zum größten Teil von der eigenen Scholle. Erst mit Ende der 1980er-Jahre nahm die Industrialisierung sprunghaft zu, sodass zahlreiche Söhne und Töchter von ärmeren Bauern in die Städte abwanderten, um dort in der Industrie eine Anstellung zu finden. Die über Jahrhunderte entwickelte Mentalität eines sorgenfreien Landlebens aber besteht fort.

So gehören die Thais auch heute sicherlich zu den Völkern, die am wenigsten von Zukunftsängsten geplagt werden. Psychiater mit diesem Spezialgebiet wären sicherlich arbeitslos. Die Sorglosigkeit drückt sich auf mannigfaltige Weise aus, z. B. im **Umgang mit Geld.** So sind die Thais

> Kein Fest fremd genug: Selbst Halloween wird von jungen Thais enthusiastisch gefeiert

denkbar schlechte Sparer und das Gehalt wird oft schneller ausgegeben, als es verdient wurde. Das Geld ist ein Mittel, um an Freude und Frohsinn zu gelangen und nicht ein Notgroschen für irgendwelche nebulösen „schlechten Zeiten", die man in der Zukunft vielleicht zu bestehen hat. Das nächste Geld, so wie auf dem Lande die nächste Ernte, wird schon kommen. Mal ist es halt mehr, mal weniger. Die langen Menschenschlangen, die sich an den Monatsenden vor den Geldautomaten bilden, in der Hoffnung, das Gehalt sei endlich eingetroffen, deuten darauf hin, dass das letzte Geld oft schon lange zuvor ausgegeben wurde.

Die Thais sind somit bis heute Hedonisten, Freudensucher, die aus ihrem Leben das Beste zu machen versuchen, aber immer nur im Hier und Jetzt. Das Leben hat *sanuk* und *sabai* zu sein. In dieser Lebensphilosophie des Frohsinns ist viel Platz für Ästhetik und so ist das **„Schönsein" der Umgebung, von Personen und Gegenständen** von höchster Wichtigkeit. Schließlich ist Schönheit an Wohlbefinden gekoppelt, denn welcher unappetitliche Anblick stimmt einen schon heiter?

In Thailand frönt man so einem wahren **Schönheitskult,** der sich auf alle Lebensbereiche auswirkt. So ist z.B. der Druck, ordentlich gekleidet zu sein, größer als im Westen. Selbst der ärmste Zeitgenosse möchte nicht ungepflegt erscheinen, was als „hässlich" *(na gliet)* empfunden wird. Frauen tragen ihre Schminke als subtile Kunstwerke auf und bewegen sich graziös wie Prinzessinnen. In Kaufhäusern wird der kleinste Gegenstand in mehreren bunten Tüten verpackt, damit er „schön" aussieht. Den Gegenstand unverpackt in der Hand zu tragen, gilt als „hässlich". Thailändi-

sche Köche, die bei internationalen Wettbewerben übrigens oft die ersten Preise davontragen, sind Meister der optisch wohlgefälligen Kochkunst. Die Speisen werden nicht selten zu faszinierenden Kunstwerken geformt, Obst wird in fantastische Formen geschnitten, Gemüse nach Farbkombinationen zusammengestellt. Und schmecken tut es obendrein, denn auch der Essensgenuss gehört zum Zustand von *sabai sabai*.

Gegenstände des täglichen Gebrauchs werden zunächst einmal darauf überprüft, ob sie *suay* („schön") sind und erst dann auf ihre Funktionstüchtigkeit. Selbst Waffen können als „schön" empfunden werden, eine Tatsache, die die meisten Westler wohl nur schlecht nachvollziehen können. Der Autor war Zeuge, wie ein junges Paar staunend vor dem Schaufester eines Waffenladens stand und eine bestimmte Pistole, die es ihnen besonders angetan hatte, über alle Maßen als *suay maak maak* („wunderschön") priesen. Leider werden Menschen oft ähnlich oberflächlich beurteilt. Auf die allgemein übliche Frage, ob jemand verheiratet ist, folgt meistens die weitere Frage, ob die Ehefrau denn auch *suay* sei, bzw. beim Ehemann, ob er denn gut aussehend *(lor)* ist. Etwaige menschliche Qualitäten stehen hinter dem Äußeren an, man will sich gar nicht die Mühe machen, hinter die Fassade zu sehen.

Nirgendwo könnte sich die thailändische Obsession mit der Schönheit besser ausdrücken als in den fast täglich landauf, landab abgehaltenen **Schönheitswettbewerben.** Jedes Provinznest schmückt sich mit seiner eigenen Miss-Wahl, in der dick geschminkte Lokalschönheiten über rustikale Laufstege stolzieren. Selbst Wahlen zur „Miss Ratburi" oder „Miss Rayong" werden live und landesweit vom Fernsehen übertragen. (Beides sind relativ unbedeutende Provinzstädte.) Die Miss-Wahlen sind oft nichts weiter als eine Art Wanderzirkus, bei denen eine feste Truppe von Teilnehmerinnen über die Lande reist und sich heute um die Krone zur „Miss Chiang Mai", morgen für die „Miss Phitsanulok" bewirbt. Jede Teilnehmerin gewinnt irgendwann einmal; das ist wohl auch in Ordnung, denn – so würden zynische Beobachter wohl sagen – die Teilnehmerinnen sehen sich ohnehin alle sehr ähnlich. Es wird viel grelle Schminke getragen, um nur nicht dunkle Gesichtshaut zum Vorschein kommen zu lassen und auf dem Vorderhaupt sind die Haare zu einer merkwürdigen Art „Krone" *(montho)* auftoupiert, so wie man es von zahlreichen Damen der thailändischen Oberschicht her kennt. Während der Präsentation auf dem Laufsteg werden von einem Conferencier sachlich die Maße, das Gewicht und das Alter der Kandidatinnen verlesen, so, als befände man sich auf dem örtlichen Viehmarkt. Als leicht geschmacklos empfanden viele Thais es erst, als in Pattaya die „schönste Witwe" des Ortes gewählt wurde. Den Organisatoren des Wettbewerbs war es nach eigenen Aussagen um die

"Integration" von Witwen gegangen und ein Beauty Contest schien da das adäquateste Mittel. 1999 wurde in Pattaya der schönste Transsexuelle oder *gathoey* erkoren, ein Ereignis, das nur wenig Furore machte.

Ganz Thailand aber stand Kopf, als im Jahre 1988 eine junge Thai zur "Miss World" gekürt wurde. Die Zeitungen berichteten monatelang über das Ereignis und die Siegerin wurde zur Nationalheldin, die selbst vom Premierminister empfangen wurde. Etwas überschattet wurde das freudige Ereignis durch die Tatsache, dass besagte junge Dame seit ihrem dritten Lebensjahr in den USA gewohnt hatte und kaum der thailändischen Sprache mächtig war. In den ersten Fernsehauftritten nach ihrer Miss-Wahl musste sie von einem Dolmetscher unterstützt werden. Dem Kult um die Schöne tat das aber keinen Abbruch.

Die Lebensphilosophie von *sanuk*, *sabai* und *suay* sorgt zwar auf der einen Seite für einen bewundernswert heiteren und ausgeglichenen Gemütszustand, auf der anderen Seite führt sie aber nicht selten zu **Oberflächlichkeit, Pflichtvernachlässigung, Verantwortungslosigkeit** oder katastrophalen Finanzverhältnissen. So lässt mancher Familienvater Frau und Kinder im Stich, da er besser in Freuden leben kann, wenn er sein Gehalt nicht teilen muss; mancher Vater schickt seine halbwüchsige Tochter in die Prostitution, damit sie seinen genießerischen, aber eigentlich unbezahlbaren Lebensstil finanzieren hilft; und mancher Zeitgenosse holt sich das Geld, das er im Frohsinn verjubelt hat, auf illegale Weise wieder.

Eine der beliebtesten Arten der Geldbeschaffung – oder besser des Versuches der Geldbeschaffung – ist das **Glücksspiel,** das in Thailand streng verboten ist. Es drohen Geld- oder Gefängnisstrafen. Vergehen gegen das Glücksspielverbot führen seit Jahren die Kriminalstatistiken an; jährlich gibt es bis zu 100.000 Fälle und diese überlasten die Gerichte. Das Zocken ist die größte Leidenschaft zahlreicher Hausfrauen, Großmütter, Jungmänner oder Bar-Girls. Viele Bar-Girls verspielen zwanzig-, dreißig- oder fünfzigtausend Baht in einer einzigen Zockernacht. Dahinter steht die Hoffnung, eines Tages ohne Anstrengung an Wohlstand zu gelangen, der es erlaubt, "bequem" zu leben. In den meisten Fällen müssen sich die Mädchen am nächsten Morgen 20 Baht für einen Teller Nudeln leihen. Die Spielleidenschaft der Thais hat Tradition. Berichte dazu finden sich in allen Epochen. Der Engländer *F. A. Neale* schrieb 1852: "Bangkok (ist) randvoll mit Spielhöllen aller Gattungen und hier findet man Nacht für Nacht viele der reichsten und respektiertesten Einwohner, einschließlich Staatsoffiziere und Edelmänner, die immense Vermögen auf das Glück einer einzigen Karte setzen." *Neales* Landsmann *H. S. Hallet* schrieb 1890: "In jedem Dorf, egal wo im Land, findet man die üblichen Spielhöllen ... An einem Ende des ... Spielsalons befindet sich oft ein Altar mit einer Figur des Glücksgottes darauf." Anschließend beschreibt er die vielen Glücksspielvarianten im Thailand jener Tage, deren unglaublicher Einfallsreichtum beweist, wie sehr die Thais das Glücksspiel entwickelt hatten.

Die Neigung zum Spiel ist ein indirekter Ausdruck des Lebensstils von *sanuk* und *sabai,* der die Anstrengung scheut, aber nicht ohne Geld auskommen kann. Vielleicht klappt es ja doch eines Tages mit dem großen Gewinn und man lebt *sabai sabai!* Gespräche um den „großen Lotteriegewinn" hört man tagtäglich und die Stände der Lotterieverkäufer sind immer von Trauben von Glücksrittern umlagert.

Da aus dem Gewinn aber meistens nichts wird, muss vielleicht **Geld geliehen werden.** Leihaktionen unter Freunden, Bekannten, Nachbarn und innerhalb der eigenen Familie sind in vielen Kreisen alltäglich. Viele Thais stehen permanent vor der Pleite, doch fast jeder kennt jemanden, von dem man sich etwas leihen kann. Von den Geldnöten profitieren selbstverständlich die zahllosen professionellen Geldverleiher oder die Pfandhäuser, die sich an fast jeder Straßenecke finden. Die Geldverleiher sind meistens eingewanderte Inder, die für Kleinkredite Monatszinsen von zwanzig Prozent kassieren; daher haben die indischen Geldverleiher den Spitznamen *roy la yiisip,* „Zwanzigprozentnehmer". Die Pfandhäuser werden von Chinesen geleitet, deren Vorväter zwar aus China eingewandert waren, die aber heute alle die thailändische Staatsangehörigkeit besitzen. Hieran wird wohl eines deutlich: Die Thais geben das Geld aus (auf der Suche nach „Annehmlichkeit"), die Inder und die Chinesen haben es! Aufgrund ihres wenig ehrgeizigen Lebensstils überlassen die Thais das weite Feld des Geldverdienens anderen. Nur so war es möglich, dass beispielsweise indische **Sikhs** schon wenige Jahre nach ihrer Einwanderung 1947 schwer reiche Geschäftsleute geworden waren; das gilt auch für die **Chinesen,** die in den letzten Jahrhunderten nach Thailand eingewandert sind und die nun praktisch die gesamte Geschäfts- und Finanzebene des Landes in ihren Händen haben. Fast alle größeren Unternehmen sind im Besitz von Chinesen. Die lebenslustigen Thais sind gemeinhin die Angestellten, die sich von morgens bis in die Nacht abrackernden Chinesen sind die Bosse.

Aus dem finanziellen Erfolg der Inder und Chinesen lässt sich womöglich eine wichtige Lehre ableiten: Ein leichtes Leben und das „große Geld" gehen auch in Thailand nicht zusammen. Die „Happy-Go-Lucky"-Lebenseinstellung der Thais ist es aber wohl, die Abertausende von Touristen immer wieder nach Thailand reisen lässt.

▷ Betrunkene auf Kriechspur: vor einer Bar in Patong aufgestelltes Warnschild

Zum besseren Verständnis der thailändischen Gastgeber noch eine bunt gemischte Übersicht darüber, **welche Zustände oder Aktivitäten sanuk, sabai oder suay** sind und welche nicht:

- **Essen:** Absolut *sanuk*. Die Thais denken permanent ans Essen und die kurzen Verdauungspausen zwischen den zahlreichen Mahlzeiten werden zur weiteren Speiseplanung genutzt. Dementsprechend ist das Essensangebot in Thailand wohl einzigartig groß. Gegessen wird mit voller Konzentration, um dem Genuss des Moments volle Rechnung zu tragen. Am meisten *sanuk* ist das Essen im großen Kreise, je mehr Teilnehmer, desto mehr Spaß macht es. Ein Grund dafür ist auch, dass man dann mehr verschiedene Gerichte bestellen kann, von denen man kostet. Bei derartigen Essgelagen wird die Rechnung üblicherweise von einer einzigen Person bezahlt, das „Going Dutch", das penible Aufrechnen der einzelnen Kosten, gilt als „hässlich". Vorsicht – befindet sich ein *farang* unter den Essern, geht man oft davon aus, dass dieser die Rechnung bezahlen wird, da er so „reich" ist. Wer aufgrund dieser Warnung lieber allein essen geht, wird von den Thais wahrscheinlich für „trübsinnig" oder ähnlich merkwürdig veranlagt gehalten werden. Thais schmeckt es allein nicht halb so gut.
- **Shopping:** *Sanuk,* insbesondere dem weiblichen Geschlecht. Thais kaufen impulsiv und spontan, was sparsamere Zeitgenossen vielleicht mit „unüberlegt" übersetzen würden. Auf den Preis wird dabei nicht so sehr geachtet, was man will, das kauft man (vorausgesetzt, das Geld ist da). Der pure Akt des Kaufens selber macht Spaß und nachträgliche Reuegefühle über zu viel ausgegebenes Geld sind unbekannt. Wozu ist das Geld denn gut, wenn man es nicht ausgeben kann? In Bangkok kommt es zum Monatsende/-anfang regelmäßig zu Verkehrsstaus, da anscheinend die ganze Bevölkerung auf den Beinen ist, um ihr soeben erhaltenes Gehalt in die Geschäfte zu tragen.
- **Spazierengehen:** Nicht *sanuk*. Die wenigsten Thais schätzen die Fortbewegung aus eigener Kraft. *F. A. Neale* berichtete davon, dass kein Thai, der ein Paddelboot besäße, auch nur die kürzeste Strecke zu

Fuß laufen würde; und da die meisten Thais am oder auf dem Wasser lebten, betraf das alle. Daraus mag sich die heutige Lustlosigkeit beim Laufen erklären. Auch kurze Strecken werden per Stadtbus (bzw. Taxi oder *tuk tuk,* falls der Geldbeutel es erlaubt) zurückgelegt. Wer läuft, macht sich verdächtig, kein Geld zu haben oder zu geizig zu sein, das bisschen Kleingeld auszugeben. *Farang,* die weite Fußwege zwecks Besichtigungen etc. machen, werden als „Wundertiere" bestaunt oder aber ebenfalls für geizig gehalten. Der gesundheitliche Nutzen körperlicher Betätigung ist den meisten Thais fremd. Zudem möchte sich niemand freiwillig der Sonne aussetzen, um nicht eine dunklere Hautfarbe zu bekommen. Eine dunkle Hautfarbe ist verpönt, denn die haben die Bauern und sonstigen Landbewohner, die sich in der Sonne abplagen müssen. Eine helle Hautfarbe hat Statuswert.

- **Fernsehen:** Sehr *sanuk.* Und das, egal was läuft! Das Fernsehen gilt als wertfreie Unterhaltung und Unterhaltung an sich ist gut. Analysen des Programms oder kritische Äußerungen dazu sind nicht üblich. Zum Teil überwiegt noch die Ehrfurcht vor diesem Wunder der Technik und man ist froh, dass es so etwas überhaupt gibt. In vielen Haushalten wird dieses Wunder ausgiebig gefeiert und der Empfänger läuft von Sendebeginn bis -schluss. Ein Fernsehprogramm muss schon arg deprimierend sein, ehe es von der Mehrheit abgelehnt wird. Dafür qualifizieren sich möglicherweise die Programme des staatlichen „Channel 11", die meistens wissenschaftlicher oder kultureller Natur sind. „Channel 11" ist zwar lehrreich, aber „no fun".

- **Tiefsinnige Diskussionen:** Kein *sanuk.* Gespräche mit ernstem Charakter bringen allgemein keine Freude. Konversation hat locker, freundlich und humorvoll zu sein, für tief Schürfendes oder Kontroverses ist da kein Platz. Ernste Gespräche gibt es nur in Ländern, in denen die Sonne nicht so viel scheint, es nicht so viel zu essen gibt und alles nicht so „schön" ist. Zudem behaupten viele Thais, dass sie „Kopfschmerzen" *(phuat hua)* vom vielen Nachdenken bekommen. (Offenbar wird das Gehirn für einen Muskel gehalten, der bei Überanstrengung zu schmerzen beginnt!) Streitigkeiten oder Kontroversen werden umgangen, um den sozialen Frieden zu erhalten. Das Kritisieren von Personen oder Zuständen gilt als „hässlich" und lässt negative Rückschlüsse auf den Kritiker zu, nicht aber auf den Kritisierten. Unverfängliche, freundliche Gespräche fördern das allgemeine Wohlbehagen.

- **Lesen:** Nur *sanuk,* wenn es nicht überfordert. Der beliebteste Lesestoff sind Comics, vor allem die japanischen „Manga"-Comics. Comics sind Fun. Im Skytrain in Bangkok sieht man, wie sich selbst Studenten der Chulalongkorn-Universität, der Top-Uni des Landes, die Fahrzeit mit

Comics vertreiben. Schwerere Kost ist nur etwas für eine intellektuelle Minderheit. Übersetzte Werke ausländischer Literatur werden oft in einer vereinfachten thailändischen Version auf den Markt gebracht. Die verbreiteten *Crime Magazines,* die detailliert über die Opfer von Mord und Totschlag berichten, gelten bei vielen Zeitgenossen – ohne Wertung des Verbrechens – als *sanuk*.

- **Reisen:** *Sanuk,* aber nur unter bestimmten Voraussetzungen. Thais reisen am liebsten in Gruppen oder im Kreise der Familie – vom Großvater über den Neffen und das Enkelkind sollten alle mit dabei sein. Individualreisende sind eine Rarität, sie werden wahrscheinlich als „Einzelgänger" eingeschätzt. Das gilt in verstärktem Maße für Frauen, die – außer zu Verwandtenbesuchen – so gut wie nie alleine verreisen. Auch Weltenbummler sind ein bisher unbekanntes Phänomen, was nicht nur finanzielle Gründe hat. Die wenigsten Thais sind Abenteurer oder Entdeckernaturen. Sie sind extrem heimatverbunden und patriotisch. Auch wenn man vielleicht schon einmal ins Ausland gereist ist oder dort arbeitet, so liebt man Thailand als das „angenehmste" Land der Welt, wo man am besten leben kann. Dieses Gefühl wird ihnen von Kindheit an eingehämmert, in der Schule, von den Eltern und den Medien. (Siehe auch das Kap.: „Die Nation: eine einzige große Familie?") Zudem fühlt man sich sehr der eigenen Provinz und der Heimatstadt verbunden. Am liebsten würden sich die Thais nicht weiter als auf Rufweite von ihrem Geburtshaus entfernen. Dies gilt wiederum verstärkt für Frauen, die ein noch ausgeprägteres Familienempfinden besitzen. Wird doch gereist, so darf es nicht „unkomfortabel" *(mai sabai)* sein und nicht zu abenteuerlich werden. Die ideale Reise besteht aus nicht zu anstrengenden Besichtigungen, die immer wieder von ausgiebigen Mahlzeiten unterbrochen werden. Fröhliche Gespräche, unterstützt von reichlich Alkohol, runden den Urlaub ab. Ein ökologisches Bewusstsein ist bei Thais kaum vorhanden und so hinterlassen thailändische Picknick-Gesellschaften zumeist Berge von Flaschen und Plastiktüten in der Landschaft.

- **Sterben:** Das große Tabu-Thema des Westens schreckt die meisten Thais nur sehr wenig. Sterben oder Totsein gilt als *sabai sabai,* als eine willkommene Erlösung von den Leiden des Lebens. Die Basis dieser Denkweise liegt zweifellos in der Lehre Buddhas begründet, die jedes Leben als einen Leidensweg betrachtet, aus dem im Endeffekt nur das erlösende Nirwana führt. Ist das Nirwana nur schwer zu erreichen, so ist der Tod aber eine gute Zwischenlösung, bevor die Seele in einem anderen Körper wieder geboren wird und der Leidensweg von vorne beginnt. Beobachtet man thailändische Verkehrsteilnehmer, besonders die waghalsigen Bus- und Motorradfahrer, bekommt man den Eindruck, dass einige Zeitgenossen gar nicht schnell genug ins Jenseits kommen können! *Sabai sabai!* Verkehrstote werden oft von einer neugierigen Menge begrinst, so, als wäre nichts Schlimmes geschehen.

● **Schmutz:** Passt nicht in das ästhetisch geprägte thailändische Weltbild und gilt daher als hässlich und unappetitlich. Folglich gehört Thailand zu den saubersten Ländern Asiens und besonders die persönliche Hygiene wird sehr groß geschrieben. So wäscht man sich mehrmals täglich ausgiebig von Kopf bis Fuß und niemand, der auf sich hält, trägt dieselbe Kleidung länger als einen Tag. Zwei Tage in denselben Kleidern gesehen zu werden, ist für die meisten Thais Anlass zur Scham.

Wie befremdend muss es da auf sie wirken, wenn westliche Traveller in zerschundener, ungewaschener Kleidung daherkommen, die für diese zwar ein Ausdruck des „Weitgereistseins" ist, den Thais aber ein unästhetischer Dorn im Auge. Zudem ist es eine Art gesellschaftlicher Druck, besser gekleidet zu sein, als es Stand und Einkommen eigentlich erlauben. Niemand möchte als arm angesehen werden und gepflegte Kleidung vermittelt die Illusion von sorgenfreiem Wohlstand. Dass dies im Westen – wo ein Großteil der Bevölkerung sich schäbiger kleidet, als es das Einkommen zuließe – nicht so ist, können die meisten Thais nicht nachvollziehen.

Nicht ganz so gut ist es um die **öffentliche Hygiene** bestellt, denn hier vermischt sich der thailändische Sinn für Ästhetik mit einer gewissen Portion Laisser-faire. Der öffentliche Bereich gilt nicht als ein Bereich, der jedermann gehört und gepflegt werden muss, sondern als eine Art „Niemandsland", das man missbrauchen kann, wie man will – deshalb fliegt schon mal die eine oder andere Plastiktüte oder Cola-Dose in die Landschaft. Dennoch sind Thailands Straßen und Städte noch weit sauberer als die der meisten anderen asiatischen Länder. Im Kampf des Sauberkeitssinnes gegen den Schlendrian siegt meist ersterer. Das war allerdings nicht immer so.

Im Jahre 1977 noch hatte sich Bangkok nach einer Untersuchung den zweifelhaften Titel „Schmutzigste Stadt der Welt" verleihen lassen müssen. Und das in einem „Wettbewerb", an dem so berüchtigt-schmuddelige Metropolen wie Kairo oder Kalkutta „teilgenommen" hatten! Aufgrund der Sauberkeitskampagnen des langjährigen Bangkoker Bürgermeisters *Chamlong Srimuang* hat sich die Stadt seither zu einer hygienisch-präsentablen Metropole entwickelt.

> Love, Peace and Smile: zwei Verkäuferinnen in vorzeitiger Feierabendlaune

Historische Aufzeichnungen deuten darauf hin, dass die Thais ihren Sinn für die Ästhetik erst in jüngerer Vergangenheit auch auf die Hygiene zu beziehen begannen. *F. A. Neale* schrieb noch Mitte des 19. Jahrhunderts, dass „die Einwohner so träge sind, so schrecklich gleichgültig ihrem eigenen Interesse und ihrer Gesundheit gegenüber, dass sie ihre Hütten und schwimmenden Häuser ... kaum jemals auch nur fegen." Das hat sich aufgrund steigender Schulbildung und gewachsenem Wohlstand heute grundlegend geändert.

Das thailändische Lächeln: Oh, was soll es bedeuten?

„... und dennoch haben sie keine Skrupel, gelegentlich zu heucheln, und die, denen sie die meiste Zuneigung zeigen, sind oft die, die sie in ihrem Herzen am meisten verachten ..."

Nicolas Gervaise, 1688

Wenn es so etwas wie ein thailändisches „Markenzeichen" gibt, so ist es sicherlich dies: das viel gepriesene thailändische Lächeln. Die Thais nennen ihr Land gerne *siam yiim* oder **„Siam, Land des Lächelns",** und auch im Westen identifiziert man Thailand häufig mit lächelnden, einladenden Gesichtern. Diese lassen sich tourismustechnisch gesehen natürlich bestens vermarkten, vermitteln sie doch das Bild einer sanften, harmonischen und (gast)freundlichen Gesellschaft.

In der Tat begegnet man in Thailand auf Schritt und Tritt lächelnden Gesichtern. Die Verkäuferin im Kaufhaus lächelt, der Postbote lächelt, der Bankbeamte lächelt, alle lächeln. Selbst frisch ertappte Massenmörder lächeln in die Kameras thailändischer Journalisten, am nächsten Morgen strahlen die Gesichter der Bösewichte aus den

038kt rk

Lokalzeitungen und sehen nur noch halb so böse aus. Nur einer lächelt sehr, sehr selten: *König Bhumipol Adulyadej,* das hoch verehrte Staatsoberhaupt, blickt meistens ernst, konzentriert und vielleicht sogar etwas sorgenvoll von den Fotos herab. Das heißt aber nicht, dass der **König** somit eine bierernste Natur ist, die sich kein Lächeln abzuringen in der Lage wäre: Wie wir im Weiteren noch sehen werden, unterliegt der König als einziger nicht der sozialen Pflicht zum Lächeln, da er ohnehin über den Normen steht und unantastbar ist.

Das thailändische Lächeln ist zum großen Teil eine soziale Konvention, ein sehr elegantes Mittel, konfliktlos durch das Leben zu gehen; und je nach Situation oder sozialer Lage hat das Lächeln verschiedene Bedeutungen und Funktionen.

Die Vorstellung, dass die Thais allesamt glückliche und sorgenfreie Menschen sind, die schon mit einem überirdischen Lächeln im Gesicht morgens aufwachen, ist nichts als ein schönes Klischee. Ebenso wenig sind ja alle Menschen des Westens, die mit herunterhängenden Mundwinkeln herumlaufen, suizidgefährdete Neurotiker. Das Lächeln und auch das ernst dreinblickende Gesicht sind häufig nur eine **Maske,** hinter der sich viel mehr versteckt, als man auf den ersten Blick annimmt.

Das thailändische Lächeln dient in erster Linie dem reibungslosen Lebensablauf. Die thailändische Psyche betrachtet die Mitmenschen als potenziell gefährliche und mächtige Personen, die – ähnlich wie bei der Beschwichtigung von Göttern oder Geistern durch Opfergaben – durch ein entwaffnendes Lächeln wohlwollend gestimmt werden. Das Lächeln **versetzt das Gegenüber in eine harmonische Gemütslage,** und die Chance, dass von ihm eine Gefahr ausgeht, ist somit um ein Vielfaches geringer. Demzufolge werden höher gestellte, mächtige Personen weit eher mit einem Lächeln bedacht als untergeordnete. Nicht angelächelt zu werden,

⌃ Selbstzufriedenes Lächeln: Zwergstatue in einem Tempel in Bangkok

vermittelt den Eindruck von drohender Gefahr, und der so Missachtete schützt sich möglicherweise präventiv. Der Katalog der Schutzmaßnahmen reicht dabei – je nach Situation und sozialem Umfeld der Beteiligten – vom Abbruch des sozialen Kontaktes über gezielte „Strafmaßnahmen" (z. B. Entfernung vom Arbeitsplatz, Schikane etc.) zu brachialer Gewalt. Da ist es tatsächlich besser, die „Zähne zusammenzubeißen" und zu lächeln, auch wenn einem gar nicht danach zumute ist!

Diese Art von Lächeln, die ihren Nährstoff in den strengen thailändischen **Hierarchien** findet, ist im Falle des Königs – wie eingangs erwähnt – selbstverständlich fehl am Platze. Dieser muss sich mit niemandem gut stellen und hat niemanden zu fürchten. Lächelte er zu viel, so würde dies seine Position sogar mindern, da es wie eine Anbiederung an das Volk wirken könnte, die er beileibe nicht nötig hat. Ein väterlich-besorgter Blick ist in diesem Falle angebrachter als ein Lächeln.

Das Lächeln ist aber nicht nur eine Schutzfunktion gegen potenzielle Gefahren. Höher Gestellte wie die Eltern, ältere Geschwister, Mönche oder geachtete Lehrer werden durch ein freundliches Lächeln geehrt. Dieses ist nicht zuletzt ein **Zeichen der Dankbarkeit,** besonders im Falle der Eltern, denen gegenüber die Kinder nach thailändischer Auffassung im Grunde immer in tiefer Schuld stehen. Ein Lächeln ist da nur ein kleines, aber wichtiges Zeichen der Dankbarkeit.

Gelächelt wird aber auch, um peinliche Situationen, eigene oder die Fehltritte anderer, zu überspielen. Das Lächeln **überdeckt den „Gesichtsverlust" einer Person,** ihre hochnotpeinliche Bloßstellung, die Thais weit weniger verkraften als andere Völker. (Mehr zum „Gesichtsverlust" im Folgenden Kapitel.) In diesem Licht ist auch zu sehen, wenn – wie erwähnt – ertappte Ganoven scheinbar gut gelaunt und lebensfroh in die Kameras lächeln. Das Lächeln soll die Missetat in den Augen der Mitmenschen mindern und sagen: Na ja, hab da so 'nen kleinen Fehler begangen, jetzt sitz' ich mal 'n paar Jährchen im Knast, ist ja auch gar nicht so übel da, nette Leute und so, und auch die Polizisten hier sind ja echt in Ordnung, alles eigentlich ganz prima!

Es erübrigt sich zu erwähnen, dass auch die Polizisten, die die Übeltäter auf den Polizeifotos flankieren, freundlich in die Kameras lächeln. Deren Lächeln ist allerdings das Lächeln der Erfolgreichen, gepaart mit einem Schuss „Gnadenlächeln" den Missetätern gegenüber. Motto: Seid nett zueinander! Hier spielt das buddhistische Prinzip von *metta,* „Mitgefühl" oder „Gnade", hinein, das viele Aspekte thailändischen Lebens durchdringt.

Lächeln ist aber auch „schön". Wie im vorangegangenen Kapitel erläutert, ist das „Schönsein" von Menschen oder Objekten von höchster Wichtigkeit, schöne Anblicke machen das Leben schließlich angenehm.

Lächeln – das kann es bedeuten

- *Wird man **auf der Straße** von unbekannten Personen angelächelt, so ist dies in den meisten Fällen ein Akt von Freundlichkeit, möglicherweise gepaart mit einem Schuss Respekt vor den „reichen" und weit gereisten farang. Es empfiehlt sich, zurückzulächeln. Gelegentlich versuchen allerdings Schlepper oder andere dubiose Elemente, durch ein Lächeln das Vertrauen des Touristen zu erheischen, um dann ihre Geschäftchen machen zu können. Mit etwas Instinkt ist aber in den meisten Fällen zu unterscheiden, ob es sich um einen schieren Freundlichkeitsakt oder versteckte Absichten handelt. In letzterem Falle besser nicht zurücklächeln!*
- *Lächeln Thais in **Streitsituationen**, so ist dies ein Versuch, das Gegenüber zu beschwichtigen, um einen schlimmeren Konflikt zu verhindern. Dieses „Freundschaftsangebot" sollte besser akzeptiert werden. Schlagen alle Beschwichtigungsversuche fehl, greifen primitivere Naturen gerne zu Brachialgewalt und das kann auch in Thailand ernste Konsequenzen nach sich ziehen. Das Beste ist: zurücklächeln und sich mit möglichst wenig „Gesichtsverlust" der Situation entziehen.*
- *Eigene **Fehler, Fehltritte oder Patzer** werden häufig durch ein Lächeln überspielt, das somit gleichzeitig eine Bitte um Verzeihung ist. Dem Charme eines Lächelns können sich die Thais kaum entziehen und sie verzeihen dem Übeltäter (sofern es sich um kleine Vergehen oder Fehler handelt). Ebenso zeigt jemand, an dem ein solcher Fehler begangen wurde, durch ein Lächeln seine Bereitschaft zum sofortigen Verzeihen und Vergessen an.*
- ***Bitten um einen Gefallen** bei Privatpersonen und Ämtern haben weitaus mehr Aussicht auf Erfolg, wenn sie von einem freundlichen Lächeln begleitet werden. Ein Bittsteller, der mit ernster Miene daherkommt, hat kaum eine Chance. Das Lächeln gibt dem Gebetenen das Gefühl, respektiert und gemocht zu werden, wogegen beinhartes Fordern mit starrem, ernstem Gesicht ihn einschüchtert und abschreckt. Die Bitte wird dann mit Sicherheit abgelehnt. Nett lächeln und mit freundlicher und sanfter Stimme bitten, das ist der Weg zum Erfolg!*
- ***Konflikte im eigenen Inneren** werden mit einem Lächeln überdeckt. Thais neigen nicht dazu, ihr Innerstes zu offenbaren, auch nicht gegenüber engsten Familienangehörigen oder Freunden. Die Preisgabe von inneren Regungen macht schließlich verletzlich und bietet Angriffsflächen, die manch potenzieller „Feind" sich zunutze machen könnte. Probleme oder Sorgen werden so mit sich selbst ausgefochten und man macht gute Miene (Lächeln!) zum bösen Spiel. Ein Bejammern des eigenen Schicksals, wie es vielleicht im Westen eher üblich wäre, zeugt von innerer Schwäche und gilt als „hässlich".*

- ***Peinliche Situationen*** aller Art können mit einem Lächeln kaschiert werden. Dazu gehören der „Gesichtsverlust", die Bloßstellung einer Person oder ihrer Taten in der Öffentlichkeit oder sonstiger Anlass zur Scham. So mag sich mancher Schurke für eine schwere Straftat durch ein Lächeln zu entschuldigen versuchen, und jemand anders lächelt, weil er die Straße nicht kennt, nach der ihn der Tourist gefragt hat. Das Lächeln ist in diesem Fall eine Art Bitte, dass das Gegenüber nicht weiter in der „Wunde" herumbohren und den Betroffenen noch verschämter machen möge. Die Thais kennen ihren Lächelcode, reagieren entsprechend durch Kaschierung der peinlichen Situation und lächeln zurück. Ein weiteres Aufwühlen der Peinlichkeit des Betroffenen könnte diesen ansonsten zu aggressiven Taten verleiten, da er keinen anderen Ausweg aus der Situation weiß.
- *Lächeln kann auch eine **Absage** sein. Wird eine Bitte oder eine Frage mit einem milden Lächeln honoriert, ohne dass dazu eine positive Aus- oder Zusage gemacht wird, so bedeutet das Lächeln „Sorry, das geht nicht", „Das weiß ich leider nicht" o. Ä. Thais meiden brüske Absagen, da diese als ein bewusster Affront aufgefasst werden und Aggressionen im Gegenüber auslösen könnten. Die Absage wird durch das Lächeln etwas schmackhafter verpackt, so wie bittere Medizin mit einer Zuckerschicht überzogen wird.*
- *Ein Lächeln kann auch **wie ein Kleidungsstück** oder ein exquisites Parfüm getragen werden. Somit dient es lediglich der „Verschönerung" der Persönlichkeit und erfüllt einen narzisstischen Selbstzweck. Diese Art von Lächeln – am auffälligsten präsentiert von thailändischen Filmschauspielerinnen und den unzähligen Schönheitsköniginnen – erscheint aber auch den meisten Thais „zu dick aufgetragen". Auch beim reinen „Schönheitslächeln" lieben die Thais das verhaltene und subtile.*

> Mit modischer Zahnspange lächelt es sich sehr gut

Demnach gilt ein lächelndes Gesicht als schön und einladend und lässt positive Rückschlüsse auf die Person zu. Ein nicht lächelndes, gar finster dreinblickendes Gesicht dagegen wirkt „hässlich", bedrohlich und abstoßend. Wer sich also beliebt machen möchte, hat sich – wie man sich in seinem Innersten auch fühlen mag – ein lächelndes Antlitz zuzulegen. Der gelegentlich gehörte Satz „khao yiim maak" („Er/Sie lächelt sehr viel") ist ein Kompliment.

Wenn Lächeln zur sozialen Konvention wird, kann es aber zu **inneren Konflikten** kommen. Schließlich kann es einem nicht allzeit nur zum Lächeln zumute sein, auch nicht einem Thai. Der so erzeugte psychische Druck formt sich nicht selten zu Neurosen oder schlimmeren psychischen Erkrankungen. Die Kehrseite des Lächelns (und auch anderen sozialen Drucks) ist somit eine für asiatische Verhältnisse überdurchschnittlich hohe Rate von psychiatrischen Fällen. Gemäß einer Studie aus dem Jahre 1977 litt damals ein Viertel aller Thais zwischen dem 25. und 30. Lebensjahr an Neurosen. Nach einer anderen Studie litt im Jahre 1976 die Hälfte der verheirateten thailändischen Bevölkerung an psychischen Störungen. Der Durchschnitt derartiger Fälle in Entwicklungsländern im Allgemeinen liegt laut WHO (Weltgesundheitsorganisation) weit darunter, bei zehn Prozent. Psychologen berichteten, dass die thailändische Wirtschaftskrise, die 1997 begann, in vielen Thais Depressionen auslöste, die Selbstmordrate stieg sprunghaft an. 2006 ließen thailändische Behörden verlauten, dass 1,4 Mio. Thais (fast zweieinhalb Prozent der Bevölkerung) „geistig gestört" seien.

Welchen Zahlen man auch Glauben schenken mag, ob thailändische Psychiater die schlechten Nachrichten mit einem Lächeln aufgenommen haben, ist nicht bekannt. Ebenso wenig weiß man, was *Chatichai Choonhavan* davon hielt, Thailands Ministerpräsident von 1988–91. Dieser war Thailands prominentestes Beispiel dafür, wie **Probleme hinweggelächelt** werden können. Politische oder andere Krisen wurden vom Ministerpräsidenten stets mit einem Lächeln und einem „No problem!" (auf Thai *mai mii panhaa!*) aus dem Weg geräumt. Der lebenslustige *Chatichai* verdiente sich so den Spitznamen „Mister No Problem" und wurde zum Sunnyboy der thailändischen Politik. Auch viele seiner Nachfolger grinsten sich durch die politischen Probleme hindurch, vor allem der aalglatte, politisch aber wenig kompetente *Chavalit Yongchaiyuth*, der zu einem nicht unerheblichen Teil für Thailands Wirtschaftskrise (begonnen 1997) verantwortlich war.

> Ärgere-mich-nicht: Der Gesichtsverlust kann ungeahnte Folgen haben

Verletzt, entehrt und unversöhnlich: „Verlust des Gesichts"

„Zudem ist es gefährlich, Fehler zu begehen, denn die Siamesen sind in dieser Beziehung extrem empfindlich, und, obwohl sie nicht zum öffentlichen Klagen über diejenigen neigen, die sie beleidigt haben, werden sie heimliche Rachegelüste gegen diese hegen, die oft bis zum Lebensende bestehen bleiben."

Nicolas Gervaise, 1688

Es ist logisch, dass in ausgeprägt hierarchie- und statusbewussten Gesellschaften die Vorstellung einer „persönlichen Ehre" einen höheren Stellenwert einnimmt als in egalitären Gesellschaften. Jeder möchte in der Einschätzung seitens seiner Mitmenschen möglichst „hoch" angesehen sein, zumindest aber nicht niedriger, als es seiner Person zustände. In diesem Zusammenhang bekommt der **Begriff der Ehre oder des „Gesichtes"** zentrale Bedeutung.

Eine der schlimmsten persönlichen Katastrophen im Leben eines Thais ist der „Verlust" dieses „Gesichtes". Die Bloßstellung seiner Persönlichkeit mit all ihren Schattenseiten kommt einem persönlichen Zusammenbruch gleich. Die Thais bezeichnen diesen **Ehrverlust** als sia naa („Das zerstörte Gesicht").

Seine Konsequenzen sind aber nicht selten brachialer Natur: Da der „Entehrte" sich in seiner Verzweiflung nicht anders zu helfen weiß, richtet sich seine gesamte Wut gegen denjenigen, der ihn in diese Lage versetzt hat. Der **„Entehrer" wird so nicht selten das Opfer von Racheakten,** eventuell sogar Mord. Von Thailands ca. 10.000 Morden pro Jahr ist ein hoher Prozentsatz derartigen Versuchen, die Ehre wiederherzustellen, zuzuschreiben. Die Aussicht auf eine lange Freiheitsstrafe wird vom Rächer dabei gerne in Kauf genommen, denn zumindest ist so der Gesichtsverlust teilweise wettgemacht. Dieses Verhalten lässt natürlich nicht auf eine sehr stabile Psyche schließen: Einige thailändische Psychiater attestieren ihren Landsleuten ein sehr niedriges Selbstwertgefühl, das sich nur auf radikale Weise gegen weitere Minderungen der Persönlichkeit wehren kann.

In Anbetracht der oben genannten möglichen Folgen eines Gesichtsverlustes ist es verständlich, dass das **gesamte zwischenmenschliche Verhalten darauf ausgerichtet ist, andere das Gesicht wahren zu lassen.** Dazu ein selbst erlebtes, harmloses Beispiel: Der Autor dieses Buches geht in einen Fotokopierladen in Bangkok, um ein Manuskript kopieren zu lassen. Er reicht einer Angestellten die einzelnen Seiten, die sie eine nach der anderen im Gerät kopiert. Das geht schon gut zehn Minuten so, als der bisherige gut eingespielte Arbeitsprozess plötzlich stoppt. Was ist los? Der Autor blickt fragend zur Angestellten, dann zum Kopiergerät und wieder zur Angestellten. Aha, denkt er, da gibt's vielleicht ein kleines Problem mit der Maschine, die läuft gleich bestimmt wieder. Die Angestellte blickt schüchtern zur Seite. Einige Minuten vergehen. Der Autor merkt nun, dass es sich nicht um einen normalen Maschinenschaden handeln kann, und blickt erneut fragend zur Angestellten. Als sie verstohlen zum Papierstapel des Autors schaut, wird ihm klar, wo das Problem liegt: Er hatte ganz einfach vergessen, ihr nach der letzten Seite eine neue zu reichen! Die Angestellte getraute sich nicht, ihn auf diesen „Fehler" aufmerksam zu machen, sie wollte vermeiden, dass er sein „Gesicht verliert"! Als beiden Beteiligten das Missverständnis klar wird, löst sich die Situation in heiteres Lachen auf und das Kopieren geht problemlos weiter.

Das Beispiel ist nur ein scheinbar kleines und unwichtiges, es zeigt dennoch das Bemühen der Thais, niemanden bloßzustellen. Dies ist ein Ausdruck von Respekt und Toleranz gegenüber der Persönlichkeit des Mitmenschen, nicht selten aber auch von Furcht vor potenziellen Racheakten. Das rücksichtsvolle Umgehen mit dem „Gesicht" der Mitmenschen verhilft so auch zu einem reibungslosen Lebensablauf und verhindert Konflikte. Diese **Konfliktvermeidung** ist eines der zentralen Verhaltensmuster der Thais. Daraus resultiert dann auch, dass z. B. Eltern fast nie mit ihren Kindern schimpfen oder Vorgesetzte sehr vorsichtig mit Kritik an ihren Untergebenen sind. Auch Kinder und Untergebene fühlen sich als stolze, achtenswerte Persönlichkeiten, die zurechtzuweisen sich niemand herausnehmen sollte. Geschieht das dennoch, so kann das böse Folgen haben. So ermordeten z. B. im Jahre 1990 zwei

▷ Gesicht oder Maske: Beides ist nicht immer voneinander zu unterscheiden

Restaurantangestellte den Restaurantbesitzer und dessen gesamte Familie, da er das Duo wegen zu langsamen Arbeitens gemaßregelt hatte. Etwas besser erging es einem deutschen Ingenieur, der beim Bau der Expressstraßen in Bangkok beschäftigt war; nachdem er seine thailändischen Arbeiter wegen mangelhafter Effizienz kritisiert hatte, wurde er „nur" krankenhausreif geschlagen.

Man kann natürlich **auf mannigfaltige Weise das Gesicht verlieren.** Thailändische Polizisten zum Beispiel verlieren ihr Gesicht regelmäßig, indem sie ihre Unfähigkeit, gefährliche Straftäter einzufangen, unter Beweis stellen. Das hat dann bizarre Folgen. Unter dem Druck von Politikern und Öffentlichkeit lassen sich höhere Polizeibeamte gerne zu prahlerischen Behauptungen verleiten. So wird in großangelegten Pressekonferenzen angekündigt, dass der Ganove A in der nächsten Woche in der Ortschaft B verhaftet werden wird. Im Vorgeschmack ihres Ruhmes lässt sich die Polizei bereits feiern und erklärt den Fall für beendet. Am Tag der geplanten Verhaftung des Bösewichts hat dieser – rechtzeitig durch die Berichterstattung vor der geplanten Aktion gewarnt – selbstverständlich längst das Weite gesucht und der Fall gerät alsbald in gnädige Vergessenheit. So geschehen z. B. 1990. In großen Medienkonferenzen kündigte die Polizei von Bangkok die Festnahme eines berüchtigten Unterweltbosses in der Provinz Chonburi an. Kurz darauf rückte eine schwer bewaffnete Polizeieinheit, begleitet von Fernsehteams und Zeitungsjournalisten, vor dem Haus des Gesuchten an. Dem war die Publicity um seine „bevorstehende"

Verhaftung nicht entgangen und er hatte sich rechtzeitig abgesetzt. So begrüßte stattdessen seine Ehefrau die Beamten mit der freundlichen Bitte, sie möchten doch vielleicht in einem Monat noch einmal vorbeischauen, ihr Mann sei gerade auswärts. Die zuständigen Polizeioberen verloren zwar ihr Gesicht, die groß angelegte Mammutshow konnte dies aber wenigstens zum Teil wettmachen.

Oft ist das Äußere (in diesem Falle die publikumswirksame Aktion) wichtiger als der Gehalt (in diesem Falle die Ergreifung des Ganoven). Als im Jahre 1986 ein Großbrand in der Innenstadt von Hat Yai zahlreiche Gebäude in Schutt und Asche legte, stand auch die dortige Feuerwehr kurz davor, ihr Gesicht zu verlieren. Als von oberster Stelle eine zügige Aufklärung über die Brandursache gefordert wurde, gab es Stirnrunzeln und lange Gesichter. Nicht mit einem Ergebnis aufwarten zu können, hieße eben jene – die langen Gesichter – zu verlieren. Also kam die Feuerwehr zu einem salomonischen Befund: Das Feuer, so die Brandspezialisten, sei entweder durch Brandstiftung, durch einen technischen Defekt oder andere „Ursachen" entstanden. Damit waren alle überhaupt möglichen Brandursachen in der Geschichte der Feuerkatastrophen abgedeckt. Der Befund brachte also gar nichts, die zuständigen Experten hatten aber ihr Gesicht gerettet. Nicht viel anders wird heute auch verfahren.

Wie zu ersehen, geht es bei dem viel beschworenen „Gesicht" oft nur um das Äußere. Prinzip: **Mehr Schein als Sein.** Tatsächlich ist es oft wichtiger, welchen äußeren Anschein eine Person erweckt, als was tatsächlich dahinter steckt. Das gilt vor allem, wenn die betreffende Person reich und mächtig ist. Die Tatsache, dass der Reichtum eventuell nur aus krummen Machenschaften herrührt, zählt kaum. In gewissem Maße heiligt so der Zweck die Mittel. Die Begriffe „Gesicht" und „Maske" gehen irgendwo nahtlos ineinander über.

◁ Ein wenig schmeicheln kann nicht schaden: Porträtstudio an einem Touristenstand

Die Thais präsentieren sich mit diesem „Gesicht", das allzeit geschützt und respektiert werden will. Das wird es auch in den meisten Fällen, denn jeder mögliche Aggressor besitzt sein eigenes, schützenswertes „Gesicht", das er keinesfalls Gefahren aussetzen kann. Wird es dennoch entlarvt – d. h. die Persönlichkeit des Betreffenden in irgendeiner Weise angegriffen, geschmälert oder sonstwie verletzt –, droht böses Blut. In dieser Beziehung hat sich seit den Beobachtungen von *Nicolas Gervaise* nicht viel geändert. Eine unbedachte Äußerung oder Tat kann der Grund einer **lebenslangen Feindschaft** sein. Äußerlich mag man sich vielleicht verzeihen und dies mit vielen netten Worten kundtun – im Inneren jedoch lodert das Feuer der Rache. Der Verlust des „Gesichtes" ist zu schwerwiegend, als dass er so ohne weiteres vergessen werden könnte.

In diesem Sinne haben also auch Reisende oder Geschäftsleute den Umgang mit Thais anzugehen. Persönliche Fehltritte, „Charakterfehler" oder sonstige Schwachpunkte dürfen niemals öffentlich ausgewalzt werden und selbst mit der **persönlichen Kritik** unter vier Augen ist sehr, sehr vorsichtig umzugehen. Es gilt, niemanden sein „Gesicht" verlieren zu lassen, das verrät wahre innere Stärke. Und nicht zuletzt schützt es einen selber.

Tipps, um sein „Gesicht" zu verlieren – ein schlechtgemeinter Ratgeber

- Wenn Sie über irgendeine Situation oder Person ungehalten sind, **schreien** Sie sich ihre Wut aus dem Bauch! À la Urschrei-Methode oder *Bhagwan Shree Rajneesh* (oder *Osho*). Je mehr Sie toben, um so unwiderruflicher verlieren Sie ihr „Gesicht". Obendrein wird wahrscheinlich niemand hinhören, was Sie eigentlich schreien, die Tatsache an sich sorgt für so viel Angst und Schrecken, dass niemand mehr etwas mit Ihnen zu tun haben möchte. Zugleich werden die Thais Sie für einen entlaufenen Insassen einer europäischen Nervenklinik halten und Sie von nun an entsprechend behandeln. Man wird lächeln und nett zu Ihnen sein, wie zu einem gefährlichen Irren, der beschwichtigt werden will. Ihr „Gesicht" haben Sie aber mit Sicherheit verloren.

    Das thailändische Idealbild in misslichen Situationen ist die stoische innere Ruhe, so wie sie von den Abertausenden von Buddhafiguren im Lande perfekt repräsentiert wird. Diese innere Ruhe und Gelassenheit vermag mehr als laute Worte.

- **Meckern** Sie über alles! Auch das führt mit Sicherheit zu Ihrem „Gesichtsverlust". Ziehen Sie vor allem über Ihren Reisepartner, Ihre daheimgebliebenen Freunde, Ihr Land und am besten auch noch über Thailand und dessen Bewohner her! Das Herumnörgeln an Zuständen

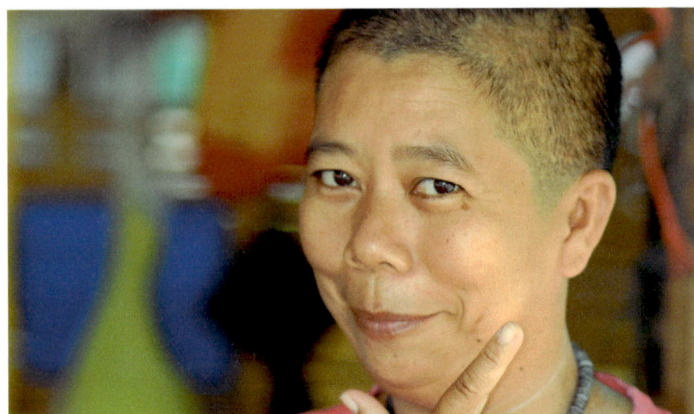

oder Personen wirft nicht etwa ein schlechtes Licht auf diese, sondern nur auf den Meckerer selber. Diese Haltung ist eine direkte Auswirkung von Buddhas Lehre von der „Rechten Rede", die nicht verletzen soll. Wer sich nicht daran hält, stempelt sich selbst zum Grobian und kann keinen Respekt mehr erwarten.

- Seien Sie so **knauserig** wie möglich! Wenn in einem Lokal die Rechnung auf den Tisch flattert, geben Sie unter keinen Umständen ein Trinkgeld. Oder noch besser: Geben Sie nur 1 oder 2 Baht! Dies wird mit Sicherheit als bewusste Gehässigkeit aufgefasst werden und Sie sind auch mit dieser Methode Ihr „Gesicht" für's Erste los. (Spätere Wiedergutmachungszahlungen könnten es vielleicht wieder zurückkaufen und Ihre anfängliche Gebescheu verzeihen lassen.) Die Thais hassen kaum etwas mehr als Geiz, denn Geld ausgeben gehört zum thailändischen Savoir-vivre. Hinzu kommt, dass Großherzigkeit und Spendierfreude zu den wichtigsten Eigenschaften gehören, die einer Person Respekt und Wohlwollen einbringen. Wer gar als „reicher" Ausländer mit den Finanzen knausert, verliert sein Gesicht im Nu.

Wenn Sie vor aller Öffentlichkeit Ihr Gesicht zu verlieren gedenken, streiten Sie lauthals um den Essenspreis im Lokal! Die Bemerkung, dass das Ananas-Curry auf der Speisekarte doch 3 Baht billiger ausgezeichnet war als auf der Rechnung, macht Sie mit Sicherheit „gesichtslos". Dementsprechend wenig wird man Sie bei einem weiteren Besuch im Restaurant bemerken.

- **Kleiden** Sie sich so schäbig wie möglich! Die Thais kennen aus Werbung und Spielfilmen vor allem gut angezogene Westler und wenn

Sie dieses Nobelimage unterlaufen, hält man Sie für einen dahergelaufenen westlichen Vagabunden und das „Gesicht" ist dann auch nicht mehr das, was es eigentlich sein sollte.

Ungewaschene Haare und ein nach Schweiß riechender Körper (in Europa vielleicht als „natürlich" geschätzt) machen den Gesichtsverlust komplett.

Die Thais sind Ästheten, die eine Person in großem Maße nach ihrem äußeren Erscheinungsbild beurteilen. Ohne ein appetitliches, attraktives Äußeres wirkt eine Person uneinladend und jegliches eventuelles tiefer gehendes Interesse ist von vornherein abgeblockt. Mit „Gesichtslosen" will niemand etwas zu tun haben.

■ **Streit:** Wenn das alles noch nichts genutzt haben sollte und Sie Ihr „Gesicht" immer noch nicht verloren haben (es wäre ein Wunder!), streiten Sie sich in aller Öffentlichkeit mit ihrem Reisebegleiter, Ihrer Frau, Ihrem Mann oder versohlen Sie gar Ihr Kind! Zur Schau getragene Konflikte sind ein todsicheres Mittel, Ihr „Gesicht" vollends loszuwerden.

Schreien Sie sich gegenseitig an! Ein paar Handgreiflichkeiten runden das Bild noch ab. Die Thais tragen ihre Streitigkeiten nur selten aus und schon gar nicht in aller Öffentlichkeit. Wahrscheinlicher noch ist, dass man nur einen lang währenden Groll hegt und diesen der anderen Partei nicht einmal mitteilt. Man frisst den Ärger in sich hinein. Das ist nach thailändischer Auffassung unendlich eleganter und zeugt von innerer Stärke.

Auch diese Haltung beruht auf den Lehren Buddhas, die Konflikte durch den inneren Seelenfrieden zu lösen und nicht durch eine zugespitzte Konfrontation oder ein Kopfschmerz bereitendes „Ausdiskutieren".

Wollen Sie nun wirklich endgültig Ihr mittlerweile arg in Mitleidenschaft gezogenes Antlitz verlieren, verhauen Sie, wie erwähnt, Ihr Kind! Damit machen Sie sich zu einem unsäglichen Grobian, denn Thais können nicht verstehen, dass Kinder etwas anderes sein können als *na rak*, „liebenswert". Thai-Eltern, die ihre Kinder schlagen, sind sehr seltene Ausnahmeerscheinungen. Im Westen verbreitete Erziehungsmittel wie Ohrfeigen oder ein Klaps auf den Po sind nahezu unbekannt. (Ausnahmen sind betrunkene Familienväter, bei denen es vorkommen kann, dass sie abends zu Hause ihre Frauen und gelegentlich sogar ihre Kinder schlagen.)

◁ Nur Mut: Selbst wer nicht viel zu lachen hat, bewahrt Gesicht und gute Miene

Wenn das Lächeln gefriert: Gewalt kontra Sanftmut

„Sie verabscheuen Blutvergießen so sehr, daß sie oft, wenn sie für die Schlacht bereit sind, Befehl von ihrem General erhalten, tapfer zu kämpfen, aber niemanden zu töten, es sei denn, sie befänden sich in unmittelbarer Gefahr, selber getötet zu werden. Sie erachten es für einen immensen Verlust, wenn nach tobendem Kampf auf einer Seite vierzig Männer gefallen sind."

Nicolas Gervaise, 1688

Sanftmütiges, friedfertiges Thailand. Aus den Werbebroschüren der thailändischen Touristenbehörde und der Hotelunternehmen lächeln rehäugige, sanfte Schönheiten den Besucher an. Sie verkaufen ihr Land als eines der harmonischsten und friedlichsten auf der Welt. Meist ist es das auch, aber natürlich nicht immer.

Wie wir gesehen haben, ist das Verhalten der Thais so angelegt, dass sie Konflikte mit ihren Mitmenschen möglichst umgehen. Dazu dient in erster Linie ein **stark reglementierter, respektvoller und höflicher Umgang miteinander,** aber auch Beschwichtigungsmittel wie z. B. das „entwaffnende" Lächeln oder auch Schmeicheleien. Der wahre Gemütszustand wird dabei überspielt. Aus purer Etikette muss man höflich zu jemandem sein, den man am liebsten in der Luft zerreißen möchte; oder gegen die eigentliche Tageslaune die gesamte Welt anlächeln, wenn einem eher nach einer Wutattacke zumute wäre. Diese Disziplinierung gilt hier weit mehr als beispielsweise im „rationalen" Europa, in dem es zum Teil als bewundernswert ehrlich gilt, seine innersten Empfindungen herauszuposaunen.

◁ Bitte nicht danebenbenehmen: Tempelwächter drohen mit Sanktionen

Nicht so in Thailand. Dort gilt die Zügelung und Beherrschung dieser Empfindungen als Ideal; wer sein wahres Inneres preisgibt, verliert in gewissem Grade sein „Gesicht" und macht sich verwundbar. Die viel beschworene „Unergründlichkeit", die westliche Reisende den Südostasiaten von jeher nachsagten, beruht auf dieser **Diskrepanz zwischen dem Äußeren, dem Mitmenschen präsentierten Gesicht, und dem wahren Inneren,** das verborgen sein will. Zahlreiche Westler stellen so selbst nach jahrelangem Aufenthalt in Thailand resignierend fest, dass sie „die Thais noch immer nicht verstehen" und möglicherweise auch nie verstehen werden.

Die Diskrepanz zwischen dem wahren Innenleben und dem, was man nach außen präsentieren muss, führt häufig zu Kurzschlussreaktionen. So sind kurze, aber folgenschwere **Aggressionsausbrüche** von labilen Charakteren an der Tagesordnung und sie füllen die Kriminalstatistik und die Mordseiten der Boulevardzeitungen.

Thailand weist eine der höchsten **Mordraten** der Welt auf: Sind nach offiziellen Angaben jährlich ca. 5000–6000 Morde zu verzeichnen, so gilt inoffiziell eine Zahl um 10.000 als wahrscheinlicher. Die thailändische Kriminalstatistik spricht wohlweislich nur von „Morden, die der Polizei bekannt wurden", was also nicht unbedingt die tatsächliche Zahl bezeichnen muss. Die Zahl von 10.000 Morden pro Jahr bedeutet statistisch, dass (bei einer Bevölkerung von ca. 67 Mio.) fast jeder 6000. Einwohner im Jahr durch Mord umkommt. Zum Vergleich: In Deutschland ist es bei ca. 1000 Morden im Jahr und einer Bevölkerung von ca. 82 Mio. nur jeder 82.000 Einwohner; in den USA wird bei einer Bevölkerung von 315 Mio. und jährlich ca. 18.000 Morden jeder 17.500. Einwohner umgebracht.

Die thailändische Mordquote ist also auffallend hoch. Als besonders gewalttätig gelten die Provinzen Chonburi (dazu gehört auch Pattaya, wo relativ viele Touristen unter dubiosen Umständen umkommen), Petchaburi, Nakhon Si Thammarat, Surat Thani, Trang und Phattalung. Auffällig ist, dass sich die meisten davon in Südthailand befinden. Die südlichen Provinzen Nakhon Si Thammarat und Surat Thani machten sich in der Vergangenheit mehrmals den ersten Platz in der Mordstatistik streitig; in beiden pendelt die jährliche Mordrate um die 400er-Marke. Die Provinzen Petchaburi und Chonburi gelten als der Hort unzähliger *hit men* oder bezahlter Killer, die aber auch gerne außerhalb ihrer Heimatprovinz tätig werden. Die thailändische Bezeichnung für derartige Revolverhelden ist *müü phüün*, „Pistolenhände". Die Provinz Chonburi mit ihrem berühmtberüchtigten Pattaya leidet seit Jahren unter chronischer **Gewaltkriminalität.** Sie stieg in den 1980er-Jahren kontinuierlich an und sorgte Anfang der 1990er-Jahre für einen dramatischen Rückgang der Touristenzahlen in Pattaya, wozu die dortige enorme Meeresverschmutzung ein Übriges tat. (Dass weniger Touristen aus westlichen Ländern kamen, wurde später zum Teil wettgemacht durch mehr Besucher aus Russland, anderen ehemaligen Ostblockländern und China.) Die hohe Zahl von ausländischen Todesopfern in Pattaya hat der Stadt den zweifelhaften Ruf eines „Ausländer-Friedhofs" eingebracht.

Auffälligerweise führen Thais zumeist auch die Mordstatistik in Singapur an. Dort arbeiten ca. 50.000 Thais (viele davon illegal), vor allem in der Bauindustrie. Zahlreiche von ihnen wurden in Singapur wegen Mordes (als auch Drogenhandels) zum Tode verurteilt und der Treffpunkt der Thais in dem Stadtstaat, der *Golden Mile Complex,* ein Einkaufs-Center mit vielen kleinen Thai-Restaurants, ist oft der Austragungsort blutiger Schlägereien. Es ist aber zu erwähnen, dass die in Singapur arbeitenden Thais meist zu den untersten und am wenigsten gebildeten Gesellschaftsschichten gehören und nicht unbedingt repräsentativ für ihr Land sind.

Auf der einen Seite also unendliche Sanftmut, auf der anderen explosive Ausbrüche. Beides sind die zwei Seiten derselben Münze. Wenn die Sanftmut einmal ihr Ende gefunden hat, kracht es umso lauter. Allerdings bedarf es dazu eines konkreten „Anlasses", Gewalt um ihrer selbst willen – à la Rowdys, Schläger oder Hooligans – ist in Thailand fast unbekannt.

„Anlässe" gibt es verschiedenster Art: So lassen skrupellose Geschäftsleute unliebsame Konkurrenten von *hit men* aus dem Weg räumen: diese geben ihre tödlichen Schüsse meist vom Soziussitz eines Motorrads ab, das ebenso schnell und unerkannt verschwindet, wie es aufgetaucht war. Die *hit men* kosten für solche Zwecke ab 5000 Baht, also ca. 105 Euro. Sollen bekanntere oder einflussreichere Persönlichkeiten beseitigt werden, steigt der Preis bis auf mehrere hunderttausend Baht. In einigen Fällen, die bekannt wurden, waren die Killer Polizisten oder Soldaten, die bei der Waffenbeschaffung keinerlei Probleme haben und bei eventueller Ergreifung auf Protektion seitens ihrer Vorgesetzten hoffen können.

Einen weiteren „Anlass" zum Mord kann der im vorangegangenen Kapitel beschriebene „Gesichtsverlust" darstellen. Die Verletzung der persönlichen Ehre mag durch eine öffentliche Beleidigung hervorgerufen worden sein oder durch eine untreue Ehefrau, die ihrem Gatten Hörner aufgesetzt hat; der Verlust des Arbeitsplatzes gehört ebenso dazu wie der Verlust von ein paar hunderttausend Baht bei einer Glücksspielrunde. Das endgültige Gegenmittel gegen diesen Ehrverlust ist die Beseitigung des Verursachers dieser persönlichen Katastrophe. Die möglichen weiteren Konsequenzen – eine lange Gefängnis- oder im schlimmsten Fall die Todesstrafe – werden dabei ignoriert. Auch thailändische Gangster leben im Hier und Jetzt. „Zukunftsängste" sind ihnen fremd. Ausnahmen gibt es aber auch da. So werden die Opfer von Raubüberfällen häufig erschossen, um so den (möglicherweise einzigen) Augenzeugen zu beseitigen, der später vor Gericht einen „Gesichtsverlust" hervorrufen könnte; dieser kann ebenso gefürchtet sein wie die zu erwartende Gefängnisstrafe. Mancher Autofahrer, der jemanden überfahren und verletzt hat, setzt noch einmal zurück, um noch einmal über das Opfer zu fahren und es aus dem Weg zu räumen – Tote können ja nicht anklagen. Zahlreiche Autofahrer, die in einen Unfall verwickelt waren – egal ob sie an dem Unfall Schuld hatten oder nicht –, begehen Fahrerflucht, um so dem drohenden „Gesichtsverlust" zu entgehen. (Außerdem trauen sie der Polizei nicht, die von ihnen womöglich Schmiergelder verlangt, auch wenn sie unschuldig sein sollten!) Der letzte Satz in Unfallberichten der thailändischen Tageszeitungen ist in der Regel *„The driver fled the scene",* „Der Fahrer flüchtete vom Unfallort"! In diesem Zusammenhang war es eine pikante Abwechslung, als die Zeitungen 1989 nach einem leichten Bootszusammenstoß auf dem Chao Phraya in Bangkok berichten mussten, dass einer der Bootslenker – wie hätte es anders sein können – vom Unfallort wegschwamm und so dem „Gesichtsverlust" als auch der Gerichtsverhandlung entging.

Die hehren Vorstellungen von „Ehre" und „Gesicht" enden also nicht selten in einer Straftat. Die hohe Rate an Gewalttaten ist der Preis, den man für die den Alltag meist beherrschende Harmonie zu zahlen hat. Diese beiden Extreme schließen sich nicht gegenseitig aus, sie stehen sogar in engem Zusammenhang: Nicht jede Persönlichkeit verkraftet den Konflikt zwischen dem von der Gesellschaft verlangten Harmoniestreben und der inneren Aggression. Letztere muss sich gelegentlich Luft verschaffen.

Das kann auch auf ganz harmlose Weise vor sich gehen. **Die wenigsten Thais neigen zu aktiver Gewalt,** aber es gibt noch andere Methoden der Katharsis, der Befreiung von aufgestauter Aggression. Zahlreiche Män-

⌃ Zwei Volksheldinnen mit Schwert: Auch thailändische Frauen können ungeahnte Aggressionen entwickelt

gnügen sich so als Zuschauer (oder auch Akteure) beim beliebten [Bo]xen, bei dem es auch im Publikum heiß hergeht; ihre Ehefrauen [u]nd[er] sehen vielleicht einen chinesischen Kung-Fu-Film, in dem der [Held s]eine Umgebung in streichholzgroße Teile zerschmettert.

Sehr beliebt sind die sogenannten **Crime Magazines,** in denen mit schauerlichen Fotos und gruseligem Text von Mord und Totschlag berichtet wird. Diese Magazine gibt es an jedem Zeitungsstand zu kaufen. Ausländer sind immer wieder erstaunt darüber, wie die im Allgemeinen so friedfertigen Thais Gefallen an zerstückelten Leichen, blutrünstigen Texten und der allgemeinen Aura von Tod finden können. Die Antwort ist: Viele Thais lieben diese Hefte nicht trotz, sondern gerade wegen des großen Harmoniebedürfnisses! Durch das Lesen über die Gewalttat, die jemand anderes begangen hat, jemand, der aus schwächerem Holz geschnitzt war als man selbst, wird dem Leser die Tat quasi abgenommen. Die unter dem Mantel der Harmonie aufgestaute Aggression wird abgebaut. In den allerwenigsten Fällen regen die Magazine den Leser zur Nachahmung an: Die Leser sind nämlich meistens nicht, wie man vielleicht erwarten würde, verwegene Schlägertypen, sondern eher Hausfrauen, Schüler, schlecht bezahlte Arbeiter oder andere harmlose Zeitgenossen. Diese geben als Antwort auf die Frage, warum sie diese Magazine lesen, an, dass die Hefte *sanuk* sind, „Spaß machen". Für den Europäer, dessen Leben permanent von der Angst vor dem Tod begleitet wird, kann eine derartige Konfrontation mit Tod und Gewalt natürlich nicht *sanuk* sein. Anders der Buddhist, der im Tod eine Erlösung sieht.

Wer einmal selbst in die *Crime Magazines* schauen möchte: Diese heißen „Ashyagam" („Mord"/„Verbrechen"; von Sanskrit *atyakrama* = wörtl. „extreme Handlung") und „Nüng-Gau-Nüng" („191"; die Rufnummer der Polizei in Thailand) und erscheinen vierzehntägig. Die Cover zeigen meist erotische Fotos von Thai-Mädchen, da eine Leiche auf der Frontseite wohl gegen den ausgeprägten thailändischen Sinn für Ästhetik verstoßen würde. Zwischen den Mord- und Unfallgeschichten verbergen sich ohnehin noch ein paar erotische Geschichtchen, die den Magazinen einen Extrareiz verleihen.

Die Personifizierung der thailändischen Aggression sind die *nak leng,* die **thailändische Version von Schlägern oder Rowdys.** Diese gehen – wie ihre Vettern in anderen Erdteilen auch – keinem Streit aus dem Weg. Besondere Gefahr droht nach dem Genuss von Alkohol und Thais, die von solchen Leuten angepöbelt werden, tun alles, um eine Eskalation zu vermeiden. Der Angetrunkene wird beschwichtigt, man spricht sanft und freundlich mit ihm und lächelt. Betrunkene *nak leng,* das wissen alle Thais, sind hochgefährlich und eine Auseinandersetzung lohnt sich in keinem Fall. Wird der *nak leng* beleidigt statt beschwichtigt, kann es zu einer Sofort-Orgie der Gewalt kommen; ist gerade keine Waffe zur Hand, zieht er sich vielleicht scheinbar friedfertig zurück – nur um nach einer halben Stunde mit einer geliehenen Pistole zurückzukommen und die Rechnung zu begleichen.

Diese explosionsartig ausbrechende Gewalt ist auch der Grund, warum Thais nur selten bei Streitereien oder (den sehr seltenen) Schlägereien in der Öffentlichkeit eingreifen: Die Gefahr, dabei selber ernstlich Schaden zu nehmen oder gar umzukommen, ist zu hoch. Es scheint, als stünden viele Thais – in ihrem Bestreben nach perfekter äußerer Harmonie – unter andauerndem starken „Innendruck", dem labile Charaktere auf Dauer nicht gewachsen sind. Es kommt zur Explosion. Nicht von ungefähr ist der thailändische Untergrund **mit Waffen förmlich überschwemmt.** Es gibt Pistolen aller Kaliber, Maschinenpistolen und sogar Handgranaten und Granatwerfer. Ein Großteil der Waffen stammt aus Armeebeständen, die von korrupten Soldaten gestohlen und weiterverkauft werden. Doch auch legale Feuerwaffen gibt es zuhauf. In der Umgebung von Samyot („Drei Türme") in Bangkoks Stadtteil Wang Burapha gibt es Dutzende von Waffengeschäften, die von hochgefährlichen Uzis (Maschinenpistole) bis zur handlichen Damenpistole ein komplettes Schusswaffenarsenal anbieten. Offiziell bedarf es zum Kauf einer Feuerwaffe einer Lizenz, doch die lässt sich auch auf verschlungenen Wegen besorgen. Aufgrund der hohen Mordrate mit Feuerwaffen erwägt die Regierung von Zeit zu Zeit, den Schusswaffengebrauch mit dem Tode zu bestrafen, so wie es in den Nachbarländern Malaysia und Singapur gehandhabt wird. Bisher ist aber in Thailand noch kein entsprechendes Gesetz erlassen worden, denn die Lobby der Waffennarren ist groß und einflussreich. Die Waffen bleiben vorerst fester Bestandteil des Alltagslebens und Waffenbesitz oder -gebrauch wird zumeist nur milde bestraft. Im Jahre 1989 kamen ein paar „Studenten", die mit Handgranaten um sich geworfen hatten, mit einer richterlichen Verwarnung davon: Das Gericht wollte den jungen Leuten – so die Urteilsverkündung – nicht durch eine Gefängnisstrafe „die Zukunft verderben". Dass die Granatwerfer im Begriff waren, einigen ihrer Mitmenschen die Zukunft möglicherweise dauerhaft zu „verderben", schien belanglos. Thais – und somit auch thailändische Richter – zeigen häufig die Bereitschaft, die schwersten Vergehen milde zu verzeihen. Gnade und Vergebung gelten als hohe Ideale. Reiche und einflussreiche Persönlichkeiten können davon ausgehen, beim illegalen Waffenbesitz – wie bei allen anderen Vergehen auch – mit beonderer Milde behandelt zu werden; zumeist kommen die Fälle erst gar nicht vor den Richter. Im Spektrum vom waffenschwingenden *nak leng* zum friedfertigen Durchschnittsbürger gibt es natürlich zahlreiche Zwischentöne. Nur wenige Zeitgenossen neigen, wie wohl überall anders auch, zu extremer Gewalt. **Die Aggression macht sich auch anders Luft.** So rasen zahllose junge Männer auf unsäglich laut dröhnenden Motorrädern durch die Straßen und verschrecken ihre Mitmenschen – der absolute Gegensatz zum thailändischen Harmoniebedürfnis! Manch ansonsten friedlicher Mitbürger wird hinter dem Steuer seines Autos zum gefährlichen Monster, das die Fußgänger jagt wie die Hasen. In der Anonymität der Fahrerkabine lässt sich aufgestaute Aggression abbauen und nicht umsonst gehören thailändische Verkehrsteilnehmer zu den unberechenbarsten der Welt; die Zahl von etwa 16.000 Verkehrstoten pro Jahr spricht für sich. Ist das soziale Leben durch einen strengen Normenkatalog geregelt, so werden dafür im Verkehr alle bestehenden Regeln gebrochen. Irgendwo muss die Aggression ja schließlich hin.

Wenn Sie Ärger vermeiden wollen ...

- **Berühren Sie niemals den Kopf eines Thai!** Der Kopf gilt als Sitz der Seele und ist somit der „höchste" und am meisten zu respektierende Körperteil. In früheren Zeiten sollen sich selbst Scharfrichter bei ihren Opfern vorab dafür entschuldigt haben, dass sie deren Kopf zu „berühren" hätten.

  Die Thais waren bis in die jüngste Vergangenheit wenig geneigt, in mehrstöckigen Häusern zu leben, da so ständig jemand über dem Kopf gelebt hätte. Noch bis in die sechziger Jahre des 20. Jahrhunderts waren die höchsten Gebäude die Tempel und niemand wollte höher wohnen als die verehrten Buddhastatuen. Noch heute werden die Buddhafiguren in Hausaltären so hoch platziert, dass sie über den Köpfen der Hausbewohner thronen. Aus Respekt vor dem „Sitz der Seele" weigerten sich die Thais noch bis Anfang des 20. Jahrhunderts, eine Brücke zu überqueren, unter der gerade jemand durchging.

  Heute gilt es in erster Linie, Kopfberührungen zu vermeiden. Die Berührung des Kopfes kann als extreme Beleidigung und Erniedrigung aufgefasst werden und könnte handgreifliche Konsequenzen nach sich ziehen. Zumindest aber wird der Übeltäter als unsensibler Barbar angesehen. Aus Respekt vor dem Kopf machen sich die Thais „kleiner", wenn sie an sitzenden oder sogar an stehenden Personen vorübergehen. Da-

Ein Mann, zwei Fäuste: Ein Tuk-Tuk Fahrer
demonstriert scherzhaft seine Kampfbereitschaft

zu geht man beim Laufen leicht in die Knie und trägt einen um „Verzeihung" bittenden Ausdruck im Gesicht. Auch wenn sich der Kopf durch das leichte In-die-Knie-gehen nicht tatsächlich tiefer befindet als der der zu passierenden Person (z. B. bei Sitzenden), so zählt bereits der gute Wille.

Kopfberührungen werden nur zwischen sich sehr nahe stehenden Personen geduldet, also etwa zwischen Ehepartnern oder Mutter und Kind. Bei einem so nahen Verhältnis geht man davon aus, dass es sich bei der Berührung nur um eine wohlmeinende, liebevolle Geste handeln kann. Ausländer sollten aber jegliche derartige Berührung unterlassen, um keinerlei Missverständnisse zu provozieren.

Vom Kopf-Berührungs-Tabu sind ansonsten nur Friseure, Masseure und Ohrenärzte ausgenommen. Interessanterweise gehört der Friseurberuf zu dem halben Dutzend von Berufen, die nach thailändischem Gesetz nur thailändische Staatsbürger ausüben dürfen!

Zeigen Sie niemals mit dem Finger auf Personen! Dies ist ein Zeichen der Respektlosigkeit der betreffenden Person gegenüber und degradiert sie zu einem „niederen" Menschen. In früheren Zeiten zeigten so nur Herrscher auf ihre Sklaven und dann war meist nichts Gutes zu erwarten! (Das Wort für Sklave, *thaat*, ist auch heute noch eine schlimme Beleidigung.) So hat die Geste auch etwas Bedrohliches, Gefährliches an sich. Zudem verabscheuen es die (zumeist sehr zurückhaltenden) Thais, im Mittelpunkt der Aufmerksamkeit zu stehen. Der Fingerzeig, der sie etwa aus einer Gruppe von Leuten heraushebt, gibt Anlass zu Peinlichkeitsgefühlen.

Anstelle mit dem Finger zu zeigen, weise man durch ein kurzes Kopfnicken in Richtung der betreffenden Person. Das ist zwar nicht so exakt wie der Fingerzeig, zeugt aber von Sensibilität und Anstand.

■ **Steigen Sie niemals über am Boden sitzende/liegende Personen oder über Speisen oder andere „geheiligte" Gegenstände!** Das „Übersteigen" einer sitzenden oder liegenden Person kommt einer bewussten Erniedrigung gleich, da die als unrein geltenden Füße des Missetäters (und auch seine Genitalien!) sich über dem Kopf der anderen Person befinden. Thais werden in einer solchen Situation alles daransetzen, die Person weiträumig zu umgehen und dabei noch (wie zuvor beschrieben) in die Knie zu gehen und den Kopf zu senken. Ist ein Umgehen unmöglich, wird man versuchen, die am Boden befindliche Person auf das Dilemma aufmerksam zu machen, damit diese so Platz schaffen kann.

Am Boden befindliche Speisen werden durch das Übersteigen entweiht und spirituell unrein. Nahrungsmittel sind lebenswichtig und gelten so als heilig; das gilt in erhöhtem Maße für den Reis, der die Grundlage einer jeden Mahlzeit bildet und so der Hauptlebensspender ist. Zudem wohnt dem Reis die Kraft der „Reisgöttin" *Mae Posop* inne, deren Zorn so heraufbeschworen werden könnte. Das wiederum könnte Auswirkungen auf die nächste Ernte haben, vor der die Reisbauern traditionellerweise *Mae Posop* um ihren Beistand bitten.

Ebenso wenig dürfen am Boden befindliche „geheiligte" Gegenstände überstiegen werden. Dazu gehören hauptsächlich rituelle Objekte,

die z. B. beim Gebet Verwendung finden, und vor allem Buddhafiguren. Sie würden durch das Übersteigen (Füße und Genitalien darüber!) der ihnen innewohnenden spirituellen Kraft beraubt. Im Allgemeinen sorgen die Thais dafür, dass derlei Objekte nie zu ebener Erde aufbewahrt und so der Gefahr der Entweihung preisgegeben werden.

● **Berühren Sie niemanden mit den Füßen!** Die Füße sind in jeder Beziehung das Gegenstück zum Kopf, rein physisch und auch spirituell. Da sie der Körperteil sind, der am ehesten mit Schmutz in Berührung kommt, gelten sie als unrein. Das Berühren von Personen mit den Füßen erniedrigt diese, da sie sich in ihrem Selbstwertgefühl nun fühlen müssen wie eine Fußmatte, an der jeder seinen Schmutz hinterlässt.

In den meisten Haushalten wird übrigens barfuß oder mit speziellen, nur im Haus zu tragenden Hausschuhen (z. B. Gummilatschen) gelaufen. Die Schuhe haben draußen vor der Schwelle zu bleiben. So wird der (auf seine Art „geheiligte") Wohnraum weder spirituell noch sonstwie verunreinigt. Diese Regel ist tatsächlich von enormem Nutzen, bedenkt man, mit welchem Schmutz die Schuhe in Berührung kommen. Nach langjährigem Aufenthalt in Asien (wo diese Regel fast universell gilt), kann man die westliche Angewohnheit, mit allem Straßenschmutz in die gute Stube zu stiefeln, nur als „barbarisch" unhygienisch betrachten. Kein Wunder, dass die Asiaten dieses Verhalten nicht mit dem Wissen um den ansonsten recht hohen Hygienestandard im Westen in Einklang bringen können! Den „niedrigen Stand" der Füße beweist in Thailand auch der Kraftausdruck *Ai sontiin*, der etwa mit „Verdammte Ferse!" zu übersetzen ist. Er gilt als eine sehr schlimme Beleidigung und führt häufig zu physischen Auseinandersetzungen.

● **Zeigen Sie mit den Füßen nicht auf Personen!** Das „Fußzeigen" ist noch eine Steigerung des ohnehin schon degradierenden Fingerzeigs (s. S. 119). So zeigt man bestenfalls auf einen Straßenköter, mit Sicherheit nicht einmal auf den eigenen Haushund. Selbst das „Fußzeigen" auf Bilder oder Fotos von Personen gilt als extrem grobschlächtig und verabscheuungswürdig. Das kann auch auf den Fernsehschirm ausgeweitet werden und wer so – weil's das bequeme Liegen gerade erfordert – auf die Nachrichtensprecherin zeigt, stempelt sich selbst zum ungehobelten Grobian. Auch auf Gegenstände sollte nicht mit den Füßen gezeigt werden; auch wenn diese vielleicht nicht „entweiht" oder „beleidigt" werden können, so wirft es doch immer ein sehr schlechtes Licht auf die so handelnde Person.

◁ So ist's brav: Die Füße müssen beim Gebet nach hinten zeigen

- **Starren Sie niemanden an!** Das Anstarren gilt als äußerst unhöflich und oft – wenn nicht durch ein Lächeln abgemildert – sogar als bedrohlich. Üble Folgen kann das Anstarren vor allem bei den zuvor erwähnten *nak leng* oder Schlägertypen haben, die sich ohnehin nicht durch übermäßiges Selbstbewusstsein auszeichnen. Bezeichnenderweise tragen viele dieser *nak leng* dunkle Brillen (besonders Spiegelbrillen), um sich nicht zu tief in die Seele blicken zu lassen.

  Besondere Vorsicht gilt bei Betrunkenen; diese reagieren auf eventuelles Anstarren oft mit Brachialgewalt. Thais wissen das sehr wohl und ignorieren Betrunkene, so gut es geht.

  Wenn Sie als Ausländer/in selber angestarrt werden, so beruht dies in den meisten Fällen auf purer Neugierde. Man will wissen (und beobachten), was *farang* so tun, wie und was sie essen (sehr wichtig in Thailand!), wie sie sich kleiden etc. Oft scheint dieses Beobachten mit einem Hauch von Neid ob des „sorgenlosen" Lebens dieser ach so reichen Westler gepaart. Böse ist das Anstarren oder Beobachten von *farang* in den allerwenigsten Fällen gemeint.

- **Beleidigen Sie niemanden!** Diese Regel sollte sich natürlich von selbst verstehen, nur ist in einem fremden Kulturkreis nie ganz klar, was alles als „Beleidigung" aufgefasst werden könnte und was nicht. Dass man niemanden mit unflätigen Schimpfworten – egal in welcher Sprache – oder mit Flüchen belegen sollte, gilt ja ohnehin nicht nur für Thailand. Anders ist es aber, wenn man sich gar nicht bewusst ist, dass das Gesagte vom Gegenüber als „Beleidigung" aufgefasst werden kann.

  So sollte man sich in Thailand mit allzu direkten (wenn auch ehrlich gemeinten) Aussagen zurückhalten. Wenn also jemand auf die Frage „Wie gefällt Ihnen Thailand?" antwortet: „Nee, also diese Leute lächeln mir einfach zu viel und die Hitze hält ja kein Schwein aus und überhaupt, das Essen, ist viel zu scharf …" etc., dann mag das zwar ehrlich und offen seine innerste Meinung preisgeben. Im Westen würde er dafür schon eine gewisse Achtung ernten, denn Direktheit, auch wenn sie manchmal schmerzt, hat dort durchaus ihren Platz. Nicht so in Thailand. Allzu direkte, harte oder kritische Aussagen werden nicht gern gehört; auch wenn der Frager den Anschein geben mag, ein offenes Ohr für direkte Worte zu haben.

  Die Thais möchten etwas Angenehmes hören, das sie wohlgelaunt macht – ob es dabei so ganz der Wahrheit entspricht, ist gar nicht so wichtig. Es geht einzig und allein um die schon zuvor erwähnte, allzeit erstrebenswerte Harmonie mit den Mitmenschen. Kein Wunder also, wenn die Thais zu Schmeicheleien neigen. Davon profitieren aber auch die Ausländer; dann nämlich, wenn man ihnen zum zigsten Male bestätigt, dass sie „wunderbares" Thai sprechen oder wirklich ganz toll aussehen! Zu sagen „Na ja, Dein Thai geht so gerade" bzw. „Du hast ja auch schon mal besser ausgesehen", empfänden Thais als unverhohlene Beleidigung. Ausländer sollten sich auf jeden Fall also mit direkten, negativen Äußerungen zurückhalten und ruhig ein wenig mitschmeicheln. Das macht das Leben vielleicht nicht ehrlicher (im westlichen Sinne), aber angenehmer. Und das, so haben wir ja schon erfahren, ist das höchste Ziel der Thais.

„Beleidigungen" können aber auch sehr subtiler Natur sein. Unter der so stoischen Schale der Thais verbirgt sich eine sehr empfindsame Seele, die leicht verunsichert werden kann. So fasst zum Beispiel der Taxifahrer die Bitte, doch etwas langsamer zu fahren, nicht etwa als „konstruktive Kritik" auf, wie man vielleicht annehmen könnte; stattdessen fühlt er sich angegriffen und reagiert dementsprechend grantig. Möglicherweise fährt er jetzt erst recht schnell. Kluge Thais werden in einem solchen Fall die Bitte sehr, sehr behutsam vorbringen, sodass der Fahrer in keiner Weise das Gefühl erhält, er werde kritisiert. Der Fahrgast würde also etwa sagen „Bruder (respektvolle Anrede), du brauchst dich meinetwegen gar nicht so zu beeilen, lass dir ruhig etwas Zeit!" etc. Diese sanfte Methode führt am ehesten zum Ziel.

„Beleidigt" ist auch die Markthändlerin, wenn man ihr sagt, dass das Bündel Bananen einige Stände weiter für zwei Baht weniger zu haben ist. Diese Bemerkung veranlasst sie durchaus nicht zu einer neuen Preiskalkulation, sondern sie macht ein „beleidigtes" Gesicht und wird zynisch etwas wie „Geizhals" vor sich hin murmeln. Besser, man moniert, wie doch „heutzutage alles so teuer geworden ist, die Regierung ist auch nicht mehr die, die sie mal war", etc. Mit dieser Klage kann sie sich möglicherweise identifizieren und senkt mitfühlend den Preis. Die rüde Bemerkung „Du bist zu teuer" führt dagegen zu nichts.

Natürlich gäbe es noch Abertausende von Beispielen, wie der nichts Böses im Schilde führende Tourist seine Gastgeber unwissentlich „beleidigen" könnte. Das Hauptelement heißt in jedem Falle Kritik. Es gilt, **im Umgang mit den Thais seine Worte sehr sorgsam zu wählen,** so wie es der Buddha auch in seiner Lehre von der „Rechten Rede" gepredigt hatte – Rede, die nicht verletzt! Thais äußern sich ungern negativ und verurteilen Menschen nicht leichtfertig. Aus diesem Grund reagieren sie auf harte Worte sehr empfindlich – man ist es einfach nicht gewohnt, Kritik zu hören. In den allermeisten Fällen werden die Thais den Fehltritt des Gastes mit dem Standardsatz begegnen, den sie für solche Fälle bereithaben: *„Mai pen rai!"* wörtlich „Da bin ich nicht böse drum!". Mit anderen Worten „Macht nichts!", „Schon verziehen!"

Wie gewonnen, so zerronnen?
Thais und das Geld

„Zudem haben sie eine so große Furcht, das wenige, das sie besitzen, zu verlieren, so daß sie es in der Erde vergraben und oft lieber sterben, ohne ihren Kindern zu verraten, wo es versteckt ist, als auch nur einen Moment dessen Verlust zu riskieren."

Nicolas Gervaise, 1688

Wer hätte es von den lebensfreudigen Thais anders erwartet: Die alldurchdringende thailändische Philosophie von *sanuk*, dem Spaß, bestimmt auch das Verhältnis zum Geld. Dies ist somit in erster Linie das Mittel, sich eine „gute Zeit" zu machen.

Das **Geld wird in vielen Fällen schneller ausgegeben, als es verdient werden kann,** und spätestens ab der Monatsmitte klaffen eklatante Löcher im Etat. Diese wollen natürlich gestopft sein und so mancher Zeitgenosse begibt sich zum Geldverleiher, zum Pfandhaus oder an den Spieltisch. Beheben lässt sich der Mangel so auf Dauer natürlich nicht und möglicherweise sinkt der Schuldner noch tiefer in den Morast. Die Thais sind aber Bonvivants genug, um auch die schweren finanziellen Zeiten ohne große psychische Schäden zu überstehen. Schließlich gehört das Auf und Ab zum menschlichen Leben und der tiefsitzende buddhistische Gleichmut hilft, diese zu überstehen.

Geld muss zunächst natürlich erst einmal erarbeitet werden. *Nicolas Gervaise* hatte im 17. Jh. in dieser Beziehung nichts allzu Positives über die Thais zu berichten: „Die Zinnminen, Eisen, Salpeter, die Baumwolle, Seide und Parfüme, die im Überfluss in dem Königreich gefunden werden, könnten es zu einem der reichsten Länder in Hinter-

◁ Thailändische Städte bieten viele Möglichkeiten zur Geldausgabe

oder Vorderindien machen, wenn all diese Naturgaben nur in die Hände von Menschen gefallen wären, die diese zu nutzen wüßten und der Arbeit weniger abgeneigt wären." So *Gervaise* in seiner „Histoire Naturelle Et Politique Du Royaume De Siam". Und weiter: „Aber der Mangel an Eifer der Siamesen sorgt dafür, dass sie arm bleiben."

Arm ist Thailand bei einem **durchschnittlichen Bruttosozialprodukt** von ca. 5400 US$ pro Kopf heute nicht mehr unbedingt zu nennen. Zum Vergleich: Indien erwirtschaftet 1500 US$ pro Kopf, Nepal gar nur 700 US$. Anfang der 1990er-Jahre wurde Thailand von einigen Wirtschaftsexperten zu den NIC's oder *Newly Industrialized Countries* („Schwellenländer") gerechnet, die am Beginn der Industrialisierung und des Wohlstandes stehen. 1997 wurde Thailand das erste Opfer der damaligen asiatischen Wirtschaftskrise, die dem Boom der Vorjahre zunächst einmal einen Dämpfer aufsetzte. Dennoch ging es Thailand auch nach dem Einbruch der Wirtschaft noch besser als den meisten anderen Ländern in der Region.

Der allgemeine Erfolg der thailändischen Wirtschaft ist aber weniger den ethnischen Thais zuzuschreiben als der **chinesischen Minderheit** im Lande, die fast das gesamte Bank- und Geschäftswesen in ihren Händen hält. Die Thais selber streben seltener in gehobene Positionen, sondern begnügen sich meist mit einem Angestelltenverhältnis. In diesem erfüllen sie ihre Aufgaben durchaus mit Fleiß und Gewissenhaftigkeit (da hat sich seit *Gervaise* wohl doch einiges geändert), der Hang zu verantwortungsvollen Aufgaben ist ihnen aber eher fremd. Dazu eignen sich die lange im Voraus planenden und kühl kalkulierenden Chinesen besser. Die Chinesen hatten ihre Heimat schließlich mit der festen Absicht verlassen, es in der Fremde zu etwas zu bringen. Der geschäftliche Erfolg der Chinesen in Bangkok, Kuala Lumpur, Singapur oder Hongkong spricht für sich. Die Chinesen waren in den letzten Jahrhunderten in großer Anzahl nach Thailand gekommen, so vor allem im 19. Jahrhundert. Mit der Gründung der Volksrepublik China im Jahre 1949 kam die Auswanderungswelle vorerst zum Erliegen; heute gibt es wieder einige (illegale) chinesische Einwanderer, darunter auch junge Frauen, die als Prostituierte arbeiten.

Die Thais zieht es also kaum in gehobene Positionen – andererseits lieben sie das gute Leben und das ist nun einmal zum großen Teil käuflich. Dazu braucht man nur das nötige Kleingeld. Kein Wunder, wenn viele Thais ihr Leben lang vom dicken **Lotteriegewinn** träumen! Schließlich bietet der eine ideale Kombination: Viel Geld, ohne sich schwer dafür plagen zu müssen! Die Stände der Losverkäufer sind so allzeit mit Trauben von Glücksrittern umlagert und wer keinen anderen Job findet, zieht mit ein paar Losen in der Hand durch die Straßen. Abnehmer gibt es immer.

Leider wird aber meistens nichts aus dem Gewinn. Also muss das Geld woanders herkommen. So sind viele Thais Dauerkunden in den unzähligen **Pfandhäusern,** die sich an jeder zweiten Straßenecke zu befinden scheinen. Sie sind zum Teil in privaten (chinesischen!) Händen oder staatlich. Die privaten Pfandhäuser gibt es praktisch, seitdem es Schuldner gibt, die staatlichen wurden 1955 vom Staatlichen Amt für Wohlfahrt ins Leben gerufen. Zu erkennen sind die Pfandhäuser an den diskreten Bambus-Jalousien vor dem Schalter, die die Verpfänder vor neugierigen Blicken schützen sollen.

Die Hauptkunden der Pfandhäuser kommen aus der Unter- und Mittelschicht, die mit ihrem Geld nicht immer über die Runden kommen. Besonders zu Beginn des jeweils neuen Schuljahres im Mai/Juni kommt es zu wahren Verpfändungsepidemien, denn es müssen neue Schulbücher und -uniformen angeschafft, die Schulgebühren müssen bezahlt werden. Andere Ereignisse, die mit hohen Ausgaben verbunden sind (z. B. Hochzeit, Krankheit, Beerdigung etc.), führen ebenfalls oft ins Pfandhaus. Nicht zu vergessen die Spielleidenschaft der Thais, die, anstatt der Finanzmisere ein glückliches Ende zu bereiten, meist nur tiefer in den Abgrund führt. Notorische Glücksspieler gehören zu den Stammkunden der Pfandhäuser. Die meisten verpfändeten Güter sind Gold (in ca. 80 % aller Fälle), Schmuck, Uhren, Fernseh- und Videogeräte, Stereorecorder und Kameras. Die staatlichen Pfandhäuser setzen jeweils Höchstsummen fest, die für bestimmte Artikel ausgezahlt werden können. Die privaten handeln da mit weniger Skrupeln. Schließlich kassieren sie saftige Zinsen.

Nicht besser geht es denjenigen, die sich **von privater Hand Geld leihen**. Die Geldverleiher – meistens sind es wiederum Chinesen, aber auch Inder – nehmen zumeist Wucherzinsen von zwanzig Prozent pro Monat und stürzen den Schuldner noch tiefer in den Ruin. (Als Grund für die hohen Zinsen wird von den Verleihern angegeben, dass ein Fünftel oder ein Viertel der Kreditnehmer einfach spurlos verschwindet und der Verlust wettgemacht werden muss.) Auch unter Freunden sind Leih- und Pumpaktionen an der Tagesordnung und oft scheint es, als habe kein Thai Geld, aber jeder kennt einen, wo er sich etwas leihen kann! Der „Kauf auf Pump" von Autos, Motorrädern, Kühlschränken oder Fernsehern ist weit verbreitet und als die Wirtschaftskrise Ende der 1990er-Jahre zuschlug, mussten viele ihr Auto oder Haus wieder abtreten, da sie die Raten nicht mehr bezahlen konnten. (Als positiver Nebeneffekt dünnte sich der massive Verkehr in Bangkok etwas aus.)

Als Anfang des 21. Jh. der damalige Premierminister *Thaksin Shinawatra* der armen Landbevölkerung Kleinkredite zukommen ließ, verwendete die Landbevölkerung das Geld aus diesen Krediten oft zum Konsum, z.B. zum Kauf von Handys oder Motorrädern. Die Strukturen, die die Bevölkerung arm hielten, änderten sich auf diese Weise nicht; im Gegenteil, der Effekt war nicht selten, dass sich viele Bewohner der ärmeren Gebiete nun mit zusätzlichen Schulden herumzuplagen hatten. In ihrem Hang zum guten Leben bilden die Thais die perfekte Konsumgesellschaft und ausländische Großkonzerne fühlen sich in Thailand bestens zu Hause – was könnte diesen mehr gelegen kommen als ein Kunde, der alles ausgibt, was er verdient?

Die unsicherste Methode der Geldbeschaffung ist das **Glücksspiel**. Auf den Hang der Thais zu diesem Nervenkitzel sind wir schon zuvor eingegangen. Offiziell ist das Glücksspiel illegal, so wie es auch der Buddhismus streng verbietet. Dennoch wird in Abertausenden von Wohnungen oder geheimen Spielcasinos gezockt. In letzteren wechseln (oft in einer Nacht) Millionen von Baht den Besitzer, denn dort sitzen nicht unbedingt die ärmsten Mitbürger. In ihrer Spielleidenschaft haben die Thais ungeheuren Einfallsreichtum bewiesen und zahllose Varianten des Glücksspiels erfunden. So mussten beispielsweise die Spieler früher die Anzahl von Durian-Kernen in der Hand eines Mitspielers erraten oder man setzte Geld auf bestimmte Buchstaben in einer „Buchstabenlotterie". Die Polizei warnt jeweils zu Beginn von Fußballweltmeisterschaften die Bevölkerung davor, Wetten abzuschließen, jedoch vergebens. Bei den Spielen werden landes-

◁ Lotterielose und (links im Bild) die Gewinnzahlen
der vorangegangenen Ziehung

weit Milliarden von Baht verwettet. Selbst wichtige Spiele der englischen oder deutschen Fußball-Liga, vom thailändischen Fernsehen übertragen, verlocken zu Wetten.

Auch hier wird leider meist nichts aus dem großen Gewinn, aber an dem Verlust können andere noch verdienen. So sitzen in den Spielcasinos oft chinesische Geldverleiher mit Koffern voll Geld. Dafür verpfänden gerupfte Spieler ihr Gold, ihre Uhren oder gar ihren Mercedes, der diskret ein paar Straßenecken weiter geparkt ist.

Bei diesen Ausführungen zum Thema Geld wird sicherlich mancher einer Illusion beraubt: der Illusion, dass Thais, Asiaten, sonstige Einwohner der „Dritten Welt" oder andere gegen den westlichen **Materialismus** immun seien, dass diese nur von edlen Idealen, nicht vom Mammon geleitet würden. Einen solchen Ort gibt es heute wahrscheinlich nicht mehr auf der Welt, das ist Utopie.

Die Thais haben sich heute, ebenso wie die meisten anderen Völker wohl auch, dem Materialismus verschrieben. Geld und Besitz sind häufig der Maßstab, an denen jemand gemessen wird. Gier – so beklagen auch weise, alte Mönche – hat Menschlichkeit und Hilfsbereitschaft weitgehend verdrängt. Die **Ursachen für den Verlust der alten Werte** sind in der historischen Entwicklung Thailands zu finden. Bis zum Beginn der Regierungszeit *König Mongkuts* (reg. 1851–1868) hatte sich Thailands Kultur unbeeinflusst von außen entwickeln können. Der Kontakt mit Europa beschränkte sich auf den Handel und hatte kaum Einfluss auf den Lebensstil der Bewohner. Schließlich waren die Europäer nicht sehr hoch angesehen. Mit ihren roten Gesichtern und ihrer seltsamen Haarfarbe schienen sie den Thais wie die *Yak*, gruselige und gefährliche Monstren, die von jeher durch thailändische Legenden geisterten. Hinzu kam das derbe Benehmen der Weißen, das häufig durch Alkoholgenuss noch gesteigert wurde und die sensiblen Thais das Schaudern lehrte. Die meisten Europäer, die es zu jener Zeit in den Osten verschlug, waren alles andere als Mitglieder der feinen Gesellschaft, eher Haudegen und Abenteurer. Das einzig Bewundernswerte, das die Thais an diesen Kreaturen zu finden vermochten, waren deren technische Fähigkeiten, die sich besonders in der Kriegskunst durchsetzten. Ansonsten gab es nicht viel, um das man die Europäer hätte beneiden können.

Die Wende kam mit *König Mongkut*. Dieser hatte vor seiner Thronbesteigung 27 Jahre als Mönch verbracht und sich in dieser Zeit zu einem Gelehrten in vielen Disziplinen herangebildet. Bei seinem Studium entdeckte er viele Eigenschaften Europas, die er auch für Thailand von Vorteil hielt. So begann der **Prozess der „Verwestlichung" des Landes,** die unter seinem Sohn, *König Chulalongkorn* (reg. 1868–1910) noch forciert wurde. In mehreren Besuchen nahm *Chulalongkorn* Europa persönlich in

Augenschein und beschloss, Thailand nach westlichem Vorbild umzuformen. Wenn es die Europäer mit ihrer Lebensweise zu einem solch hohen Lebensstandard gebracht hatten, so *Chulalongkorns* Gedanken, so konnte diese nicht falsch sein. Sein eigenes Land dagegen wurde noch von Armut und regelmäßigen Seuchen heimgesucht. Unter *Chulalongkorns* Einfluss wurden die Thais einer sozialen und auch technischen Revolution ausgesetzt. Diese ging so weit, dass ihnen auferlegt wurde, von nun an europäische Kleider und Frisuren zu tragen; nach seinen Europabesuchen erschien *Chulalongkorn* die damals übliche thailändische Damenfrisur – ein männlich-kurz geschorener Schopf – hässlich und barbarisch. Das Kauen von Betel wurde geächtet, da dadurch die Zähne eine unansehnliche dunkelrote Farbe annahmen; zuvor galt gerade diese Zahnfarbe als schön.

Bei allen Leistungen, die der König für sein Land vollbrachte, setzte er es einem rapiden Wandel aus, dessen kulturelle Folgen noch nicht abzusehen waren. Die Elite des Landes schickte ihre Söhne nun zum Studium nach Europa, wo sie zum Ebenbild britischer Gentlemen wurden. In der Psyche des gemeinen Volkes hingegen wurde eine Art „Kulturschock" ausgelöst: Die alten Werte wurden in kürzester Zeit verdrängt und durch fremde ersetzt. Kultur aber entsteht aus einem langen Entwicklungsprozess und lässt sich nicht wechseln wie ein Hemd. Als Folge dieser Schocktherapie entstand ein Vakuum. Die Thais wurden „kulturelle Waisenkinder". In die so entstandene Leere trat die Gier nach Materiellem.

Dieser Materialismus wurde durch eine weitere Tatsache unterstützt: Die in Europa studierende Elite lernte zwar moderne Wissenschaft und Technik kennen, kaum aber die Philosophie, auf der sie beruhten. Der Lernprozess beschränkte sich rein auf das Technische, unter Außerachtlassung einer eventuell zügelnden oder leitenden Moral oder Ethik. Das Ergebnis war Materialismus in Reingestalt.

Der Materialismus übt heute einen enormen Einfluss in Thailand aus und wird lediglich durch den **Buddhismus** noch in Grenzen gehalten. Der Buddhismus aber ist ein Bollwerk, das mehr und mehr unter dem Ansturm des Materialismus zu bröckeln beginnt; besonders in den Städten, allen voran Bangkok. Und auch innerhalb dieses Bollwerks ist der Materialismus schon vorgedrungen, wie zahllose Finanzskandale beweisen, die von Mönchen hervorgerufen wurden, die sich illegal um ein paar Millionen Baht bereicherten. 1999 machte der Dhammakaya-Tempel in Nonthaburi bei Bangkok von sich reden, der seinen Anhängern bei Spenden ab 10.000 Baht das Seelenheil versprach, und dessen Mittelpunkt ein tonnenschwerer Buddha aus reinem Gold war – der Tanz ums goldene Kalb!

Geld ist in der thailändischen Gesellschaft häufig das Maß aller Dinge. Nur so ist zu erklären, dass Eltern ihre Töchter für ein paar tausend

Baht an ein Bordell verkaufen (siehe Kapitel „Prostitution"), um sich dann davon einen Kühlschrank, Fernseher oder ein Moped zuzulegen. Studien in Nordostthailand haben gezeigt, dass plötzlicher Geldsegen in den unteren Bevölkerungsschichten nicht etwa für die Zukunftssicherung (z. B. Schulausbildung der Kinder, Geldanlage etc.) genutzt, sondern zum Kauf von Konsumgütern verwandt wird. Zum Teil hat diese **Konsumgier** bizarre Auswirkungen. So sind Fälle aus Nordthailand bekannt geworden, in denen Eltern ihre einzigen Söhne zu Mönchen weihen ließen, was ihnen ja (siehe Kapitel „Tham bun") gemäß der thailändischen Philosophie vom „Gute-Taten-tun" Pluspunkte für die nächste Geburt versprach. Als „Pluspunkte" für diese nächste Geburt waren vor allem ein Mercedes und ein dickes Bankkonto gewünscht. Da der einzige Sohn nun als Arbeitskraft auf dem Felde fehlte, mussten die Eltern eine bezahlte Hilfskraft einstellen. Dafür fehlte wiederum das Geld und so wurde eine der Töchter zum „Anschaffen" in ein Bordell gesteckt. Die Tochter musste so für die Raffgier ihrer Eltern herhalten, ob sie wollte oder nicht.

Geld, ist es einmal vorhanden, will gezeigt sein. Ein „understatement", bei dem der Reichtum unter den Scheffel gestellt wird, gibt es – wenn überhaupt – nur in der alteingesessenen Aristokratie. Ansonsten wird **das Geld zur Schau gestellt,** und ein blankgewienerter Mercedes oder BMW (in Thailand durch hohe Steuern mindestens doppelt so teuer wie hierzulande) sind gefragte Statussymbole. Wer sich von der „Masse" der „normalen" Mercedes-Besitzer abheben will, lässt sich noch dessen Chromteile vergolden.

Wem das nicht reicht, der hält sich eine (oder mehrere) *mia noy* („kleine Ehefrau"), d. h. eine **„Nebenfrau".** Im Westen würde man diese wahrscheinlich „Konkubine" nennen, eine offizielle Trauung gibt es nicht. Die *mia noy* wird von der rechtmäßig angetrauten Ehefrau (*mia luang* oder „Hauptfrau") mehr oder weniger akzeptiert; den Männern gesteht man das Recht zu, sich auch außerhalb des eigenen Schlafzimmers zu vergnügen. Gesellschaftlich hat die *mia noy* seit Jahrhunderten Statusfunktion. In früheren Zeiten hielten sich Könige und Prinzen riesige Harems, die manchen Scheich vor Neid hätten erblassen lassen. *König Chulalongkorn* z. B. hatte – seiner Vorliebe für die westliche Lebensweise zum Trotz – 92 Frauen, die er in züchtiger Abgeschirmtheit hielt. Der reiche Geschäftsmann von heute hält sich seine Nebenfrau in einem separaten Apartment, fernab vom Zugriff seiner „Hauptfrau". Man weiß ja nie – Eifersuchtsakte sind zwar selten, kommen aber vor.

> Machtsymbol: Einen Lamborghini-Fahrer wird kaum ein Polizist anhalten

Dem begüterten Mann verhilft die Nebenfrau zu Ansehen; die Frau ihrerseits erhält dafür eine relative, wenn auch oft nur vorübergehende finanzielle Sicherheit. So ist es verständlich, wenn viele junge Mädchen aus ärmeren, ungebildeten Schichten sich mit dem Stand einer Nebenfrau begnügen. Es entsteht eine Symbiose, in der beide Parteien das erhalten, was sie jeweils benötigen: Geld auf der einen Seite und Status auf der anderen.

Geldfragen – Wie reagieren die Thais?

(Die richtigen Antworten zu den folgenden Fragen siehe S. 133)

1) Nehmen wir an, Sie sind ein ausländischer Tourist und treffen eine/n Thai. Gemeinsam beschließen Sie, am nächsten Abend eine Disco zu besuchen, in die Sie schon immer einmal wollten. Im Verlauf des Weiteren Gesprächs fragt Sie Ihr Gegenüber, ob nicht vielleicht noch ein paar Freunde von ihr/ihm mitkommen können. „Natürlich", sagen Sie, „das ist doch keine Frage, bring sie mal alle mit." Am nächsten Abend treffen Sie sich wie verabredet vor der Disco. Was passiert nun an der Kasse?
a) Da sie der Gast in Thailand sind, lädt man Sie ein und bezahlt das Eintrittsgeld für Sie.
b) Man erwartet, dass Sie – als reicher *farang* – die Rechnung für alle übernehmen. Als Sie der Kassiererin zwei 100-Baht-Scheine herüberreichen, um nur ihre Karte zu bezahlen, machen Ihre Begleiter Sie darauf aufmerksam, dass die Rechnung für alle 1000 Baht beträgt und zeigen Ihnen anhand eines Ihrer 1000-Baht-Scheine, wie ein solcher aussieht.
c) Man betreibt penibles „Going Dutch", d. h. jeder bezahlt seine Eintrittskarte selbst.

2) Sie befinden sich auf einem Straßenmarkt und feilschen um eine Kopie einer weltbekannten Uhrenmarke, so wie sie vielerorts in Thailand erhältlich sind. Sie haben davon gehört, dass man in Asien hart zu handeln hat und drücken den Preis so tief, wie es vielleicht noch nicht einmal Thais gelingen würde. Dem Verkäufer steht der Schweiß auf der Stirn, aber er überlässt Ihnen die Uhr zum Spottpreis. Wortlos packt er Ihnen die neu erstandene Uhr in eine Schatulle. Was denkt er währenddessen über Sie?
a) Er hält Sie für einen hartherzigen Geizhals, der aus Geiz am liebsten Selbstmord begehen würde.
b) Er bewundert Sie ob Ihrer unglaublichen Pfiffigkeit und klopft Ihnen schließlich kameradschaftlich auf die Schulter.
c) Er bekommt einen rasenden Wutanfall und gibt Ihnen zu verstehen, sich in der Gegend nicht mehr blicken zu lassen.

3) Sie sind ein ausländischer Arbeitgeber und beschäftigen zahlreiche Thais in Ihrer Firma. Mitte des Monats kommt einer Ihrer fleißigen Arbeiter zu Ihnen und bittet Sie um einen Vorschuss. Dabei ist er – wie es so die thailändische Art ist – extrem höflich. Sie aber wollen Vorschussbettelei gar nicht erst einreißen lassen und lehnen die Bitte ebenso höflich, aber bestimmt ab. Wie verhält sich der Arbeiter nun zu Ihnen?
a) Er leiht sich das Geld woanders und besorgt sich obendrein noch ein paar tausend Baht. Mit diesen heuert er einen *hitman* an, der Sie beim Verlassen Ihres Büros auf offener Straße erschießt.
b) Er begibt sich ohne Murren zurück an seinen Arbeitsplatz und beschließt, von nun an doppelt so hart zu arbeiten, um zukünftige Vorschussbitten reibungslos erfüllt zu bekommen.
c) Er begibt sich zurück an seinen Arbeitsplatz, verrichtet aber in den nächsten sechs Wochen keinen konstruktiven Handschlag. Im Gegenteil, er sabotiert die Arbeit, so gut es geht.

4) Sie sind ein ausländischer Tourist und treffen eine Thai. Es ist Liebe auf den ersten Blick. Nach langem Freien und vielen Reisen nach Thailand ist es endlich so weit: Sie wollen heiraten. Ihre zukünftige Frau nimmt Sie nach der thailändischen Tradition mit zu ihren Eltern, wo Sie um deren Hand anzuhalten haben. Welche finanziellen Regelungen sind dann zu treffen?
a) Die Eltern zahlen Ihnen eine saftige Mitgift, die sie in langen Jahren harter Arbeit zur Seite gelegt haben. Da Sie Ausländer sind und mehr Luxus gewöhnt sind, fällt die Mitgift um so höher aus.
b) Die Eltern Ihrer Zukünftigen setzen sich mit Ihren Eltern in Verbindung und zahlen diesen eine Art „Auslösesumme", da sie ja lange für Ihre Ausbildung haben zahlen müssen.

c) Man verlangt eine „Auslösesumme" von Ihnen, zu zahlen an die Eltern Ihrer Braut. Da Sie Ausländer sind, fallen die Geldforderungen entsprechend höher aus als bei einem Thai.

5) Sie sind ein wissbegieriger Weltenbummler, der alles Mögliche über sein Reiseland und deren Bewohner erfahren möchte. In Gesprächen fragen Sie nach allem Möglichen, man will ja schließlich ein bisschen tiefer kratzen als nur an der Oberfläche. Natürlich fragen Sie Ihre Gesprächspartner auch nach deren Einkommen. Sie haben ja mal gehört, dass das thailändische Durchschnittseinkommen nur so gerade bei 12.000 Baht pro Monat liegt. Wie reagieren Ihre Gesprächspartner auf die Frage nach dem Einkommen?
a) Man gibt Ihnen unmissverständlich zu verstehen, dass Sie sich besser um Ihre eigenen Angelegenheiten kümmern und bricht das Gespräch ab.
b) Man sagt Ihnen klipp und klar, wie viel man verdient und fragt auch nach Ihrem Gehalt.
c) Man erzählt Ihnen, dass man gerade den Arbeitsplatz verloren hätte und dass zu allem Unheil die Großmutter noch erkrankt sei. Nach all diesen Ausführungen bittet man Sie um eine kleine Finanzspritze.

6) Sie wohnen in einem besseren Hotel, das, sagen wir mal, so um die 3000 Baht pro Tag kostet. An der Rezeption macht man Sie darauf aufmerksam, dass es einen Mietwagen-Service im Hotel gibt, in dem Fahrzeuge mit Chauffeur oder zum Selbstfahren gemietet werden können. Sie bedanken sich recht herzlich für die Information, fragen aber, wo man Fahrräder ausleihen kann, da Sie sich für diesen Urlaub etwas mehr Bewegung verordnet hätten. Was hält man von Ihnen an der Rezeption?
a) In den Augen der Angestellten sind Sie ein geiziger Spinner, der seinen Urlaub in einer Lotterie gewonnen haben muss.
b) Man bewundert ihre Sportlichkeit und macht Ihnen Komplimente, dass Sie für Ihr Alter auch sehr gut aussehen.
c) Der Rezeptionist ruft seinen Schwager an, von dem er weiß, dass er mal ein Fahrrad hate. Das Fahrrad ist mittlerweile nur noch Schrott, aber nach einigen anderen Versuchen hat man Ihnen einen Drahtesel besorgt – kostenlos!

Die richtigen Antworten

1b) Großzügigkeit wird in Thailand sehr groß geschrieben und bei gemeinsamen Aktivitäten, Essen, Disco oder Barbesuchen etc. wird sich meist ein Teilnehmer bereitfinden, die gesamte Rechnung zu übernehmen. Da Sie als farang automatisch als reich und damit auch spendierfreudig angesehen werden, wird man von Ihnen die Begleichung der Rechnung erwarten. Das im Westen übliche „Going Dutch" oder „American Share" (siehe Lösung c) gilt als kleinkariert und „geizig".

2a) Thais halten sich beim Feilschen in Grenzen, denn allzu hartes Handeln lässt auf ein knappes Budget schließen. Und als „arm" möchte niemand dastehen. Wenn Sie – als vermeintlich wohlbegüterter Westler – um den letzten Pfennig schachern, hält man Sie nicht nur für geizig *(ki niau)*, sondern auch für hartherzig *(djai dam;* wörtl. „dunkelherzig").

3c) Die Ablehnung der Bitte um Vorschuss hat mit Sicherheit keine guten Auswirkungen auf das Arbeitsklima. Ihr abgelehnter Bittsteller wird einen langen und vielleicht sogar unversöhnlichen Groll gegen Sie hegen. Dieser kann sich durchaus in aggressiven Aktionen Luft machen und die Lösung a ist nicht unbedingt auszuschließen. Der kluge Arbeitgeber würde in typisch asiatischer Unverbindlichkeit reagieren; also etwa „Tja, mal sehen, was wir da machen können, komm' doch noch mal in ein paar Tagen vorbei, wie geht's übrigens der Gattin" etc. Dabei ist zu hoffen, dass sich der Arbeitnehmer das Geld in den nächsten Tagen woanders leiht und die Situation ist elegant gerettet.

4c) Bei Heiraten ist es üblich, dass der Bräutigam bei den Brauteltern um die Hand deren Tochter anhält, wobei von den Eltern eine Art „Auslösesumme" festgesetzt wird. Dies gilt als eine „Wiedergutmachung" für all die Ausgaben, die bei der Erziehung der Tochter angefallen sind. Außerdem bildet die Summe eine kleine finanzielle Sicherheit für die Tochter, die – so zeigt die Erfahrung – nicht immer mit der lebenslangen Treue ihres Gatten rechnen kann.

5b) Die Frage nach dem Gehalt ist nicht etwa „indiskret" wie im Westen, sondern ein legitimes Mittel, den Status des Gegenübers einzuschätzen und damit das eigene Verhalten entsprechend anzupassen. Thais haben da keine Geheimnisse untereinander. Im Bezug auf Ausländer gesellt sich natürlich noch eine Spur Neugier dazu, da man eine Vorstellung davon haben möchte, was Westler so verdienen, ob sie wirklich so reich sind, wie man immer hört.

6a) Ein Mensch, der in einem 2000-Baht-Zimmer wohnt und dann auf einem Fahrrad durch die Gegend radelt? So etwas können viele Thais nicht durch Sportlichkeit und Bewegungsdrang entschuldigen, nein, dieser Mensch muss wohl ein geiziger Spinner sein! Entsprechend wohlhabende Thais hätten ihren Status zu wahren und würden sich nur im Mietwagen mit Klimaanlage blicken lassen. Führen sie plötzlich Fahrrad, glaubte alle Welt, sie wären finanziell am Ende oder durchgedreht. In den von Touristen besuchten Resorts gewöhnen sich die Thais zwar immer mehr an Westler, die sich per Fahrrad oder zu Fuß fortbewegen, nachahmen würden es jedoch nur die wenigsten Thais.

Die Familie: Loyalität bis ans Lebensende

„Es ist für einen Schuldigen schwer, der Sühne für ein Verbrechen auszuweichen, da, sollte er sich durch Flucht in Sicherheit gebracht haben, sofort sein Vater, seine Mutter, enge Anverwandte als auch die besten Freunde verhaftet und im Gefängnis gehalten werden, bis er sich gestellt hat."

Nicolas Gervaise, 1688

Die Familie, in die die Thais hineingeboren werden, ist ihnen zeitlebens der **zentrale Lebensinhalt.** Die jüngeren Geschwister werden umhegt und verhätschelt und mit den Eltern verbindet sie ein unzerreißbares Band von Liebe, Respekt und Dankbarkeit. Im Gegensatz zu den Bewohnern des Abendlandes, die sich irgendwann einmal mehr oder weniger aus ihrem Familien„nest" herauslösen, bleiben die Thais den Ihrigen – wie durch eine unsichtbare Nabelschnur gehalten – für immer verbunden. Die Familie bietet ihnen einen emotionalen Schutzwall, eine Zufluchtsstätte vor den Unbilden des Lebens „draußen".

Als kleinste homogene gesellschaftliche Einheit weist die Familie natürlicherweise Züge auf, die sich auch im Großen in der Gesellschaft aufzeigen lassen. So ist **jedem Familienmitglied ein fester Platz in der Hierarchie** zugewiesen, so wie er auch in der Gesellschaft seinen festen Platz hat. So steht er über den jüngeren Geschwistern, die ihm zu gehorchen und ihn zu respektieren haben. Eine Missachtung der höheren Position der älteren Geschwister wäre eine dreiste Anmaßung, die sofort in einer strengen Maßregelung enden würde. Aus Respekt vor den älteren Geschwistern sprechen die jüngeren sie mit *phi* an („Großer Bruder" bzw. „Große Schwester"); diese wiederum nennen die jüngeren liebevoll *nong* („Kleiner Bruder" bzw. „Kleine Schwester"). Der Status be-

▷ Töchter sind vielen Eltern lieber als Söhne, da sie eher geeignet sind, später die Eltern treu zu versorgen

stimmt die Anredeform und an dieser wiederum ist auch für Außenstehende der Status der Angesprochenen zu erkennen.

Den Eltern bzw. Großeltern gebührt der allerhöchste Respekt. Viele ländliche Familien sind Großfamilien, d.h. mehrere Generationen wohnen zusammen unter einem Dach. Der Auszug eines Sohnes oder einer Tochter würde nicht als Beweis endlich erlangter Unabhängigkeit, sondern als Hartherzigkeit und Gleichgültigkeit den Eltern gegenüber gewertet werden. In den Augen der Thais schuldet er/sie den Eltern lebenslangen Dank. Die Mühen, die Eltern beim Aufziehen ihrer Kinder auf sich nehmen, können im Grunde – so die Denkweise – niemals wieder wettgemacht werden. Der hohe Respekt und die Fürsorge, die man den Eltern zollt, sind so nur eine kleine Danksagung. Zu dieser persönlichen Verpflichtung kommt die Verpflichtung durch den Glauben. Kinder, die ihre Eltern vernachlässigten, würden sich gegen das religiöse Gesetz wenden, die Folge wäre eine Bestrafung im nächsten Leben. Der Dienst an den Eltern ist so auch ein Aspekt des *tham bun*, des „Gute-Taten-tuns", das den Buddhisten günstige Voraussetzungen für die nächste Inkarnation verschafft.

In diesem engen Versorgungssystem entsteht keine Notwendigkeit für Alters- oder Pflegeheime. Die Vorstellung derartiger Institutionen lässt die Thais erschauern – wie, so fragen sie fassungslos, kann man nur seine Eltern abschieben und deren Pflege professionellem, bezahltem Personal überlassen? Alle thailändischen **Krankenhäuser** bieten spezielle Ein- oder Zwei-Patienten-Zimmer, in denen auch Familienangehörige des Patienten mit übernachten können. Diese sind in vielerlei Hinsicht ein besseres Pflegepersonal als die freundlichste Krankenschwester und der Genesungsprozess wird so sicherlich unterstützt. Ein System, das Nachahmung verdient hätte!

Die Verhältnisse der einzelnen Familienangehörigen untereinander sind durch eine delikate Mischung aus Disziplin und Gehorsam, Nachsicht und Toleranz gekennzeichnet.

In ihren ersten Lebensjahren werden die **Kinder** liebkost und verhätschelt; Kritik, Maßregelung oder gar körperliche Züchtigung sind seltene Ausnahmen. Thais hegen eine unwiderstehliche Liebe zu Kindern und Ehepaare, die freiwillig auf diese sonnigen kleinen Wesen verzichten, gibt es so gut wie gar nicht. Westler, die in Gesprächen kundtun, keine Kinder haben zu wollen, gelten als unverständliche und hartherzige Egoisten. Kinder sind *na rak* („liebenswert") und man umgibt sich mit so vielen dieser

> Klein, aber mächtig: Viele Kinder werden von ihren Eltern grenzenlos verhätschelt

Freudenbringer, wie der Geldbeutel vertragen kann. So besteht die thailändische Durchschnittsfamilie aus 5,5 Mitgliedern; in ärmeren Gebieten liegt die Zahl aufgrund von mangelnder Schulbildung (und mangelndem Verhütungswissen) oft höher; so z. B. in der Nordost-Provinz Issaan, in der die Durchschnittsfamilie 6,5 Köpfe zählt. Derzeit **wächst Thailands Bevölkerung** (2013: ca. 67 Mio.) jährlich um ca. 0,6 % (Weltwachstum/Jahr: 2 %). Diese für asiatische Verhältnisse niedrige Zahl ist nicht zuletzt der Erfolg eines gewissen *Michai Veeravaidya*, ehemals Beauftragter für Familienplanung. Er hatte – das Schreckgespenst einer Bevölkerungsexplosion nach indischem oder chinesischem Vorbild vor Augen – rigoros die Kleinfamilie propagiert. In vielen publicityträchtigen Aktionen „enttabuisierte" er das Kondom und forderte dessen Gebrauch, wolle Thailand sich nicht indischen oder chinesischen Verhältnissen annähern. Die Argumente leuchteten den Thais ein und die ehemalige Zuwachsrate von fast 3 % pro Jahr wurde auf das heute vertretbare Maß reduziert. Als Nebeneffekt aber wurde das Kondom umgangssprachlich in *„Michai"* umbenannt, nach seinem standhaften Vorkämpfer. Dieser nahm die Namensgebung, der er Pate gestanden hatte, mit der von ihm wohlbekannten Dosis Humor. Zumindest war so der bisher üblichen technischen Bezeichnung für das Gummiding, *thung yaang anamai* („Gesundheitsgummitüte",) nun eine humorvollere Etikettierung entgegengesetzt worden.

Werden die Kinder älter, so übernehmen sie die ersten Pflichten in der Familie. Dies gilt besonders für die **Mädchen,** die auf dem Lande oft schon mit 10 oder 12 Jahren alle Hausfrauenaufgaben erledigen. Zahlreiche **Jungen**

dieses Alters helfen ihren Eltern bei der Feldarbeit. Dabei wird nicht selten – besonders in chronisch armen Landstrichen – die sechsjährige **Schulpflicht** unterlaufen. Der momentane Arbeitseinsatz wird als gewinnbringender betrachtet als eine eventuelle gute Schulbildung.

Bei ihrem Heranwachsen lernen die Kinder den Respekt vor den älteren Geschwistern und vor Eltern und Großeltern. Dieser Respekt weitet sich später auch auf den *phuu yai baan* aus, den Dorfvorsteher. Der ist eine wichtige Persönlichkeit, gewählt von den Dorfbewohnern, und regelt dank der ihm zugestandenen Autorität die Dorfangelegenheiten. Da die jungen Familienmitglieder frühzeitig an eine sie leitende Autorität gewöhnt wurden, fällt ihnen der **Respekt vor Autoritätsträgern,** auch außerhalb des Familienkreises, relativ leicht. Die höchste (menschliche) Autorität, der sich die Thais beugen, ist der König, der sich – nur allzu treffend – häufig als der „Vater" aller Thais bezeichnet.

Der Repekt vor dieser wohlmeinenden Vaterfigur fällt den Thais leicht, ist es doch lediglich eine Weiterführung der Kind-Eltern-Verhältnisse der thailändischen Familie. Nicht umsonst wird die Familie von Soziologen als „die Keimzelle der Gesellschaft" bezeichnet.

Die starken Familienbande haben aber auch Schattenseiten. So scheint es oft, als würde das gesamte Loyalitätspotenzial der Thais in der Familie „aufgebraucht". Alle anderen persönlichen Bande stehen im Schatten der Familienbeziehung und spielen die viel geschmähte „zweite Geige". Die Beziehung von Ehepartnern untereinander zum Beispiel muss hinter der Beziehung der Ehepartner zu ihren jeweiligen Eltern zurückstehen. Anders als im Westen also, wo nach der Heirat die Beziehung zum Ehepartner zum zentralen Lebensinhalt wird und die Eltern eine zweit- oder drittrangige Stellung einnehmen. „Man kann viele Ehemänner (bzw. -frauen) haben", sagen die Thais, „aber nur einen Vater oder eine Mutter".

Nie ohne Mutter: Der Familienzusammenhalt ist in der Regel groß

Die Bande zum Ehepartner abzubrechen, fällt relativ leicht, die Eltern jedoch kann man nie verlassen. Die thailändische Familienloyalität ist so in allererster Linie eine Loyalität zu Blutsverwandten; die angeheiratete Familie bleibt in gewissem Maße immer ein fremdes Haus, das man leicht verlassen kann. Selbst die eigenen Kinder könnte man eher aufgeben als die Eltern. Die Bande zu den Eltern währen ewig.

Da die gesamte Familienloyalität also in der Beziehung zur Blutsfamilie erschöpft wird, kommt es in der angeheirateten Familie oft zu kleinen Dramen. **Streitigkeiten zwischen den Ehepartnern** enden oft damit, dass einer der beiden urplötzlich von der Bildfläche verschwindet – bei Nacht und Nebel und auf Nimmerwiedersehen. Thais stellen sich nur äußerst ungern einer offenen Diskussion oder Konfrontation mit einem Problem; dies ließe sich nicht mit ihrem Harmoniebedürfnis in Einklang bringen, würde man doch nur weiter in der offenen Wunde bohren. Also entzieht man sich dem Problem durch Flucht.

Zwar ist die offizielle Scheidungsrate in Thailand sehr niedrig, doch dies täuscht über die wahren Tatsachen hinweg: Millionen von offiziell verheirateten Personen leben in Wirklichkeit **von ihrem Ehepartner getrennt.** Da die meisten Thais nur unter buddhistischen Riten im Tempel heiraten, sich aber nicht als Ehepartner im örtlichen Rathaus eintragen lassen, sind die meisten Ehen amtlich gar nicht registriert. Ohne Registrierung ist auch keine offizielle Scheidung nötig und die getrennten Eheleute können sich problemlos neue Partner nehmen. Ist die Ehe allerdings doch offiziell registriert, bedarf es einer amtlichen Scheidung. Diese wird bei beiderseitigem Einverständnis oft in Minutenschnelle gewährt.

Die relative Bindungslosigkeit in der angeheirateten Familie scheint sich besonders bei den Familienvätern bemerkbar zu machen; Ehemänner, die Frau und Kind verlassen, sind alltägliche Realität (mehr dazu im folgenden Kapitel).

Dieselbe relativ schwache Loyalität zeigt sich in **Freundschaftsbeziehungen,** die oft nur so lange aufrechterhalten werden, wie sie von Nutzen sind. Thailändische Psychologen bezeichnen ihre Landsleute nicht selten als bindungslose **Einzelgänger,** die nur kurzzeitige „Zweckbeziehungen" eingehen, die schnell aufgegeben werden, wenn die Lebensumstände dies erfordern. Das Leben wird als ein Kampf betrachtet, in dem man als flexibler Einzelkämpfer die besten Chancen hat. Viele Thais (vor allem Männer) sind freiheitsliebende „drifters" oder „loners", die, ohne jemals tiefe emotionale Wurzeln zu schlagen, durch das Leben treiben. Wer einmal in einem thailändischen Apartmentblock wohnt, dem wird diese Wurzellosigkeit tagtäglich vor Augen geführt. Der neue Nachbar, der soeben mit ein paar Kisten und einer Tragetasche eingezogen war, ist genauso schnell verschwunden, wie er gekommen war. Die Wurzeln, die man heute kurzfristig schlägt, lassen sich morgen problemlos lösen.

Hat vielleicht wieder einmal der Buddha „Schuld" daran, der doch gepredigt hatte, sich nicht zu sehr an Dinge oder Umstände zu haften? Ein wahrer Erleuchteter habe innerlich frei und unabhängig zu sein. Und ist es Zufall, dass sich viele junge Thai-Männer mit dem Image von einem Marlboro-Cowboy identifizieren, der – cooler Einzelgänger, der er nun mal ist – alleine in den Sonnenuntergang reitet? Auch wenn das „Pferd" ein ohrenbetäubend lautes Motorrad ist?

Treusorgender Sohn auf der einen Seite und bindungsloser Individualist auf der anderen – wie so oft in Thailand sind die Dinge komplizierter, als sie auf den ersten Blick erscheinen.

Frau und Mann: mit Selbstbewusstsein gegen Machotum?

„Die siamesischen Frauen sind, obwohl ohne jeglichen moralischen Halt, zugestandenermaßen hervorragende Hausfrauen; von Sonnenaufgang bis -untergang schuften sie für ihre Männer und Kinder; sie kochen, waschen und fegen und erfüllen alle sonstigen erdenklichen Haushaltspflichten ... Selten habe ich gehört, daß ein Siamese seine Frau mißhandelt oder sich mit ihr streitet ..."

F. A. Neale, 1852

Jedem Besucher in Thailand wird auffallen, wie sehr Frauen im öffentlichen Leben präsent sind: Frauen verkaufen an Marktständen, kochen in Garküchen und arbeiten in der Straßenreinigung; Frauen sitzen in den Büros von Banken, Privatfirmen oder staatlichen Behörden; Frauen schuften im Straßenbau, bei der Hochhauskonstruktion oder auf dem Reisfeld; einige Frauen strampeln sich gar als Fahrerinnen von *samlor* (Riksha) ab oder lenken Lastwagen und Busse. Fast scheint es, als würden in Thailand nur die Frauen arbeiten. Diese **Präsenz oder „Sichtbarkeit" der Frauen in Thailand** hat schon manchen Beobachter zu der irrigen Annahme geführt, es gäbe in Thailand „dreimal so viele Frauen wie Männer". Besonders auf Besucher aus Ländern, in denen Frauen traditionellerweise auf Heim und Herd beschränkt bleiben (z. B. Indien, Pakistan, arabische Länder etc.), wirkt diese hohe Präsenz wie ein kleiner Schock und führt zu falschen Rückschlüssen.

Die Statistik kann den Irrtum um die „vielen" Frauen eindeutig widerlegen; nach offiziellen Angaben besteht Jahr für Jahr ein leichter „Überschuss" an Männern, anders als in vielen hoch entwickelten Ländern (wie z. B. Deutschland), wo es aufgrund ihrer höheren Lebenserwartung mehr Frauen gibt als Männer.

Thailändische Frauen zeichneten sich von jeher durch **großes Selbstbewusstsein** aus, auch wenn ihnen das Leben nicht immer leicht gemacht wurde. In früheren Jahrhunderten übernahmen die Frauen weitgehend den Markthandel, da sich die thailändischen Männer außer für den Ackerbau und die Kriegskunst für die meisten Arbeiten zu schade waren. Sie empfanden es als unter ihrer Würde, an Marktständen um ihr Einkommen zu feilschen. In die so entstandene Lücke traten ihre Frauen und wurden so zu einem wichtigen Faktor in der Familie. Sie wurden zu einer ökonomischen Macht, die in den meisten Fällen die Familienkasse verwaltete. Heute gibt es zahlreiche Familien, in denen die Hausfrau ihrem Ehemann das tägliche Taschengeld aushändigt – nicht etwa umgekehrt. Es gibt sogar scherzhafte Spekulationen darüber, dass die im Lande weit verbreitete Korruption nichts anderes als der Versuch der Männer sei, sich ein Einkommen zu verschaffen, das ihren Gattinnen verborgen bleibt! Oder aber, um mit ihren Frauen ökonomisch gleichziehen zu können, denn zahlreiche Frauen verdienen mittlerweile mehr als ihre Männer. Das gilt besonders für Bangkok. Trotz ihrer ökonomischen Omnipotenz wurden die Frauen von den Männern oft auf ihren „niedrigeren" Platz verwiesen: So mussten die Frauen bis in die jüngste Vergangenheit im Ehebett auf der linken, der „schlechteren" Seite schlafen (das stammte wohl noch aus den Zeiten, als oft unerwartet Gefahr drohte, weswegen die rechte Hand des Mannes für den Griff zur Waffe frei sein musste) und für einen Mann wäre es eine Erniedrigung, müsste er unter einer Wäscheleine durchgehen, auf der Frauenunterwäsche aufgehängt ist!

Figuren mit Klingelknopf an einer Hotelrezeption

Nicht nur ökonomisch, auch soziologisch hat die Frau traditionell eine tragende Rolle. So muss der zukünftige Bräutigam den Brauteltern beim Anhalten um die Hand der Tochter eine nicht unerhebliche Geldsumme zahlen. Unter 30.000 oder 50.000 Baht kommt selbst der Ärmste nicht davon, in höheren Kreisen werden gar Hunderttausende von Baht gezahlt, in reichen chinesischen Familien nicht selten Millionen von Baht. Die **Mitgift** (sin sot) gilt als eine Art Wiedergutmachung für die Kosten der Ausbildung und Erziehung der Tochter. Oder, um es in Thai-Worten zu sagen, dafür, dass die Tochter lange Jahre „die Muttermilch getrunken hat". Manche besser gestellten Familien lassen sich bei der Hochzeit der Tochter zwar die Mitgift auszahlen, die dann allen Hochzeitsbesuchern stolz präsentiert wird, nach Ende der Feierlichkeiten aber wird dem Bräutigam das Geld zurückgezahlt – es ging nur darum, durch das Vorzeigen des Geldes an Status und „Gesicht" zu gewinnen. Es gibt unzählige Geschichten von westlichen Männern, die sich in Barmädchen verliebten, sie heirateten und von den Eltern der Braut genötigt wurden, eine immense Mitgift von Hunderttausenden oder Millionen Baht zu zahlen. Thais schütteln darüber nur den Kopf: Eine thailändische Frau, die in einer Bar arbeitet, hat als potenzielle Braut den niedrigsten denkbaren Status und sie muss froh sein, wenn sie einen Thai-Mann findet, der sie heiratet; von zusätzlicher Mitgiftzahlung kann da keine Rede sein. Ähnlich ist es bei Frauen, die geschieden sind und dazu Kinder haben; einen Thai-Partner zu finden, ist für diese Frauen fast unmöglich und falls doch, wäre es anmaßend, eine Mitgift zu verlangen. Die zahlreichen westlichen Männer, die Frauen aus den beiden genannten Kategorien heiraten und Unsummen als Mitgift zahlen, gelten bei den meisten Thais als Dummköpfe mit mehr Geld als Verstand. Kein Wunder, dass es im armen Nordosten Thailands Eheagenturen gibt, die darauf spezialisiert sind, westliche Bräutigame für thailändische Frauen zu finden. In einigen Gebieten des Nordostens ist es schon fast zur Mode geworden, sich einen ausländischen Ehemann zu suchen. Die lokalen Behörden äußerten sich positiv über diesen Trend, denn schließlich folgt ihm ein Zufluss von viel Geld in die Ökonomie der Region.

Thailändische Heiraten sind heute in den allermeisten Fällen „Liebesheiraten", d. h. die Partnerwahl treffen die Heiratenden selbst. Außer in der reichen chinesischen Oberschicht kommt es nur noch selten vor, dass die Eltern den zukünftigen Ehepartner bestimmen. Etwaige Einwände seitens der Eltern ob der getroffenen Wahl lassen aber so manche geplante Hochzeit platzen. Nach der Hochzeit hat der frisch gebackene Ehemann traditionell einige Tage im Hause seiner Schwiegereltern zu verbringen. Damit steht die thailändische Tradition in direktem Gegensatz zu der zahlreicher anderer asiatischer Länder, in denen dem zukünftigen Ehemann eine Mitgift zu zahlen ist und in denen die Braut nach der Heirat im Hause ihrer Schwiegereltern wohnt.

Weiblicher Familiennachwuchs hat – anders als in den patriarchalisch ausgerichteten Ländern – keine auffälligen Benachteiligungen gegenüber den männlichen Geschwistern zu erwarten. Schließlich sind Mädchen, wie Kinder im Allgemeinen, *na rak,* „liebenswert", und reizen die elterlichen Instinkte der Thais. In traditionell patriarchalisch ausgerichteten Gesellschaften (z. B. Indien, Pakistan, Bangladesch etc.) ist die Sterberate von Mädchen in ihren ersten Lebensjahren erheblich höher als die der Jungen. Dies ist der Effekt der eindeutigen Benachteiligung, die die Mädchen bezüglich Nahrung, Hygiene und Gesundheitsfürsorge dort erfahren. Nicht so in Thailand: So starben 2009 von 1000 neugeborenen Jungen vor Erreichen des 1. Geburtstages statistisch gesehen 18,9, von 1000 Mädchen aber nur 16,3.

Doch ohne Probleme ist das Geschlechterverhältnis nicht. Ihr Leben lang hat sich die thailändische Frau gegen ein unverhohlenes **Machotum** ihrer männlichen Landsleute durchzusetzen. Ein Machotum, das ihr zum Beispiel Rechte verwehrt, die den Männern zugestanden werden. Soziales Verhalten wird auch in Thailand oft mit zweierlei Maß gemessen.

So kann sich ein Mann, so er will und sich das leisten kann, eine **„Nebenfrau"** oder *mia noy* nehmen. Diese ist zwar nicht juristisch seine Ehefrau – Polygamie ist offiziell nur so lange möglich, wie die erste Frau nicht klagt – erfüllt aber alle „Funktionen" derselben. Mit einer „Nebenfrau" erhöht der Mann seinen Status und verbreitet den Nimbus, jugendlich potent zu sein. Seine rechtlich angetraute Ehefrau wird in den meisten Fällen die Eskapaden ihres Mannes dulden; schließlich hat man ihr von klein auf beigebracht, dass Männer „nun mal so sind" und auf Dauer nicht mit einer einzigen Frau auskommen. Sehr viele Frauen reagieren auf die Situation ohne jegliche Eifersucht, solange der Mann immer wieder nach Hause zurückkehrt und die Familie versorgt. Nur selten kommt es dabei zu Eifersuchtsszenen seitens der Ehefrau; falls aber doch, so fallen sie unerwartet heftig aus. Fälle, in denen eifersüchtige Ehefrauen ihre Männer – schnipp!

In Sachen Hochzeitsmode orientiert man sich oft am Westen

– ihres Geschlechtsteiles berauben, sind nicht unbekannt. Einem besonders gehässigen Brauch gemäß wird danach der Penis in Stücke gehackt, damit ihn die Ärzte nicht wieder annähen können!

Außereheliche Beziehungen des Mannes werden also meist als „natürlich" hingenommen. Ein anderer Maßstab gilt für die Frau: **Sollte sie sich außerhalb der Ehe vergnügen,** würde sie mit ziemlicher Sicherheit dem blindwütigen Zorn ihres Gatten zum Opfer fallen und möglicherweise in die Mordstatistik eingehen! Was beim Mann zum Status eines charmanten, lausbubenhaften Playboys führt, macht die Frau zu einer billigen Hure. „So etwas" geziemt sich nicht für Frauen. Der Doppelstandard ist den Frauen so tief in die Psyche eingeprägt, dass nur wenige sich zu Seitensprüngen trauen würden; ein solches Verhalten empfänden sie selber als „hässlich". Von früh auf lernen thailändische Mädchen, auf ihren „guten Ruf" zu achten. Paradoxerweise wollen thailändische Männer mit Frauen, die diesen verloren haben, nichts mehr zu schaffen haben.

Diese weit verbreitete Neigung der thailändischen Männerwelt zu außerehelichen Abenteuern ist die Hauptursache für das Scheitern vieler Ehen. Da aber – wie bereits erwähnt – die Ehen in vielen Fällen offiziell nicht geschieden werden, sondern man sich einfach ohne amtliche Sanktionen trennt, gibt es keine verlässlichen Zahlen. Die offizielle Scheidungsrate ist sehr, sehr gering, sagt aber überhaupt nichts aus.

Viele Ehen scheitern am **„Jugendlichkeitswahn" der Männer.** Thailändische Männer zeigen eine ausgeprägte Vorliebe für junge Mädchen – z. B. 16 oder 17 Jahre alt – die ihren Sinn für Ästhetik besser befriedigen als ihre vielleicht 40-jährigen Ehefrauen. Dass er selber auch nicht mehr der Jüngste ist, spielt (für ihn) dabei keine Rolle! Die Begriffe „Jugend" und „Schönheit" sind im Verhältnis der Geschlechter von höherer Bedeutung als beispielsweise im Westen. Mit 35 Jahren gilt man in Thailand als alt und weitgehend verbraucht (aus diesem Grunde genießen z. B. thailändische Filmschauspieler/innen nur eine kurzlebige Popularität. Ein Star mit einem „alten" Gesicht lockt keine Zuschauer mehr ins Kino). Sexuelle oder sonstige Attraktivität ist jenseits dieser „Altersmarke" nicht mehr vorstellbar.

Verlassene Ehefrauen haben es nicht leicht, vor allem finanziell. Richterlich angeordnete Unterhaltszahlungen gibt es auch nach offizieller Scheidung kaum; und falls doch, so wird eine eventuelle Nichterfüllung der Zahlungsverpflichtung von den staatlichen Organen kaum verfolgt. Folglich sind viele Frauen mittellos, haben aber ihre Kinder und möglicherweise ihre eigenen Eltern noch zu versorgen. Doch Not macht erfinderisch: Auf sich selbst gestellt, mausern sich viele Frauen zu gewieften Kleinunternehmerinnen, die an Straßenständen Suppe, Süßigkeiten oder sonstiges Essbares verkaufen. Da sie vielleicht nie etwas anderes gelernt haben als zu kochen, bietet sich diese Kleingastronomie am ehesten zum Broterwerb an. Die zahllosen Essensstände an Thailands Straßen sind somit nicht nur Ausdruck der großen Essenslust der Thais!

Viele so in das Unternehmertum gedrängte Frauen entwickeln sich zu gutsituierten Persönlichkeiten, um deren Wohlergehen sie ihre davongelaufenen Ehemänner sehr wohl beneiden könnten. Vom Erfolg der Ehefrau angelockt, kehren nicht wenige Männer urplötzlich zurück, um nun ihrerseits Unterhaltsforderungen zu stellen! Viele Frauen geben dem Druck nach und zahlen ihren untreuen Gatten regelmäßig Summen, die diese zum Teil mit ihren „Nebenfrauen" verjubeln. Die thailändischen Frauen haben sich an derartige Paradoxe längst gewöhnt.

Kein Wunder, dass immer mehr Mädchen oder junge **Frauen von vornherein nach Unabhängigkeit streben.** Wer möchte schon auf Gedeih und Verderb einem Macho ausgeliefert sein? So steht der Bildungsstand der Frauen dem der Männer heute nicht nach und Frauen sind in den höchsten und verantwortungsvollsten Positionen zu finden. In vielen Unternehmen sind in den Chefetagen mehr Frauen als Männer anzutreffen. Das Machotum ihrer Männer zwingt sie dazu, sich durchzuboxen und macht sie zu stärkeren Charakteren, als die Männer es sind. Diese innere Stärke verbergen sie aber geschickt unter der Maske der Anmut, Grazie und Sanftheit, die so eminent wichtige Eigenschaften darstellen. Im Jahr 1926 beobachtete der englische Thailand-Reisende *Reginald le May:* „Obwohl sich der Mann (in Nordthailand) wie überall die Anmaßung herausgenommen hat, sich zum Herren und Meister des Lebens aufzuschwingen, sollte man nicht annehmen, dass die Frau, außer in der Mutterschaft, eine unwichtige und untergeordnete Rolle im Leben spielt." Die Erkenntnis gilt heute mehr als je zuvor.

Natürlich sind – da können die Männerrechtler beruhigt sein – **nicht immer die Herren die Übeltäter.** Viele Frauen reagieren auf die sie umgebende einengende Atmosphäre durch die einzigen ihnen zur Verfügung stehenden Mittel und entwickeln sich zu notorischen, unzufriedenen Nörglerinnen oder furiosen Tyranninnen. Darunter leiden Ehemänner, die es vielleicht gar nicht verdient hätten. Andere Frauen wiederum setzen ihre Attraktivität dazu ein, sich gründlich von ihren Männern aushalten zu lassen und fordern dann Geschenk auf Geschenk und zwischendurch immer wieder Geld. Bleiben die Zuwendungen aus, so wenden sie ihr Interesse einem neuen Opfer zu. Auch dieses Verhalten ist nichts als eine Schlacht im Kampf gegen den Mann. Da die Frau womöglich eines Tages von einer jüngeren, attraktiveren Konkurrentin abgelöst werden wird, verkauft sie sich bis dahin so teuer wie möglich.

Sex, Bordelle und Prostitution: Garten der Gelüste?

„Bevor das Mädchen an ein Bordell verkauft wird, muß es zum Bürgermeister gebracht werden, wo es befragt wird, ob es freiwillig Prostituierte werden will. Oft, obwohl vor Tränen unfähig zu sprechen, wagt es nicht, sich zu widersetzen."

H. S. Hallet, 1890

In Thailand arbeiten Schätzungen zufolge 500.000 bis 1 Mio. Frauen als Prostituierte; selbst „Experten" können sich nicht annähernd auf eine konkrete Zahl einigen. Der Grund ist nicht zuletzt die Tatsache, dass es neben den „regulären Prostituierten" – also z. B. Frauen in Massage-Salons – auch unzählige „Freischaffende" gibt, die offiziell gar nicht zu erfassen sind. Einschlägige Discos und Bars sind voll mit jungen Frauen, die keinerlei Arbeit haben als die, sich von jemandem mitnehmen und nach geleistetem Werk bezahlen zu lassen. Tausende von Studentinnen bieten ihre Dienste an, um sich ein neues Handy oder teure Markenkleidung kaufen zu können.

Prostitution hat eine lange, unglückselige Tradition in Thailand. In seinem Reisebericht „A Thousand Miles on an Elephant" (1890) berichtete der Autor *H. S. Hallet* von zahllosen jungen Mädchen, die von ihren Eltern in Bordelle gezwungen wurden, um so deren Spiel- oder andere Schulden abzuarbeiten. Das ging in den meisten Fällen nicht ohne rohe körperliche Gewalt über die Bühne, denn widersetzte sich ein Mädchen, so „dürfen seine Anverwandten es (mit Duldung der Behörden) fast totprügeln." Starb das Mädchen 15 Tage oder später nach der Misshandlung, so wurde der Tod von offizieller Seite als „nicht

◁ So nicht: Viel Busen darf in der Öffentlichkeit nur eine Schaufensterpuppe zeigen

in Zusammenhang" mit dem Gewaltakt betrachtet, und die Eltern hatten keine Strafverfolgung zu befürchten. Es galt also, möglichst auf Langzeitwirkung zu schlagen. Einmal in den Händen eines gnadenlosen Bordellbesitzers, wurden die Mädchen – so *Hallet* – „Sklaven". Dem Autor verbleibt es, mitleidig anzumerken, dass die Mädchen „im Allgemeinen weitaus anständiger und rechtschaffener" waren als ihre europäischen Standesgenossinnen.

Einen regelrechten Bordell-Boom erlebte Bangkok Mitte des 19. Jahrhunderts. Zu jener Zeit hatten sich Abertausende von chinesischen Einwanderern in der siamesischen Hauptstadt angesiedelt, vor allem in dem Gebiet, das heute als „Chinatown" bezeichnet wird. Die Arbeiter lebten fernab von Frau und Familie, die sie größtenteils in der Heimat zurückgelassen hatten. So entstand eine „Marktlücke", in die junge chinesische Frauen traten, und bald entstanden die ersten Bordelle. Diese konzentrierten sich vor allem am Westende der Sampeng Lane (Soi Wanit), am Schneidepunkt der Stadtteile Sampeng (Chinatown) und Pahurat.

Vor den Bordellen hingen als Markierung grüne Laternen und Sampeng wurde so zu einem berüchtigten „Grünlichtviertel". In dessen Dunstkreis siedelten sich zudem zahlreiche Spielhöllen an, das Viertel wurde bald Treffpunkt dubioser Charaktere.

Die Bordelle breiteten sich bald aber auch über die Grenzen dieses Vergnügungsviertels hinaus aus. Heute ist die Sampeng Lane eine quirlig-lebendige Einkaufsgasse, in der nichts mehr an die verruchte Vergangenheit erinnert. In unmittelbarer Umgebung aber, im geschäftigen Gewühl von Chinatown, besteht die Tradition fort. Hier gibt es noch Dutzende von Bordellen. Sie sind für den Ortsunkundigen so gut wie unidentifizierbar, denn vor dem Eingang hängt heute keine grüne Laterne mehr, sondern ein auf Thai beschriftetes Schild, das besagt *rong naam chaa* – „Teehaus"! Die „Teehäuser" gehören heute in die unterste (sprich billigste und unhygienischste) Kategorie thailändischer Bordelle. „Tee" gibt es dort allerdings nicht.

Thailands Prostitution besteht also mindestens seit Mitte des 19. Jahrhunderts, über die Zeit davor ist nichts Konkretes bekannt. Das ist nicht zuletzt den Burmesen zu verdanken, die bei der Zerstörung Ayutthayas im Jahre 1769 auch alle wichtigen historischen Dokumente haben in Flammen aufgehen lassen. *Nicolas Gervaise* erwähnt in seiner „Histoire Naturelle Et Politique Du Royaume De Siam" (1668) zwar keine Prostituierten, aber „Konkubinen", die adlige Herren neben ihren „Hauptfrauen" zu Gespielinnen nahmen. Diese „Nebenfrauen" waren zuvor meist Sklavinnen gewesen und wurden auch in ihrem neuen Status als Konkubinen nicht selten von der „Hauptfrau" schikaniert. Die „Nebenfrauen" führten allem Anschein nach einen „moralischen Lebenswandel", der nicht zuletzt von der „Hauptfrau" penibel überwacht werden wollte. Beging die „Nebenfrau" einen moralischen Fehltritt (sprich „Seitensprung"), so wurde ihr zum Zeichen der Schande – ähnlich den Gepflogenheiten im Europa jener Tage – der Kopf kahlgeschoren.

Wenn also auch nichts über Prostituierte im 17. Jahrhundert bekannt ist, so war den Männern dennoch schon das Recht zugestanden, sich mit mehr als nur einer Frau abzugeben. Bis zur Tolerierung eines blühenden Bordellwesens war es da nur noch ein kleiner Schritt. Dazu bedurfte es nur noch einer verarmten Unterschicht, die dazu bereit war, ihre Töchter in die Bordelle zu schicken. An dieser Schicht herrschte, wie u. a. auch aus *H. S. Hallets* Beschreibungen hervorgeht, scheinbar kein Mangel. Zu diesen Faktoren kam die thailändische Lebensphilosophie vom *sabai sabai*, die einem Genuss ohne Reue zu frönen vermag. Zum *sabai sabai*, diesem angestrebten Zustand des Wohlig- und Angenehmseins, gehört auch der sexuelle Genuss. (Zumindest was den Mann angeht – wie wir im Kapitel „Frau und Mann" gesehen haben, gilt für Frauen ein anderer Maßstab.)

> *Thailands Prostitution beruht somit auf drei Faktoren:*
>
> *1. der Armut (gepaart mit einem guten Schuss „Gier" nach Materiellem),*
> *2. einer starken Portion Machotum und Chauvinismus,*
> *3. der thailändischen Freude am Genuss.*

Soldaten und Touristen

Als in den sechziger Jahren des 20. Jh. **amerikanische Soldaten** ins Land kamen, fanden sie ein weit verbreitetes Bordellwesen vor. Abseits des Vietnam-Krieges ließ sich in der Gesellschaft von käuflichen Thai-Girls das Leben genießen. Die GIs entdeckten die angenehmen Seiten der thailändischen Lebensphilosophie des *sabai sabai*. Dafür „bedankten" sie sich mit jährlich 400 Mio. Baht, die sie im Lande ausgaben. Das war etwa so viel, wie 250.000 Thais in jenen Tagen verdienten.

Die Ausgabefreudigkeit der Soldaten sprach sich schnell herum und Bar- und Massage-Girls zogen in das Umfeld der amerikanischen Basen und in die Nähe der von den Amerikanern bewohnten Hotels. Die Petchaburi Road in Bangkok wurde so zu einem „amerikanischen Viertel", in dem Dutzende von Bars und Massage-Salons aus dem Boden schossen. Die dollarschweren GIs zogen zwar viele Damen dubioser Natur an, waren aber nicht der Grund für deren Existenz. Ohne die Amerikaner hätten die Mädchen ihr Geld – wie hundert Jahre zuvor auch – bei den eigenen Landsleuten verdient. Verglichen mit diesen aber waren die Fremden ungleich attraktiver: Schließlich konnte man bei ihnen zehnmal so viel einnehmen wie bei den Einheimischen. Zudem war die Hoffnung verbreitet, von einem Soldaten geheiratet und in sein Land mitgenommen zu werden – eine Hoffnung, die sich nur selten erfüllte. Wahrscheinlicher war, dass das Mädchen – möglicherweise mit einem Mischlingskind – in Thailand sitzen blieb. Dauerhafte Ehen gingen aus den Fronturlaubs-Liaisons kaum hervor.

Als der Vietnam-Krieg zu Ende war und die Soldaten zu ihren Familien zurückgekehrt waren, entstand eine klaffende Lücke. Diese sollte jedoch in den 1970er-Jahren durch den ständig wachsenden Tourismus gefüllt werden. Die **„Bumstouristen"** der ersten Stunde fanden eine eingespielte Prostitutions-Infrastruktur vor, die daheim in Europa schnell zur Legende wurde. Der Name Thailand wurde gleichbedeutend mit Sex. Demzufolge waren bis Ende der 1970er-Jahre 75 % aller Thailand-Besucher männlichen Geschlechts – eine Rate, die sich in den letzten Jahren aber immer mehr auf ein 50 : 50-Verhältnis zubewegt hat.

Sex und Prostitution in der thailändischen Gesellschaft

Wie so oft in Thailand, so präsentiert sich auch das Thema Sex von zwei sehr konträren Seiten. Nichts ist in Thailand so, wie es auf den ersten Blick erscheint. Das Herz des angeblichen „Lustgartens" Thailand ist **in Wahrheit konservativ bis prüde.** In ihrem Ursprung ist die thailändische Gesellschaft alles andere als sexuell ausschweifend. Sexuelle Aktivitäten vor der Ehe werden großenteils noch missbilligt und Jungfräulichkeit ist vor allem in den ländlichen Gebieten immer noch ein hohes Gut, das es erst in der Hochzeitsnacht aufzugeben gilt. In einigen Landstrichen war es bis in die jüngste Vergangenheit üblich, junge Burschen, die ein Mädchen berührt hatten, vom Dorfvorsteher mit einer Geldstrafe belegen zu lassen. In den Seidenwebgebieten des Nordostens wurden sogar solche Männer mit einer Geldstrafe bedacht, die den Webstuhl eines Mädchens angefasst hatten. Der Webstuhl wurde als eine Erweiterung des Körpers des Mädchens gesehen, das tagtäglich daran arbeitete. Noch heute ist die öffentliche Berührung zwischen Personen unterschiedlichen Geschlechts verpönt und gilt als unstatthaftes Zeichen sexueller Intimität. Das generelle Berührungsverbot wirkte sich auch auf die thailändische Art des Volkstanzes, den *ram wong* (wörtl. „Gruppentanz"), aus. Zu diesem tanzen die Teilnehmer, ohne sich im Geringsten dabei zu berühren, als eine lose Formation von Einzeltänzern. Welch ein Gegensatz zu den Tänzen, die die Europäer schon vor Jahrhunderten auf die Parkette legten und die

sie in asiatischen Augen folglich als unmoralische Kreaturen erscheinen ließen. In dieser Atmosphäre der Prüderie sollten aber – wieder einmal – die **Männer** besser davonkommen. Voreheliche Beziehungen ihrerseits galten als Sammeln wichtiger Lebenserfahrung. Nur – wo sollte sie gesammelt werden, wenn sie bei ihren Freundinnen, die auf die Erhaltung ihres guten Rufes und ihrer Jungfernschaft erpicht waren, nicht möglich war? In diese Lücken sprangen die „Mädchen mit loser Moral", wie sie in alten Büchern gerne genannt wurden. Prostituierte übernahmen das, was die große Mehrheit der „anständigen" Mädchen nicht gewähren wollte. Bis heute machen die meisten thailändischen Jungmänner ihre **erste sexuelle Erfahrung im Bordell;** der erste Bordellgang gilt als die Einführung in die Welt der erwachsenen Männer. So geschieht es nicht selten, dass die Jungen einer Schulklasse nach der Schulabschlussfeier ihre Männlichkeit im Bordell zelebrieren. Im Zuge der rapiden Zunahme der AIDS-Erkankungen sah sich das thailändische Gesundheitsministerium 1989 gezwungen, derartige Männlichkeitsrituale zu verdammen.

Während die Zahl der Bordellbesucher aufgrund der Krankheitsfurcht tatsächlich zurückging, so änderte sich jedoch nichts an den unglaublich hohen **Prostituiertenzahlen.** Glaubt man den schlimmsten Schätzungen (1 Mio. Prostituierte), so bedeutet dies, dass jede 30. Frau in Thailand als Prostituierte arbeitet. Gemäß einer „Studie" der thailändischen Regierung aus dem Jahre 1997 gab es zu jenem Zeitpunkt nur ca. 70.000 Prostituierte – absolutes Wunschdenken! Die wahre Zahl dürfte, damals wie heute, um ein Vielfaches höher liegen.

Die Prostituierten verteilen sich auf Abertausende von Etablissements, die nicht immer als das erscheinen, was sie in Wirklichkeit sind. In ihrer Kunst, die Wahrheit gut zu verpacken, haben sich die Thais eine Vielzahl von Tarnmethoden einfallen lassen und so gilt ein Großteil der Prostitution als „verdeckte" Prostitution.

Da gibt es auf der untersten Stufe die schon erwähnten *rong naam chaa* oder **„Teehäuser"**. Eine gute Stufe „besser" sind die *rong rääm* oder **„Hotels"**. Sie sind meist an der Nummer in ihrem Namen erkennbar: So gibt es ein „Hotel 19", „Hotel 27", „Hotel 177" etc.

Noch etwas „edler" oder zumindest besser getarnt sind die *rong nuat* oder **„Massage-Salons"**. Hier wird tatsächlich massiert, aber in erster Linie, um den Gast zu weiterführenden Aktivitäten anzuregen. Das Gleiche geschieht in zahllosen Frisörläden *(raan tat phom)*, in denen fast ausschließlich weibliches Personal und *gathoeys* (Transvestiten oder Transsexuelle) beschäftigt sind. Die Kunden sind fast ausschließlich Thais.

Die berühmten **Go-Go-Bars** dienen in erster Linie der Unterhaltung von Touristen, auch wenn dort zunehmend einheimische Gäste zu beobachten sind. In den Go-Go-Bars tanzen leicht bekleidete Mädchen zu Rockmusik auf einer Bühne. Offiziell erhalten sie nur ein Gehalt als Tänzerinnen und Animierdamen, nebenbei verdienen sie aber durch Prostitution. Nach Bezahlung einer „Auslösesumme" an die Bar kann der Gast ein (oder mehrere) Mädchen zu Privatzwecken zu sich laden. Da in den Go-Go-Bars selber nichts „passiert" (mit Ausnahme der Bars, die über spezielle Hinterzimmer verfügen), gelten sie lediglich als Anlaufstelle für „verdeckte Prostitution".

Das Gleiche gilt für die traditionellen *hong ahaan* oder **„Speisesäle"**. Dies sind schummrig beleuchtete Kneipen, in denen bunt kostümierte Sänger und Sängerinnen thailändische Evergreens präsentieren. Dazu wird gegessen und getrunken und zwischen ihren Auftritten animieren die Sängerinnen die Gäste zum Verzehr. Auch hier „passiert" in den Häusern selber nichts, zahlreiche Sängerinnen verdingen sich aber nach Feierabend als Prostituierte. Ähnlich sieht es im Falle der **Karaoke-Bars** aus, in denen die Gäste zu der Playback-Musik bekannter Hits ihre Stimme erschallen lassen (*karaoke* ist Japanisch für „leeres Orchester"). Viele der in den Bars anwesenden Hostessen lassen sich zumeist auch für weitergehende Aktivitäten anheuern.

◁ Keine Extras: Da in Massage-Salons oft mehr passiert als nur Massage, muss man gegebenenfalls gleich an der Tür die Grenzen aufzeigen

Bei diesem Einfallsreichtum an Prostitutions-Varianten dürfte eine Tatsache besonders überraschend sein: **Prostitution ist in Thailand illegal!** Alle mit Prostituierten verbundenen Unternehmen können nur durch monatliche Zahlungen an das örtliche Polizeirevier weiterbestehen. Eine Einstellung der Zahlungen hätte eine sofortige Razzia in dem betreffenden Etablissement zur Folge. Gelegentlich werden Scheinrazzien durchgeführt, die der Erfüllung eines Rufes nach einer „Ausmerzung" des Problems gerecht werden sollen, initiiert von hohen Politikern oder Polizeibeamten. Bei den Scheinrazzien sprechen sich Polizei und Bordellbesitzer vorher ab. Dann werden ein paar Mädchen pro forma mit auf das Polizeirevier genommen und verhört. Dabei gibt es – wie die Fotos in thailändischen Tageszeitungen beweisen – rundum fröhliche Gesichter. Anschließend werden die Mädchen wieder laufen gelassen und der „Fall" versickert sang- und klanglos. Bezeichnenderweise werden bei solchen „Razzien" nur selten die Bordellbesitzer selber festgenommen.

Jedermann in Thailand weiß, dass die Prostitution fortbestehen wird und gelegentlich werden **Rufe nach deren Legalisierung** laut. Die Folge wäre – so die Argumentation der Befürworter – eine bessere gesundheitliche Überwachung der Prostituierten und das Ende des Schmiergeldsystems. In Hat Yai in Südthailand gab es im Jahre 1989 sogar einen „Bordellbesitzerkongress", der ähnliche Forderungen erhob. Der Kongress tagte in einem Fünf-Sterne-Hotel, als wäre es eine Versammlung internationaler Wirtschaftskapazitäten, frei und ungehindert. Hätte die Polizei nach Recht und Gesetz gehandelt, so hätte sie das gesamte Hotel umstellen und alle Kongressteilnehmer festnehmen müssen. Ein Bordellbesitzerkongress in Thailand – das ist nach den Buchstaben des Gesetzes so legal wie ein Mafiosi-Treffen in Chicago.

Einer Legalisierung der Prostitution stehen allerdings die Lehren des Buddhismus im Weg, der diese verbietet. So wird die thailändische Gesellschaft auch in Zukunft mit der Doppelmoral leben müssen.

Der **thailändische „Durchschnittsbürger"** – d. h. in diesem Falle jemand, der weder die Prostitution in Anspruch nimmt noch aktiv zum Gewerbe gehört – sieht die Problematik mit typisch thailändischer Toleranz. Man akzeptiert sie als einen Bestandteil thailändischen Lebens. Was nicht heißt, dass man persönlich etwas damit zu tun haben wollte! Gutbürgerliche Mädchen werden sich hüten, nachts in Bangkoks Patpong-Viertel gesehen zu werden – wer möchte schon in falschen Verdacht geraten? Selbst mit Ausländern auf der Straße gesehen zu werden, bedeutet ein Risiko. Schließlich wird die Mehrheit der Landsleute das Mädchen für ein Go-Go-Girl halten, das sich von ihrem Kunden ausführen lässt.

Die tatsächlichen Prostituierten setzen einiges daran, nicht als solche erkannt zu werden. Das gelingt ihnen aber nur selten, denn Thais haben im krassen Gegensatz zu den Touristen ein untrügliches Gespür dafür, sie zu identifizieren. Sie erkennen sie an der Kleidung, der Sprache und am Habitus.

In den Augen der „normalen" Thais sind **Prostituierte sozial indiskutabel;** kaum ein Mann würde eine solche Frau heiraten wollen. Heiraten können die Mädchen meist nur fernab ihres Arbeitsplatzes, den sie schließlich irgendwann aus Altersgründen aufgeben müssen, irgendwo in ihrer Heimatregion, wo niemand von ihrer Vergangenheit weiß. Prostituierte sind zwar ein willkommenes Ventil für „sexuellen Überdruck", sozialen Dank ernten sie – wie überall auf der Welt – dafür nicht. Falls sie jedoch zu relativ großem Reichtum kommen, haben sie eine Chance, von der Gesellschaft akzeptiert zu werden. Durch ihr Gewerbe verlieren sie zwar ihr „Gesicht", aber das lässt sich durch dadurch gewonnenen Reichtum zum Teil wieder wettmachen. Der Zweck heiligt die Mittel.

An den nötigen Reichtum gelangen aber nur wenige. Zur Kompensation investieren viele ihr gesamtes Geld in teure Kleidung oder auffälligen Goldschmuck. So wollen sie wenigstens nach außen den Anschein von Reichtum erwecken. Die meisten Thais können sie dennoch richtig einschätzen, lassen sich aber nichts anmerken, denn das gebietet der Respekt vor dem „Gesicht" des Gegenübers.

Auch wenn die Thais die Prostitution mehr oder weniger hinnehmen – die Berichterstattung, die darüber durch **westliche Medien** spukt, ver-

◁ Wo die bunten Lichter sind, ist oft auch die Prostitution nicht weit entfernt

letzt ihren Stolz. TV-Dokumentationen westlicher Fernsehstationen sorgen regelmäßig für Aufruhr und versetzen dem nationalen Selbstbewusstsein einen Hieb. Schließlich ist diese „Bloßstellung" genau das Gegenteil von dem, was die Thais instinktiv betreiben: Schutz des „Gesichtes". Durch die westliche Berichterstattung verlieren sie so vor den Augen der Welt ihr „nationales Gesicht".

Prostituierte – wie wird man dazu?

Eine klare Antwort: durch Geldnot. **Armut bzw. zu erfüllende Konsumwünsche** sind die Hauptursachen, die Mädchen zu Prostituierten werden lassen. Demzufolge stellen auch die ärmeren Landstriche Thailands die höchsten Kontingente an Prostituierten. So stammen glaubhaften Erhebungen gemäß 48% der Mädchen aus dem Norden Thailands, 26% aus dem Nordosten, 20% aus den Zentralregionen und nur 2% aus dem relativ wohlhabenden Süden.

Zuhälter erkennen die Notlage natürlich als erste. Zahlreiche Bordellbesitzer schicken Werber in die ärmeren Landstriche – vor allem in den Norden und Nordosten –, die **Eltern ihre Töchter „abzukaufen"** trachten. Unter Versprechungen, dass diese in den fernen Städten viel, viel Geld verdienen könnten, überlassen die Eltern den Werbern die Mädchen – für Summen ab 10.000 Baht, also ca. 210 Euro. In nicht wenigen Fällen sind die Werber Frauen, was bei den Mädchen eher dazu führt, eine Art Vertrauensverhältnis entstehen zu lassen. Die Mädchen, die meistens erst 13, 14 oder 15 Jahre alt sind, sind schüchterne Kinder, die noch nichts von der Welt gesehen haben. Und auch nichts von Männern: In den meisten Fällen sind sie noch Jungfrauen, aber das kommt den Zuhältern gerade gelegen.

Ist das Mädchen „verkauft", so wird es in eine der großen Städte mit ihren zahllosen Bordellen gebracht. Nach Chiang Mai, Udon Thani, Bangkok, Hat Yai oder sonstwo. Dort hat es die an die Eltern **gezahlte Summe abzuarbeiten,** wobei es dem Zuhälter überlassen bleibt, wie viel Baht er pro Kunden anrechnet. Die üblichen Summen liegen bei ca. 100 Baht pro „Short-Time"-Kunden bzw. etwa dem Doppelten bis Dreifachen bei „Long-Time", d.h. einem Kundenbesuch, der die ganze Nacht dauert. In den Bordellen sind die Mädchen fast Leibeigene mit sehr beschränkten Ausgehmöglichkeiten, schlechter bis miserabler Verpflegung und langen „Arbeitszeiten". Gelegentlich werden sie wie Gefangene gehalten und zum Schlaf mit Eisenketten an ihre Betten gefesselt. Als im Jahre 1984 ein Brand ein Bordell in Phuket zerstörte, fand die Feuerwehr in den schwelenden Ruinen die Leichen von fünf an ihre Betten geketteten Mädchen.

Bei ihrer täglichen „Arbeit" haben die Mädchen durchschnittlich 3–7 oder auch mehr Kunden zu bedienen.

Sind ihre Schulden an den Zuhälter abgearbeitet, können sie ihren **Eltern zusätzliches Geld schicken.** Dies legen die Eltern in den meisten Fällen in Konsumartikeln, aber auch in der Ausbildung der jüngeren Kinder an. In nicht wenigen Fällen aber schafft der Geldsegen den Anreiz, noch eine weitere Tochter ins Bordell zu schicken. So mancher Nachbar, der plötzlich mit Neid feststellen muss, was die Eltern dieser Töchter sich alles leisten können, wird dadurch ebenfalls angestachelt, eine seiner Töchter zu opfern. Es beginnt eine Art Sogwirkung. Mehrere Töchter, die als Prostituierte arbeiten, können den Eltern zu komfortablem Wohlstand verhelfen. Es ist ein offenes Geheimnis in Nordthailand, dass viele Besitzer der schönsten Häuser in den Dörfern diejenigen sind, deren Töchter „in der Stadt arbeiten".

Die Mädchen können nur hoffen, ihre jahrelange Bordellarbeit so gesund wie unter diesen Umständen möglich zu überstehen. Die Chancen dafür stehen heute besser als noch vor einiger Zeit, da im Zuge der Angst vor **AIDS** immer mehr Thai-Männer bereit sind, Kondome zu benutzen. Das hat dazu beigetragen, dass die Zahl der HIV-Infektionen in den letzten Jahren zurückgegangen ist; nach diversen derzeitigen Erhebungen sind über 1 Mio. Thais mit HIV infiziert, das sind über 1,5 % der Bevölkerung. Aufgrund der relativ preiswerten antiviralen Medikamente, die HIV-Patienten heute in Thailand erhalten, können viele Betroffene mittlerweile ein recht normales Leben führen. Die übrigen **Geschlechtskrankheiten,** die Thailand mal „berühmt" gemacht haben, z. B. die einst berüchtigte Gonorrhoe, die gegen alle Antibiotika resistent geworden war, sind ebenfalls im Zuge vermehrter Kondombenutzung zurückgegangen. Je nach Standard des Bordells lässt der Besitzer – so wird zumindest oft betont – mehr oder weniger häufig Gesundheitstests an den Mädchen vornehmen, eine Garantie dafür gibt es jedoch nicht. In den besseren (d. h. teureren) Massage-Salons wird diese Regel meist sehr streng gehandhabt und die Tests werden oft von einer Art Vertrauensarzt durchgeführt, denn bei den Arztbesuchen außerhalb, besteht die Gefahr, dass die Mädchen sich das „Gesundheitsprädikat" für 200 Baht kaufen.

In nur sehr wenigen Fällen hat ein Mädchen Glück im Unglück und wird **von einem Kunden geheiratet.** Wahrscheinlicher ist, dass sie sich – seelisch und körperlich verbraucht – irgendwann in ihr Heimatdorf zurückziehen, um dort zu heiraten. Mit ihrem angesparten relativen Wohlstand lässt sich durchaus ein Ehepartner finden. Dieser mag zwar ahnen, was seine Frau in der Stadt getrieben hat, aber die Stadt ist fern und was man nicht weiß ... Wie so oft zählt mehr das, was präsentiert wird und sichtbar ist, als was sich möglicherweise dahinter verbirgt.

Doch **Prostitution ist nicht immer freiwillig.** Manche der zuvor erwähnten Werber segeln unter falscher Flagge und geben sich als Agenten für eine Firma aus, die Angestellte sucht. Den Versprechungen von einem festen, gutbezahlten Job in der Stadt lässt sich nur schwer widerstehen. Am Ende muss das Mädchen erfahren, dass es hilflos in den Klauen von Verbrecherbanden zappelt, aus denen es kaum ein Entrinnen gibt. Auch hier sind die jüngsten Mädchen die gefragtesten. Oder besser gesagt: Jungfrauen. Bevor das neue Mädchen in den regulären Bordellbetrieb aufgenommen wird, wird es für 5000–10.000 Baht einem Kunden zur **Entjungferung** überlassen. Zahlreiche Thais, vor allem solche chinesischer Herkunft, versprechen sich durch die Entjungferung eine „Revitalisierung", daher der hohe Preis. Kein Wunder, dass besonders ältere Männer zu diesem Kundenkreis gehören. Aber auch die Furcht vor AIDS hat Jungfrauen für viele Männer attraktiver werden lassen. Hat das Entjungferungsritual stattgefunden, ist der Marktwert des Mädchens gesunken und es beginnt der triste Bordellalltag. Oft dürfen diese Zwangsprostituierten niemals das Haus verlassen. Gelegentlich kommt es zu Polizeirazzien, bei denen die Beamten (Schmiergelder nicht rechtzeitig erhalten?) die Mädchen aus ihrem Gefängnis befreien. Die Geschichten, die sie daraufhin der Presse zu erzählen haben, lassen schaudern.

Der Zwangsprostitution tut dies aber keinen Abbruch. Bis in die jüngste Vergangenheit bestand in einigen Häusern an der Hualamphong Station in Bangkok ein regelrechter „Fleischmarkt", auf dem Mädchen, die gerade aus der Provinz gelockt worden waren, meistbietend „versteigert" wurden. Es folgte das Bordell. Berüchtigt ist heute der Northern Bus Terminal (Morchit) in Bangkok, an dem Schlepper auf die aus den armen Gebieten des Nordens und Nordostens kommenden Mädchen warten. Die Mädchen entfliehen der Armut ihrer Dörfer und suchen eine Arbeit in der Stadt – die Schlepper wissen dies sehr gut. Unter Versprechungen von gut bezahlten Arbeitsplätzen locken sie die Mädchen in die Klauen einer Gang. Am Ende wartet wieder das Bordell, wo sie durch Folter zur Prostitution gezwungen werden.

Verglichen damit geht es den **Go-Go-Girls** noch recht gut. Auch diese Mädchen stammen aus den ärmeren Regionen des Landes. In den allermeisten Fällen sind sie aber „freiwillig" im Gewerbe. Der Zwang ist „nur" der des Geldes. Oft liegt eine zerbrochene Ehe hinter ihnen und sie haben Kinder zu versorgen. In der Glitzerwelt von Bangkoks Patpong-Viertel, das hat sich herumgesprochen, lassen sich bei den ausländischen Kunden leicht Dollars, Euro und Yen verdienen. Gelegentlich auch, davon träumt man vielleicht, heiratet einen der Gast und nimmt einen mit in seine ach so reiche Heimat. Am Ende ihrer Laufbahn haben die meisten Go-Go-Girls erfahren müssen, dass der Traum ein Traum geblieben ist. Und die wenigen, die tatsächlich ihrem Gast in die Ferne gefolgt sind, kehren meist enttäuscht heim, um alsbald wieder auf der Go-Go-Bühne zu tanzen.

Nicht selten werden Go-Go-Mädchen von ihren eigenen Freunden oder Ehemännern zu ihrer Arbeit angehalten. Diese arbeiten oft als Türsteher der Bars und schanzen dem Etablissement die Kunden zu. Von den Einnahmen der Partnerin lässt es sich bestens leben. Die Go-Go-Girls erhalten ein festes Gehalt von ihrer Bar, das um die 5000 Baht/Monat liegt. Die Bar verpflichtet die Mädchen aber, mindestens eine bestimmte Anzahl von Drinks an die Gäste zu verkaufen; gelingt das nicht, so wird eine bestimmte Summe vom Grundgehalt abgezogen. Zudem haben die Mädchen pro Monat mindestens mit fünf Gästen „auszugehen", für die diese der Bar eine Auslösesumme von ca. 300 Baht zu zahlen haben. Erreichen sie diese fünf Kunden nicht, so werden ihnen pro fehlendem Kunden 300 Baht vom Grundgehalt abgezogen. Zudem wird Unpünktlichkeit bestraft. Da die meisten der Go-Go-Bars von Westlern (bzw. deren thailändischen Strohmännern) gemanagt werden, herrscht westliche Disziplin: In vielen Bars wird für jede Minute, die ein Mädchen nach dem offiziellen Arbeitsbeginn erscheint, eine kleine Geldstrafe erhoben.

Finanziell geht es den Go-Go-Mädchen doch relativ gut und Monatseinnahmen von 50.000 Baht oder mehr sind keine Seltenheit. Ein Teil des Geldes wird zur Familie geschickt, wo es unter anderem die Schulausbildung der jüngeren Geschwister bezahlen hilft, die es einmal besser haben sollen. Nicht selten aber wird das schwer erarbeitete Geld in endlosen Spielrunden verzockt und die Mädchen stehen wieder vor dem Nichts. Oder aber ihr nichtsnutziger Freund/Ehemann/Beschützer/Zuhälter zieht ihnen das Geld aus der Tasche, um sich damit einen ihm würdigen Lebensstil zu gönnen.

Nicht wenige Mädchen brechen unter dem Arbeits- oder sonstigen Stress zusammen und suchen Zuflucht bei **Alkohol oder Aufputschmitteln.** (Letztere heißen auf Thai *yaa maa*, „Pferdemedizin", und werden aufgrund vieler unter Einfluss dieser Drogen begangenen Wahnsinnstaten auch *yaa baa* genannt, „verrückte Medizin". Siehe auch Kapitel „Auf der Lauer: Ganoven, Schurken & Konsorten".) Nur wenige der Mädchen in den Go-Go-Bars von Patpong ertragen ihren Job in nüchternem Zustand.

Am Ende – wenn Körper und Seele dauerhaft zerstört sind – bleibt den Mädchen nur die **Rückkehr in ihre Dörfer.** Vielleicht haben sie auch inzwischen einen „guten" Ehemann gefunden, d. h. einen, der sie nicht ausbeutet und schlägt, sondern sogar für sie arbeitet. Ansonsten bleibt ihnen noch die Funktion einer *mama sarn*, einer Art Aufseherin, die den Barmädchen vorangestellt ist. Nicht jede, die einmal Bar-Girl war, kann aber *mama sarn* werden, so viele braucht man nicht.

Sexuelle Grenzgänger: gathoey

Nicht alles ist in Thailand so, wie es auf den ersten Blick erscheint. Das gilt auch für manche schöne „Frau", nach der sich die Männer auf der Straße die Hälse verrenken. Thailand ist die Heimat einer **auffallend hohen Zahl von Transsexuellen oder Transvestiten,** den *gathoey*. Diese sind – so sagen viele Thais – oft schöner als die „echten" Frauen.

Jedes Jahr lassen sich wahrscheinlich Hunderte von jungen Männern operativ zu Frauen machen. Thailändische **Geschlechtsumwandlungs- und Schönheitschirurgen** gehören zur Weltspitze und leisten eine solch perfekte Arbeit, dass es oft auch bei genauester Inspektion nicht auffällt, dass die Dame vor kurzem noch ein Herr war. Die Thais, ein Volk von Ästheten, haben in ihrer Geschichte hervorragende Handwerker hervorgebracht – die Chirurgen sind somit Teil einer langen, auf vollendete Schönheit ausgerichteten Tradition. Einige thailändische Kliniken ziehen sogar Ausländer an, die sich hier – preiswerter als im Westen – einer Geschlechtsumwandlung unterziehen. Eine der kompetentesten Kliniken in diesem Metier findet sich in Phuket und so lässt sich die lang ersehnte Operation noch mit einem angenehmen Urlaub verbinden. Die Klinik wirbt sogar im Internet für ihre Geschlechtsumwandlungen. Bei den Operationen werden aus den männlichen Geschlechtsteilen die weiblichen geformt, der verräterische Adamsapfel wird entfernt und Hormone und Silikon „runden" die neue Identität durch Brüste ab.

Mit dieser neuen Identität ist oft aber – außer der „Schönheit" – nicht viel gewonnen. Zahlreiche *gathoey* verdingen sich als **Prostituierte,** da sich schwer ein anderer Job finden lässt. Touristen können zwar häufig *gathoey* nicht als solche erkennen, die meisten Thais können das jedoch sehr wohl. Wer Glück und Talent hat, erhält möglicherweise in einem der zahlreichen **Transvestiten-Kabaretts** von Bangkok, Phuket oder Pattaya eine Chance.

Nicht wenige *gathoey*, die als Prostituierte enden, gleiten in die **Kriminalität** ab. Diebstähle und Raub sind keine Seltenheit und in der Vergangenheit wurde so mancher „Freier", der sich zum trauten Stelldichein in Bangkoks Lumpini-Park begeben hatte, am nächsten Morgen mit durchgeschnittener Kehle aufgefunden. Aufgrund zahlreicher krimineller Vorfälle entschied die Stadtverwaltung, den Park abends ab 20.00 Uhr zu schließen.

Viele *gathoey*, die sich prostituieren, tun dies in den Amüsiervierteln, die von ausländischen Touristen besucht werden. Diese – so stellen die Thais immer wieder schmunzelnd fest – bemerken meist gar nicht, mit wem sie es zu tun haben – nochmals ein Kompliment an die Chirurgen! In der thailändischen Gesellschaft werden die *gathoey* **wesentlich tole-**

ranter behandelt** als beispielsweise Transsexuelle im Westen. Man sieht Mütter, die mit ihren fesch herausgeputzten Gathoey-Söhnen (Töchtern?) auf dem Markt einkaufen gehen, ohne dass es einem von beiden sonderlich peinlich wäre; *gathoey* singen auf den Bühnen von thailändischen Kneipen und werden mit mehr Beifall und Geschenken überhäuft als ihre Kolleginnen; Schulkinder antworten auf die Frage, wie viele Schüler in ihrer Klasse wären, wie selbstverständlich mit „12 Mädchen, 14 Jungs und 2 *gathoey*" (Das sind in diesem Alter meist Transvestiten, also als Frauen verkleidete Männer, keine Transsexuellen, die sich einer Geschlechtsumwandlung unterzogen haben.)

Die Toleranz hat ihren Grund: Die auf allgegenwärtige Schönheit erpichten Thais sehen die *gathoey* als das, was sie an der Oberfläche sind – hübsche, graziöse Wesen, die den Vergleich mit ihren Schwestern nicht zu scheuen brauchen. Mit anderen Worten: **Alles ist akzeptabel, nur schön muss es sein!** Außerdem wurde früher in manchen Familien, in denen nur Söhne geboren worden waren, der jüngste Sohn wie ein Mädchen angezogen und auch als solches behandelt. So brachte man ein wenig mehr Schönheit und Anmut in die Familie.

Korruption: Hilfst du mir, so helf ich dir!

„... dennoch kann man (den Gouverneuren) nicht immer die Ehre erweisen, ihnen zu trauen, und der König entsendet häufig Kommissionen in die Provinz, um festzustellen, wie sie ihre Pflicht erfüllt haben ... Wenn sie der Veruntreuung oder einer anderen strafbaren Handlung überführt werden, haben diese Kommissionare das Recht, sie vor Gericht zu stellen und zum Tode zu verurteilen."

Nicolas Gervaise, 1688

Wegen Korruption zum Tode verurteilt, so wie es im 17. Jahrhundert Usus war, wird heute niemand mehr. Wäre das der Fall, so würde der Staatsapparat wohl vieler seiner Köpfe beraubt werden. Vielleicht, so ließe sich befürchten, bliebe nur eine kleine Minderheit von Staatsangestellten am Leben. So wie sicherlich Bangkoks ehemaliger Gouverneur *Chamlong Srimuang*, ein aufrechter Mann von Gandhi-haftem Asketentum, der ein leuchtendes Beispiel an Unkorrumpierbarkeit bot. Doch solche Persönlichkeiten sind die Ausnahme; die Korruption hat alle Amtsstuben erfasst. Obwohl die Thais sehr stolz auf die Tatsache sind, dass sie immer ein „freies" Land geblieben sind, so entzieht ihnen die Korruption jedoch

wieder ein großes Maß an Freiheit: Wirklich frei ist nur der, der durch seine Machtposition oder durch seinen Reichtum unantastbar ist und machen kann, was er will. Der normale thailändische Bürger ist oft hilflos korrupten Beamten oder Polizisten ausgeliefert; so muss er beispielsweise „tea money" zahlen, um irgendwelche notwendigen Papiere zu erhalten, oder er sieht sich raffgierigen Polizisten ausgesetzt, die ihm ein fiktives Vergehen unterstellen und um Geld erpressen. Gemäß einer Erhebung im Jahr 2009 gilt die Polizei als das korrupteste Staatsorgan im Land – in den Augen der Bevölkerung ist die Polizei eher eine „kriminelle Vereinigung" als eine Organisation zur Aufrechterhaltung der öffentlichen Ordung. Haben die „Ordnungshüter" dennoch jemanden erwischt, so hat der Ertappte möglicherweise doch noch eine Chance davonzukommen: Gerichtsverfahren werden oft durch Bestechung entschieden.

Im Zusammenhang mit dieser **allgegenwärtigen Korruption** hatte sich thailändische (unkorrupte?) Politiker 1990 zu einer grandiosen Idee durchgerungen: In Bangkok sollte ein Amt eröffnet werden, in dem korruptionsgeschädigte Bürger ihre geleisteten Schmiergeldzahlungen einklagen könnten. Der Vorschlag gab zu einigen bizarren Vorstellungen Anlass. Könnten die dortigen Beamten möglicherweise wiederum vor Bürgern Bestechungsgelder verlangen, um eine möglichst hohe Schadenersatzforderung durchzubekommen? Wäre das Amt nicht quasi eine Anerkennung des Phänomens Korruption?

Wie andere wenig durchdachte Ideen thailändischer Politiker, so wurde auch diese von der thailändischen Presse mit einer gehörigen Portion Spott bedacht, um alsbald sang- und klanglos in Vergessenheit zu geraten.

◸ Wer die Uniform hat, oder in diesem Fall die Pfeife, hat auch meist das Sagen

▷ Die meisten Straßenhändler müssen bei Polizei oder Ordnungsamt kleine Schmiergelder abdrücken

Die Korruption besteht aber weiter und das hat seine Gründe. Thailändische Beamte haben zwar offiziell die Ehre, die „Vertreter der Krone" zu sein, bekommen aber verhältnismäßig **bescheidene Gehälter.** Die wollen aufgebessert sein. Einfache Polizisten beispielsweise würden ohne Nebeneinkünfte kaum über die Runden kommen; so wissen thailändische Autofahrer auch, dass zum Monatsende, wenn sich der Kontostand gegen Null wendet, die Polizisten mit Strafzetteln besonders schnell zur Stelle sind. Für die Strafzettel wird natürlich keine Quittung ausgestellt.

Zur Unterbezahlung kommt eine gute Portion asiatischen **Clan-Denkens** hinzu. Freunden, guten Bekannten oder Familienmitgliedern wird gerne „eine Gefälligkeit" getan, auch wenn das den Bereich der Legalität überschreiten sollte. Einen guten Freund auf hohem Posten sitzen zu haben, ist lebenswichtig. So ist es kein Geheimnis, dass Personen mit höchsten Verbindungen oft absolut freie Hand haben und dunklen Machenschaften nachgehen, ohne belangt werden zu können. Die sie deckenden Beamten fahren dafür Mercedes und leben in luxuriösen Häusern – der Lohn der Korruption.

Als drittes Element neben der Cliquenwirtschaft und der Unterbezahlung kommen **Konsumwünsche** hinzu. Geld und Statusobjekte sind in Thailand von größerer Bedeutung als in vielen anderen Ländern – die Folge einer streng hierarchischen Klassengesellschaft, in der man mit allen Mitteln versucht, zu den Oberen zu gehören. Dazu kommt ein starker Verfall der ethischen Werte, der von einigen weitblickenden Mönchen mit wachsender Sorge beobachtet wird. Wenn Geld das Maß aller Dinge wird, so sind der Korruption Tür und Tor geöffnet.

Die Korruption erfasst jeden Lebensbereich und bildet eine Art „zweites Gesetz". Nur durch sie können die Abertausende von **Bordellen, Massage-Salons und Bars** im Lande existieren. Es ist bekannt, dass die Klagen von Touristen, die in den Bars von Bangkoks Patpong-Viertel ausgenommen wurden, von den dortigen Polizisten mehr oder weniger abgewimmelt werden – schließlich zahlen die Bars ihnen hohe Monats-„gehälter". Im Jahre 1990 behauptete das für Patpong zuständige Polizeirevier auf die Anfrage von Politikern hin, dass es Go-Go-Bars und „Live-Shows" dort „mit Sicherheit nicht gibt". Korruption macht blind.

Die **Genehmigungen für Haus- oder Hotelbauten** werden oft auf illegalem Wege bezogen, was gelegentlich später – wenn die Gebäude schon stehen – auffällt. Nur so konnten Hotelbauten an die Küste von Phuket gesetzt werden, die gemäß den Bauvorschriften viel zu hoch gebaut wurden und die Landschaft verschandeln. Auf den idyllischen Phi Phi Islands wurden die meisten der großen Bungalow-Anlagen mit illegalen Baugenehmigungen errichtet und nehmen weite Teile der eigentlich geschützten Natur in Beschlag. Auf Ko Samet, einer Insel, die unter Naturschutz steht, dürften eigentlich auch keine Bungalows stehen.

Von zahlreichen Drogenfahndern in Thailand ist bekannt, dass sie beschlagnahmte Drogen zum Teil weiterveräußern.

Die Liste von Korruptionsbeispielen ließe sich noch endlos fortführen. Glücklicherweise werden **Touristen** nur selten mit dem Problem konfrontiert, für sie bleibt es unsichtbar. Anders **Geschäftsleute.** Kaum eine ausländische Firma wird ohne Schmiergeldzahlungen auskommen können, europäische Bar- oder Hotelbesitzer schmieren ebenso wie ihre einheimischen Kollegen. lernen schnell und passen sich den örtlichen Gepflogenheiten alsbald an. Auch wenn ihnen das „im Prinzip" widerstrebt. Ohne Schmiergeldzahlungen geht das Business nicht voran; möglicherweise werden gar solche Stolpersteine in den Weg gelegt, dass man das Geschäft aufgeben muss.

In Geschäftskreisen ist es durchaus nicht ungewöhnlich, einen potenziellen Vertragspartner zwecks „guter Geschäftsbeziehungen" zu einem ausgedehnten Barbesuch zu laden. Darauf erfolgt, das will das Ritual, ein Abstecher in einen möglichst edlen Massage-Salon. Je nobler das Etablissement, desto besser sind die Aussichten für den erhofften Vertrag. Auch thailändische Politiker – so munkeln böse Zungen – lassen sich bei Besuchen in der Provinz mit reichlich Wein, Weib und Gesang vergnüglich stimmen. Sie kosten ein wenig von der örtlichen „Frucht".

Interessanterweise ist die **englische Vokabel corruption** eines der wenigen Fremdwörter, das die Thais übernommen haben. Eine thailändische Vokabel wird nicht benutzt. Daraus ist aber nicht zu schließen, dass es Korruption vor dem Kontakt mit den Europäern nicht gegeben hätte. Wahrscheinlicher ist, dass die Thais – in ihrem Hang zur Harmonie und ihrer Neigung, alles Unangenehme zu kaschieren – das Problem nicht gerne beim Namen nennen. Folglich wird das „Nehmen von Schmiergeld" euphemistisch als *kin ngön* bezeichnet, d. h. „Essen von Geld."

Land und Stadt:
die Beschaulichkeit und das Monster

„Reise in den Dschungel oder auf die Felder und wahrscheinlich findest du dort den Einheimischen bei der Arbeit, um seinen Lebensunterhalt zu bestreiten; (und du siehst,) wie er sein Dasein auf einfachste Weise fristet."

Ernest Young, 1898

Bis Mitte der 1980er-Jahre waren 65% der thailändischen Arbeitskräfte in der Landwirtschaft tätig, die meisten davon auf eigenem Grund und Boden. Als Folge des ungeheuren Wirtschaftswachstums, das Thailand seit Ende der 1980er-Jahre zu verzeichnen hatte (jährliche Zuwachsraten von teilweise über 10%), sank dieser Anteil Anfang des dritten Jahrtausends auf etwa 50%. Die Zahlen können wohl nie ganz genau sein, da viele Landbewohner außerhalb der Ernte- oder Pflanzzeiten sich auch als Verkäufer, Taxi- und Tuk-Tuk-Fahrer verdingen. Angelockt von den guten Gehältern, die die Wirtschaftsunternehmen in den Städten boten, verließen Abertausende ihre Dörfer. Neben höheren Einkommen erhofften sie sich bessere Arbeitsbedingungen, denn das *tham naa,* das Bestellen der Felder, vor allem mit Reis, erfordert einen starken körperlichen Einsatz, der die Menschen vorzeitig altern lässt.

Doch **Landflucht ist kein neues Phänomen.** Schon vor Jahrzehnten durchforsteten die Agenten von Fabriken die ländlichen Gebiete nach Arbeitskräften. Die Aussicht auf ein festes Gehalt, das die von zahlreichen Faktoren abhängige Landwirtschaft nicht bieten kann, lockte zahlreiche junge Männer in die Städte. Die Werber bekamen eine Art „Kopfprämie" für jeden Neuzugang in ihrem Betrieb. Am Ort selber entpuppte sich so manche angepriesene Arbeitsstätte als stickiger „sweat shop" – eine menschenunwürdige „Schweißbude", in der die Arbeiter einen harten 10- oder 12-stündigen Arbeitstag abzuleisten hatten. Die Betreiber dieser Arbeitslager sind oft *tauké,* wohlhabende chinesische Geschäftsleute.

Waren die ersten Landflüchtlinge in der Regel Männer, so folgten ihnen bald die Frauen. Traditionellerweise hatten bei den Eltern von jungen Mädchen tief sitzende Einwände dagegen bestanden, ihre Töchter ohne Aufsicht in die „unmoralische" Großstadt ziehen zu lassen. Diese wurden umgangen, indem die Firmen weibliche Werberinnen in solche Dörfer entsandten, in denen sie über irgendwelche Beziehungen verfügten, z.B. familiäre. Das schuf Vertrauen in der betreffenden Dorfgemeinschaft. Die Werberinnen erklärten sich bereit, eine Art elterliche Schutzfunktion für

die Mädchen zu übernehmen, wofür sie allerdings einen Teil des Gehaltes ihrer Schützlinge einbehielten. Unter den Versicherungen der Werberinnen brachen die letzten Ressentiments gegen das Abwandern der Töchter in die Stadt; und mit den ersten Lohnzahlungen, die die Töchter ihren Eltern überwiesen, wuchs auch die Bereitschaft noch skeptischer Eltern, ihrerseits die Töchter ziehen zu lassen. Ein forsches Moped und ein blitzender Kühlschrank haben mehr Überzeugungskraft als viele leere Worte.

Die Landflucht hält bis heute an und ein Ende ist nicht abzusehen. Ihre Ursache ist einerseits reelle Armut, andererseits der wachsende Wunsch nach Konsum. Die meisten Landflüchtlinge stammen aus dem Norden und dem Nordosten des Landes, den ärmsten Regionen. Der Nordosten, Issaan, gilt als das **Armenhaus Thailands,** eine weite, dürre Ebene, in der oft nur Kärgliches wächst. Periodisch gibt es gar erschreckende Szenarien: Bleibt der Regen aus und hat die Dürre die erwartete Ernte zerstört, so greifen die Bewohner der Notstandsgebiete nicht selten zu Ersatznahrung wie Fröschen, Heuschrecken, Käfern, Maden und Rinde. Kinder picken Ungeziefer aus Büffelmist, um aus ihnen eine Mahlzeit zu gewinnen. Bilder wie von klassischen Hungerkatastrophen, nur, dass man diese in westlichen Medien kaum jemals zu sehen bekommt. Welch ein Kontrast zu Bangkok, wo an jeder Straßenecke Berge von Nahrung auf Hungrige warten!

Zu der – in Grenzen vorhandenen – Armut gesellt sich der **steigende Wunsch nach Konsum und Luxus.** Das thailändische Fernsehen und somit auch die Werbung erreicht auch das abgelegenste Dorf. Die im Fern-

◿ Dümpelidyll: Der Gegensatz zwischen dem Lande und Bangkok ist dramatisch, als lägen Jahrzehnte dazwischen

sehen gezeigten Werbespots sind oft kleine ästhetische Wunderwerke, die durchaus Weltstandard haben. Dementsprechend verfehlen sie nicht ihre Wirkung. Eine Vielzahl der Werbespots zielt auf den „Statuswert" ihrer Produkte ab, was in einer extrem status- und standesbewussten Gesellschaft wie der thailändischen natürlich voll ins Schwarze trifft. Zu der Armut und den Kaufwünschen kommen die Geldlöcher, die die hedonistische Lebensweise in die Finanzkasse der Thais reißt. In vielen Landfamilien herrscht chronischer Geldmangel, da man über seine Verhältnisse lebt. Das wenige, das man hat, zerrinnt zwischen den Fingern.

Die Stadt bietet in vielen Fällen die Lösung des Finanzproblems. Arbeit gibt es relativ viel und die höheren Löhne, die man dort erhält, werden zum großen Teil nach Hause geschickt, wo es – aufgrund der niedrigen Lebenshaltungskosten – effektiv mehr wert ist. „Stadt", das bedeutet in vielen Fällen Bangkok, die größte Stadt des Landes. Bangkok ist ca. dreißigmal so groß wie die zweitgrößte Stadt des Landes, Chiang Mai, und ca. fünfzigmal so groß wie die drittgrößte, Hat Yai. Zwar haben auch die kleineren Städte, z. B. Khorat, Udon Thani, Chiang Rai, Phuket etc., eine erhebliche Sogwirkung auf das Hinterland, der Lebensstil ist hier aber nicht so extrem unterschiedlich zu dem, den man vom Lande her gewohnt ist. Anders in Bangkok.

Bangkok hat die stärkste Anziehungskraft, nicht etwa der vielen Sehenswürdigkeiten wegen, sondern aufgrund der guten Arbeits- und Verdienstmöglichkeiten. In Bangkok lässt sich ein Vielfaches dessen verdienen, was man auf dem Lande erhält. Die enormen Verdienstunterschiede zwischen z. B. dem Nordosten und Bangkok erklären unzweifelhaft die Zuwanderung in die Hauptstadt. Diese drückt sich beeindruckend in Zahlen aus: Offiziell hat Bangkok ca. 8 Mio. Einwohner; nach ernst zu nehmenden Schätzungen aber liegt die tatsächliche Einwohnerzahl aufgrund von unregistrierten Zuwanderern weit über 10 Mio.

Diese hohe Zahl von Zuwanderern ist mitverantwortlich für die explosive Entwicklung, die die „Stadt der Engel" in der jüngsten Vergangenheit erlebt hat: Ca. 2 Mio. Fahrzeuge quälen sich durch die ewig verstopften Straßen, die lediglich 8 % der Stadtfläche einnehmen (20–25 % sind bei Metropolen dieser Größenordnung die Norm); die Märkte und Straßen quellen über vor Menschen, die sich an Abertausenden von Straßenständen vorbeidrängen müssen; und die städtischen Behörden resignieren vor den Müllbergen, die sich vor ihren Augen auftürmen. Die Müllbeseitigung kommt mit dem Bevölkerungswachstum nicht mehr mit, daher wird nicht von allen Einwohnern der Müll entsorgt. Von den täglich gesammelten über 4000 Tonnen Müll bleiben oft Hunderte Tonnen unbeachtet liegen. Das Ergebnis stinkt zum Himmel oder landet in den Klongs und in dem

---

Extrainfo 10 (s. S. 7): Die offizielle Bezeichnung für Bangkok ist der längste Städtename der Welt. Den Text dieses Liedes bildet der Name der Stadt, der in einer Endlosschleife gesungen wird.

ehemaligen „König der Flüsse", dem einst so majestätischen Chao Phraya. Dieser kann sich heute eher „Müllkönig" nennen. Biologisch ist er fast tot. (Ähnlich schlecht sieht es mit der Müllentsorgung in Chiang Mai und Ko Samui aus.)

Zum Verkehr, der Enge und dem Müll kommt eine der schlimmsten Luftverschmutzungen der Welt. Diese beruht vor allem auf den Abgasen der Fahrzeuge. In den verkehrsreichen Stadtteilen Pattunam, Yaowarat (Chinatown) und Wong Wien Yai (Taksin Circle) wurden Luftverschmutzungswerte gemessen, die fünfmal über der vertretbaren Höchstgrenze lagen. Bei Kindern, die in den oben genannten Stadtteilen aufwachsen, wurden Bleiwerte im Blut festgestellt, die eine retardierte Entwicklung des Gehirns befürchten lassen.

All dies macht Bangkok für den Landmenschen zu einem ungeliebten Monster. Die Ruhe, Beschaulichkeit und persönliche Wärme, die er vom Dorf her kennt, fehlen hier. Viele der Zuwanderer leiden unter **Vereinsamung,** da sie ihre Familien aus finanziellen Gründen daheimgelassen haben. Diese Vereinsamung ist eines der Hauptthemen der modernen thailändischen Literatur. Zudem bietet das moderne Bangkok mit seiner relativen moralischen Freizügigkeit eine Art „Kulturschock". Der trifft vor allem die konservativ erzogenen und zumeist nur wenig gebildeten Bewohner des Nordostens. Wie bei jedem Kulturschock kommt es zu einem Wertezusammenbruch und ein neues Wertesystem muss erst mühsam aufgebaut werden.

Bei aller Entfernung zum Heimatdorf, so wird doch jede Gelegenheit genutzt, dorthin zurückzukehren, und sei es nur für ein oder zwei freie Tage. In der fremden Stadt hat man permanentes **Heimweh;** die Thais nennen diesen Zustand *khit thüng baan,* wörtlich das „Denken an Zuhause". Die Thais sind ihren Familien – Brüdern, Schwestern, Vater, Mutter, Onkel, Neffen etc. – lebenslang innig verbunden. Eine „Abnabelung" wie bei den Westmenschen gibt es nicht. Zu den Feiertagen sind meist alle Züge in die Provinzen lange im Voraus ausgebucht, alle wollen heim. Zahlreiche Sonderbusse werden eingesetzt. Sie sind voll mit Passagieren, die mit Trommeln, Schellen, anderen Musikinstrumenten und freudigem Gesang der Heimat entgegenbrausen.

Für immer möchte wohl niemand von ihnen in der Stadt bleiben, sie ist nur eine Lösung auf Zeit. Man hasst es, in angemieteten Wohnungen oder Apartments zu leben, nichts ist den Thais so wichtig wie ein eigenes Haus, in dem sie mit der ganzen Familie leben können. Wenn in der Stadt genügend Geld gespart worden ist, wird man sich wohl irgendwann wieder **in das Heimatdorf zurückbegeben,** um dort für immer zu bleiben. Denn dort hat man seine Wurzeln.

Die Höflichkeit: ein Zeichen von Charakter

„Die Höflichkeit gebietet es, daß sogleich zu Beginn der Konversation Areca-Nuß und Betel gebracht werden, und der Herr des Hauses offeriert diese höchstpersönlich in einem Gold- oder Silbergefäß den Besuchern von hohem Range ... während seine Diener diese in einem gewöhnlichen Gefäß den Gästen von weit geringerem Stande zu reichen haben ..."

Nicolas Gervaise, 1688

Es ist noch nicht lange her, da galt auch in Thailand England als die Heimat der *phuu dii,* der „Gentlemen". Das Image des noblen Briten hatte sich durch Generationen von Schulbüchern fortgepflanzt. Dieses Bild hat sich in den letzten Jahren aufgrund der Aktivitäten von Fußball-Hooligans o. Ä. merklich zum Negativen gewendet. Wer die Thais in ihrem alltäglichen Umgang miteinander beobachtet, kommt zur Erkenntnis, dass sie, in ihrer Gesamtheit gesehen, wohl mehr „gentleman-" oder „lady-like" sind, als es die Briten jemals waren.

◁ Verkehrsstau und Blechlawine: Alltag in Bangkok

Höflichkeit ist in Thailand eine **essenzielle Tugend.** In ihr drückt sich der Respekt aus, der jeder Person gezollt werden will. Die Thais sind stolze Persönlichkeiten, die als solche geachtet werden wollen und ihrerseits ihren Mitmenschen die gleiche Achtung zukommen lassen. Dass Höflichkeit dabei häufig zu leeren Floskeln oder Verhaltensmustern degeneriert, ist kein spezielles Thai-Phänomen, sondern für alle Gesellschaften gültig. Den Thais ist das egal: Es ist sicherlich besser, eine höfliche Hülle zu zeigen, unter der sich möglicherweise ganz anderes verbirgt, als offen rüde zu sein. Die gezeigte Höflichkeit ist somit eine verwobene Mischung aus echtem Respekt und einer leeren sozialen Konvention, die erfüllt sein will. Auch das gilt für andere Gesellschaften, nur fällt das Mischungsverhältnis in Thailand wahrscheinlich eher zu Gunsten des Respektes aus.

Die Höflichkeit ist den Thais tief in den Charakter geprägt, sie gilt als **Merkmal einer überlegenen, respektablen Persönlichkeit.** Diese Höflichkeit ist es z. B. auch, die thailändisches Dienstleistungspersonal zu einem der besten der Welt macht. Thailändische Kellner, Serviererinnen, Hotelangestellte etc. zeigen alle positiven Eigenschaften, die man von ihnen erwarten kann: unaufdringliche Effizienz, einen dezent-leisen und immer höflichen Service, perfekte Manieren, Ruhe und Besonnenheit auch in den kniffligsten Situationen. All diese Eigenschaften sind mit ein Grund für den großen touristischen Erfolg des Landes.

Gelegentlich kann die Höflichkeit aber auch in eine Art Unterwürfigkeit ausarten, was für alle Beteiligten unangenehmer ausfällt. Diese Unterwürfigkeit ist eher bei Frauen anzutreffen als bei Männern; so ist es auch nicht verwunderlich, wenn Frauenrechtsorganisationen immer wieder darüber klagen, dass thailändische Prostituierte oder Hausangestellte im Ausland mehr unter Übergriffen leiden als beispielsweise ihre philippinischen Kolleginnen. Thailänder sind ungleich nachgiebiger und „serviler" und daher leichter Opfer von Ausbeutung.

Bei aller Höflichkeit, so sind doch auch innerhalb des Landes unter der verschiedenen regionalen Bevölkerungsgruppen graduelle „Höflichkeitsunterschiede" festzustellen. Diese werden zwar leicht zum Klischee, enthalten aber dennoch einen guten Kern Wahrheit. Die **Südthais** z. B. gelten als weitaus „direkter" als alle anderen. „Direkter" ist oft aber nichts als eine dezente Umschreibung für „grob" oder „unhöflich". Tatsächlich legen die Südthais weniger Wert auf höfliche Floskeln, sie sind eher geneigt, so zu handeln, wie es ihnen ihr (oft explosives!) Inneres gebietet. Zum Ausgleich kann dann ihre „echte" Höflich- und Freundlichkeit erdrückend großherzig sein. Diese relativ direkte, nicht immer höfliche Art der Südler erklär sich zum einen aus deren starkem Unabhängigkeitsgefühl, zum anderen aus deren naturgegebenem Wohlstand. Bis ins 20. Jahrhundert hinein

fühlten sich die Südthais nie so recht zum „Rest" des Landes gehörig und im Grenzgebiet zu Malaysia gibt es sogar immer noch versprengte Bewegungen, die auf ein unabhängiges (moslemisches) Territorium abzielen. Zudem segnete die Natur Südthailand überschwänglich und es gab von jeher kaum jemanden, der nicht von seinem eigenen Stück Land hätte leben können. Das machte den Südler stolz und unbeugsam. Nach Höflichkeitsfloskeln steht ihm demnach nicht der Sinn.

Anders die **Nordthais.** Sie lebten in der Vergangenheit in einer stark feudalen Gesellschaft, in der das (Höflichkeits-)Ritual einen festen Platz einnahm. Zudem wurde hier die thailändische Kultur geprägt, die vor allem auf der Religion und der Ästhetik beruht. Die beiden wiederum fordern geradezu eine Haltung von Respekt und Höflichkeit. Die Nordthais gelten somit als Ebenbild von Grazie, Sanftmut und Höflichkeit und selbst ihre Sprache ist langsamer und weicher als die in anderen Regionen. Geografisch und „geistig" sind die Nordthais somit der exakte Gegenpol zu den Südthais.

Kulturell etwas weniger „geschliffen" sind die **Bewohner des Nordostens.** In dieser weiten, kargen Ebene hat sich eine rustikale Kultur entwickelt, die weniger von raffinierten Höflichkeitsritualen als von ungekünstelter, herzlicher Freundlichkeit gekennzeichnet ist. Die Einwohner des Nordostens sind bei ihren Landsleuten in den Städten, vor allem in Bangkok, als so etwas wie „die derben Vettern vom Lande" verschrien, die, die man nicht gerne mit nach Hause bringt, weil sie sich nicht zu benehmen wissen. Ihre gelegentlich fehlende Weltgewandtheit machen die Nordostthais jedoch durch ihre Freundlichkeit und ihren den Lebensumständen trotzenden unendlichen Humor wett.

Na ja, und die **Bangkoker** schließlich sind ein bisschen von allem, schließlich wohnen hier Zuwanderer aus allen Regionen. In Bangkok trifft sich der höflichste thailändische *phuu dii* mit der zotenschleudernden, zeternden Marktfrau. Im Vergleich mit anderen Metropolen dieser Größenordnung stehen die Bangkoker noch ganz gut da, auch wenn während der Wirtschaftskrise Ende der 1990er-Jahre, die besonders in Bangkok stark eingeschlagen hatte, so manches Lächeln erstarrt war.

△ Spielerische Verbeugung: Kinderfiguren an einem Tempel in Bangkok

Höflichkeit – was ist das?

- Als sehr unhöflich gilt **lautes Sprechen** oder Schreien, vor allem in der Öffentlichkeit, also auf der Straße, in Lokalen etc. Wer auf sich hält, spricht leise, ebenmäßig und ruhig. Wer sich darunter nichts vorstellen kann, höre einmal einer thailändischen Radioansagerin zu oder den lieblichen Stimmen, die aus den Lautsprechern der Department Stores zu vernehmen sind! Hier wird die Sprache zur Musik, zu einem akustischen Genuss. Unhöflich ist auch das rüde **Unterbrechen von Personen,** die sich gerade im Gespräch befinden. Wie wichtig die Mitteilung auch sein mag! Bei notwendigen Unterbrechungen ist immer ein sanft gesprochenes *kor thot* („Verzeihung", wörtl. „Bitte um Bestrafung") vorauszuschicken. Alles andere wirkt sehr rüde. Rowdys machen häufig durch bewusst verursachten **Lärm** auf sich aufmerksam, so z. B. die vielen jugendlichen Motorradfahrer, die mit frisierten und ohrenbetäubend lauten Motorrädern durch die Gegend rasen.
- In Stadtbussen fällt auf, dass Erwachsene oft Kindern **Platz machen.** Begründung: Man hält Kinder für weniger belastbar und möchte ihnen somit das Stehen nicht zumuten. Das ist also exakt das Gegenteil zur westlichen Variante der Höflichkeit, in der jüngere Personen älteren Platz anbieten. Das geschieht in Thailand nur bei sehr schwächlich aussehenden alten Menschen. Wird ein Platz im Bus frei, so wird sich niemand auf ihn stürzen, als hätte er schon Beinkrämpfe vom vielen Stehen, das würde ihm einen „Gesichtsverlust" ob seiner Unbeherrschtheit eintragen. Die Thais werden sich in den meisten Fällen erst besonnen umschauen, ob nicht vielleicht jemand anderes sitzen möchte. Meldet niemand seine Ansprüche an, so setzt man sich so gelassen wie möglich, ohne Hast, um nicht rüde zu wirken. Das Hasten zu einem leeren Sitz wirkt „hässlich".
- Die Höflichkeit erfordert auch gelegentlich das **Schwindeln.** Wenn z. B. jemand fragt, wie gut denn seine neue Hose sitzt oder ob der Haarschnitt auch wirklich gelungen ist, gilt es, so positiv wie möglich zu reagieren. Die Antwort „Du siehst schrecklich aus" mag zwar der Wahrheit entsprechen, aber die will in diesem Falle niemand hören. Das **Schmeicheln** gilt als freundliche und höfliche Geste, die ja schließlich auch dem Selbstbewusstsein zuträglich ist. Die Thais sehen diese Schmeichelei nicht als Lüge, sondern als Mittel, eine harmonische Atmosphäre zu schaffen. Positive Aussagen gelten als höflich (oft entsprechen sie ja auch tatsächlich der Wahrheit!), negative sind destruktiv und werden als der bewusste Versuch verstanden, den anderen zu verletzen.

- **Lächeln** gilt als höflich! Es gilt, der Welt die freundlichste Seite zu zeigen, von der anderen gibt es ohnehin schon genug! Wer lächelt, signalisiert seinen Mitmenschen Wohlwollen und Harmoniebestreben, und das erfordert die Etikette. Man kann aber auch „höflich" lächeln, um eine Absage zu erteilen. Würde dies ohne das begleitende Lächeln geschehen, hätte der Akt etwas Gemeines, Grobes an sich. Das Lächeln überzieht die bittere Pille der Absage mit einer Schicht Zuckerguss. Wer nie oder kaum lächelt, gilt als unhöflich, ernst, und wahrscheinlich wird man ihm sogar böse Absichten unterstellen.
- Schlampige, schmutzige **Kleidung** ist unästhetisch und wer sie trägt, ist unhöflich seinen Mitmenschen gegenüber. Das gilt besonders bei festlichen Anlässen, wo die Höflichkeit eine entsprechend festliche Kleidung erfordert. Unhöflich ist es auch, zu viel der eigenen Haut den Blicken preiszugeben (besonders bei Frauen), das beschämt das Gegenüber, bringt ihn in eine peinliche Situation. Die Thais nennen diesen Zustand *naa tääk* oder „das Gesicht zerspringt". Ausländische (männliche) Touristen, die mit nacktem Oberkörper durch die Straßen laufen oder gar ein Geschäft betreten, gelten als extrem unhöfliche, rohe Zeitgenossen. Welchen Schock die (hauptsächlich deutschen) Touristen ausgelöst haben, die 1986 in geschlossener Hundertschaft nackt durch Ko Samui gespukt sind, lässt sich unschwer erahnen!
- Das **Fragen** nach persönlichen Details gilt nicht wie bei uns als „unhöflich", im Gegenteil. Fragen nach dem Alter, Familienstand, den Angehörigen, Gehalt, Essgewohnheiten, Lebensumständen etc. bezeugen Interesse am Gegenüber und sind nicht als „Neugier" in unserem (negativ belasteten) Sinne zu betrachten. Auch die viel gehörte Allerweltsfrage *„Pai nai?"*, „Wohin gehst du?", ist meist nur ein höflicher Ansatz zur Konversation, wie kurz die auch sein mag.

Fragt man allerdings in den kleinen Restaurants, die keine Speisekarte besitzen, nach den Preisen der Gerichte, kann dies als „Unhöflichkeit" gewertet werden. Der Gefragte vermutet dahinter das Misstrauen, betrogen zu werden. Die Thais fragen kaum, da sie die Preise für die Standardgerichte ziemlich genau kennen. Hinzu kommt, dass das Fragen nach dem Preis auf „Geiz" oder „Mittellosigkeit" schließen lassen könnte. Für beides haben die Thais nicht besonders viel übrig.

Höflichkeit ohne Ende ...

... gibt es jedoch auch in Thailand nicht und das ist ja vielleicht beruhigend zu wissen. Die Höflichkeit findet ihr jähes Ende vor den Schaltern von Banken und Postämtern, in den **Warteschlangen** vor den Warenhauskassen oder an der Bushaltestelle. Man drängt sich vor, so gut es geht.

Aber nicht dreist-derbe, das wäre sehr unthailändisch, sondern leichtfüßig und locker, sodass der Benachteiligte es manchmal gar nicht bemerkt. Die Omi ist genauso schuldig wie das Schulmädchen oder der elegante Geschäftsmann im feinen Tuch.

In den Warteschlangen wird somit mit einem Mythos aufgeräumt: dem Mythos vom „gelassenen" Asiaten. Diese viel beschworene asiatische Gelassenheit gibt es zwar wirklich, aber hauptsächlich, wenn es um die Erfüllung unangenehmer Pflichten, wie z. B. der Arbeit, geht. Beim Vorwärtskommen in Warteschlangen oder wenn es um andere persönliche Vorteile geht, ist jedoch die Gelassenheit weitgehend außer Kraft gesetzt.

Die meisten Thais drängeln – das muss man ihnen zugute halten – ohne „böse" Absichten, fast ohne sich bewusst zu sein, was sie tun. Aus diesem Grunde gibt es auch kein schlechtes Gewissen dabei.

Was also tun, wenn man in der Warteschlange ständig „übergangen" wird? In diesem Falle sollte man die sich vordrängelnde Person ruhig etwas ihr „Gesicht" verlieren lassen. Dazu mache man sie sanft, aber bestimmt auf ihr Vergehen aufmerksam. Dabei ist es fast egal, in welcher Sprache das geschieht. Der Tadel wird richtig verstanden werden und in den allermeisten Fällen wird sich die betreffende Person auf ihren rechtmäßigen Platz zurückbegeben.

Beschwert man sich allerdings wutschnaubend mit hochrotem Kopf und lautem Gezeter, führt dies zu nichts. In thailändischen Augen verliert man sein „Gesicht", wenn man sich durch Lappalien aus dem Gleichgewicht bringen lässt. Und dann wird man schlichtweg übergangen, als wäre man gar nicht da, oder aber man fordert aggressive Gegenreaktionen heraus.

Mai Pen Rai – die magische Formel der Vergebung

Fehltritte passieren jedem, den Thais genauso wie den Touristen. Letzteren natürlich mehr, da sie die Gepflogenheiten des Landes nicht kennen. Die Thais haben sehr viel Verständnis für ungewollte Frevel gegen ihre Etikette, besonders wenn sich der „Übeltäter" nachträglich entschuldigt. Entschuldigungen und Bitten um Verzeihung wirken Wunder bei den Thais, die so die **schlimmsten Verbrechen verzeihen** können. Festgenommene Ganoven bitten nicht selten die Polizeibeamten und ihre Opfer innigst um Verzeihung, was bei diesen Verständnis und Mitgefühl weckt. Vor Gericht wird sich der Täter weiter inständig entschuldigen – wenn er schlau ist – und der Richter wird die entsprechende Milde zeigen. Nicht umsonst sind thailändische Urteilssprüche in unseren Augen im Verhältnis zur Tat oft viel zu milde. Mancher Mörder, der seine Tat reumütig gesteht, kommt mit sechs oder acht Jahren Gefängnis davon.

Diese **schnelle Bereitschaft zur Gnade,** zum Verzeihen ist ein Effekt der Lehre Buddhas. Sie sieht jeden Menschen als in seinem Schicksal gefangenen, als hilflos Handelnden in einer Welt voller Leid. Jedes Leben bedeutet Leid und jeder Mensch ist somit auf seine Art bedauernswert. Was liegt da näher, als demjenigen zu verzeihen, der in seiner Not einen Fehler begangen hat?

Die **Allzweckformel, mit der die Thais Fehltritte verzeihen,** heißt *mai pen rai,* wörtlich „Ich bin nicht böse" oder besser „Macht nichts", „Schon verziehen". Diese Formel kommt den Thais schnell über die Lippen, sie kostet keine große Überwindung.

Mai pen rai entschuldigt aber nicht nur die Fehler von Personen, sondern auch **widrige Lebensumstände oder Schicksalsschläge.** Wenn jemand beispielsweise einen Haufen Geld in der Lotterie investiert hat und es ist wieder mal nichts aus dem großen Gewinn geworden, „*mai pen rai*", „was soll's, ist schon in Ordnung, komme auch so über die Runden." Man verzeiht also quasi seinem eigenen Schicksal.

Die Formel könnte genauso angewendet werden, wenn es plötzlich aus heiterem Himmel zu regnen beginnt, der Schirm ist zu Hause und man ist nass bis auf die Haut; oder man hat sich auf einem von Bangkoks zahlreichen löcherigen Gehwegen den Fuß verstaucht – Pech gehabt, was soll's, *mai pen rai* etc.

Wenn jetzt also der Leser immer noch nicht verstanden hat, was ich meine – egal, so ist das Leben, da komme ich mit klar, *mai pen rai, mai pen rai.*

Die Gestik: alles unter Kontrolle

„Ein Diener wagt es nicht, zu seinem Herren zu sprechen, ohne sich zunächst vor diesem zu verbeugen, und er wird die ganze Zeit auf den Knien verbleiben, hockend auf seinem Absatz, mit gesenktem Blick und gefalteten Händen, bis er seine Befehle erhalten hat."

Nicolas Gervaise, 1688

Thailändische Touristen, die ein südeuropäisches Land – sagen wir mal Italien – besuchen und dessen Bewohner in ihren Gesprächen beobachten, werden wohl anfangs ziemlich verwirrt sein: Was machen diese Leute bloß, werden sie grübeln. Wieso zappeln die immer so aufgeregt mit Händen und mit Füßen, wenn sie sich unterhalten!? Ist etwas sehr Schlimmes passiert? Gibt es Krieg? Oder nur eine Schlägerei?

Unsere thailändischen Touristen werden sich mächtig wundern, wenn sie erfahren, dass nichts dergleichen zu befürchten ist. Die Leute unterhalten sich ganz freundschaftlich und normal, eben nur unter Zuhilfenahme expressiver italienischer Gestik. Die Thais haben hier ihre erste Konfrontation mit emotionaler Gestik und Temperament – Begriffe, die ihnen fremd sind.

Die gesamte soziale Interaktion in Thailand ist von **rigoroser Selbstbeherrschung** geprägt; emotionale Ausbrüche – und dazu gehört in gewissem Maße auch die Gestik – sind verpönt. Sie lassen auf eine labile, „unbuddhistisch" unausgeglichene Psyche schließen; wer so handelt, wirkt gefährlich, da er aus der Kontrolle zu geraten scheint. Das thailändische Ideal ist der Buddha, der in jeder Situation seine innere Balance wahrt. Eine heftige Gestik und diese Balance sind aber für die Thais unvereinbare Gegensätze.

Selbstbeherrschung, **elegante und graziöse Bewegungen** sind erstrebenswert. Sie drücken sich z. B. im thailändischen klassischen Tanz aus. Dieser ist, mit seinen langsamen, gleitenden Bewegungen, nichts als die Zelebrierung von Anmut und Grazie. Die zuckenden Bewegungen eines Disco-Tanzes dürften den meisten traditionellen Thais vorkommen wie die motorischen Störungen einer aus den Fugen geratenen Persönlichkeit.

Sanfte Bewegungen sind „schön". Jede thailändische Mutter achtet darauf, dass sich ihre Töchter einen grazilen Gang angewöhnen, der sie in den Augen der Mitmenschen attraktiv erscheinen lässt. Kleinen Mädchen, die allzu heftig aufstampfen, wird mit *Mae Thorani*, der „Mutter der Erde", gedroht, die durch den ungraziösen Gang aufgeschreckt und erzürnt würde. Der Erfolg dieser Erziehung ist sichtbar: Thailändische Frauen bieten ein Bild der Anmut und scheinen die Bürgersteige mehr entlangzuschweben als zu gehen. Und das alles in langsamen, harmonischen Bewegungen. Diese Grazie schließt Geschwindigkeit natürlich aus und eine Thai-Frau hastig gehen zu sehen, ist ein sehr, sehr seltenes Ereignis!

Selbstbeherrschung, Anmut und Grazie sind alles. Wer sein Innenleben durch heftige Gestik preisgibt, verliert sein „Gesicht", die **hastigen Bewegungen wirken „hässlich",** sie stören den thailändischen Sinn für Ästhetik. Eine Reisegruppe von südeuropäischen Touristen mit ihrer expressiven Gestik platzt wie eine Bombe in die thailändische Grazie. Das südeuropäische Gefuchtel mit Armen, Beinen und allem anderen, was sich bewegen lässt, kennen die Thais nur bei den Insassen von geschlossenen Anstalten.

Da verwundert es nicht mehr, wenn die Thais eine auffällige Gestenlosigkeit an den Tag legen. Eine der sehr wenigen Gesten überhaupt hat wieder etwas mit Italien zu tun: Der **nach oben zeigende Daumen,** mit dem römische Imperatoren ihren kämpfenden Gladiatoren das Leben ließen. Dieses *thumbs up* mit seiner positiven Botschaft ist auf eine Art „typisch Thai". Die

Thais neigen dazu, nach außen hin alles positiv zu bewerten, allem den hochgereckten Daumen zu zeigen. Thais sind Optimisten und Schmeichler, was sich aus ihrem Harmoniebedürfnis erklärt. Allzu oft wird eine positive Aussage gemacht („Du siehst heute wieder mal gut aus!"), wobei man eigentlich genau das Gegenteil denkt („Mann, wenn ich so aussähe, würde ich mich ..."). Der hochgereckte Daumen besagt somit im Grunde gar nichts, er ist nur ein Mittel zur zwischenmenschlichen Beschwichtigung. Die Geste wird meist mit einem „bewundernden" Schnalzen unterstützt. Oder mit dem Wort *gääng,* „toll", „spitze", „klasse".

Abgesehen davon gibt es **so gut wie keine Gesten.** Da ist bestenfalls noch die knappe Geste, die das „Ja" begleitet: Ein kurzes, militärisches Zucken des Kopfes nach unten, untermauert von den Höflichkeitsfloskeln *khap* (Sprecher) bzw. *kha* (Sprecherin). Das Ganze heißt dann etwa „Ja, bitteschön", „Aber sicher doch, mein Herr/meine Dame", etc. Das „Nein" wird begleitet von einem *mai schai, khap* bzw. *mai schai, khaa.* Also „Nein, dankeschön", etc.

Nun, das ist es auch fast schon in diesem Land der Gestenlosigkeit. Vielleicht etwas lebhafter in ihrer Gestik sind die **Bar-Girls,** für die ohnehin die Spielregeln der Gesellschaft zum Teil außer Kraft gesetzt sind. Diese locken ihre Gäste oft mit einer eindeutigen, international verständlichen Geste: zwei aufeinandergelegte Handflächen, von denen die obere Auf- und Abbewegungen vollzieht ...

◸ Aus der Rolle gefallen: Ein Taxifahrer in der Khao San Road macht auf ungewöhnliche Weise auf sich aufmerksam

Thais und farang

Tourismus und Einwanderung: Agenten des Wandels | 178

„Hey, you!": die Kontaktaufnahme | 184

Wärme auf Distanz: Freundschaften | 189

Kulturschock hautnah: die Thai-farang-Ehe | 194

Die farang und die Arbeitswelt: Plackerei kontra sanuk | 203

Zu Gast: Essen, Trinken & sanuk | 210

Auf Markt, Straße & Klong: Handeln und Feilschen | 217

Unterwegs in Thailand: Reisen leicht gemacht | 221

Auf der Lauer: Ganoven, Schurken & Konsorten | 227

◁ Arbeitsplatz Strand: Über 400.000 Thais verdienen ihren Lebensunterhalt im Tourismus (068kt Foto: rk)

Tourismus und Einwanderung: Agenten des Wandels

„Es gibt ... Ausländer, die ... in diesem Königreich Unterschlupf gefunden haben, nachdem sie ihr Heimatland aufgrund ihrer dort begangenen Verbrechen oder aber wegen des dortigen unwirtlichen, unfruchtbaren Bodens verlassen hatten."

Nicolas Gervaise, 1688

Der Tourismus ist Thailands mit Abstand größter Devisenbringer, der Massentourismus kaum noch wegzudenken. Auch wenn im Zuge der politischen Auseinandersetzungen in den letzten Jahren viele potenzielle Besucher durch Demonstrationen, Flughafenbesetzungen und die andauernde Unsicherheit im Lande abgeschreckt wurden, stiegen die Besucherzahlen insgesamt weiter an. 2013 wurden über 26 Mio. Touristen in Thailand gezählt. Die thailändische Tourismusbehörde setzt alles daran, die Touristenzahlen unablässig steigen zu lassen. Unterschiedlichen Quellen zufolge machen die Einnahmen aus dem Tourismus ca. 6–10 % des gesamten Bruttosozialproduktes aus.

Der Tourismus sorgt für einen ununterbrochenen Strom von Besuchern, der natürlich auch **seine Spuren hinterlässt** – und das nicht nur in Form von Müllbergen am Strand oder Tonnen von ungeklärten Abwässern im Meer. So entfacht er unverhohlene Profitgier, für die man bereit ist, jedes Stück Land zu bebauen, jeden Wald zu roden und jeden Strand zu verschandeln, solange es nur Touristendollars zu verdienen gibt. Hotels erhöhen ihre Preise fast im Monatstakt und treiben sie in Richtung eines europäischen Levels. Skrupellose Elemente sehen Touristen als Schlachtschweine, dies es auszunehmen gilt, solange sie etwas hergeben. Das ist die eine Seite. Auf der anderen gibt es immer noch herzliche Gastfreundschaft, vor allem da, wo der große Touristenstrom noch nicht seine Schneise geschnitten hat. Vielerorts ist die Bevölkerung den Touristen gegenüber noch beschämend freundlich und hilfsbereit – auch wenn es dafür keinen müden Baht zu verdienen gibt. Der Tourismus – wie der Krieg und die Pestilenz! – bringt das Beste und das Schlechteste im Menschen hervor.

Beide Reaktionen auf die Touristen, so entgegengesetzt sie sein mögen, sind „typisch Thai". **Gastfreundschaft** wird traditionell großgeschrieben, die Reisenden früherer Jahrhunderten wurden so ehrfürchtig behandelt, als seien sie Maharajas. Aber auch die **Profitgier** hat ihren Platz in der neuzeitlichen thailändischen Psyche: Um seinen aufwendigen Lebensstil betreiben zu können, bedarf es unerschöpflicher Geldmittel, das kann zur Maßlosigkeit in Geldangelegenheiten führen. Zudem leben die Thais traditionell im Hier und Jetzt und scheren sich herzlich wenig um die Zukunft. Daraus erklärt sich die Attitüde vieler Touristikunternehmer, die heute raffen, wo es geht, ohne in Betracht zu ziehen, dass diese Raffgier die Touristen von morgen womöglich fernhält. Der momentane Profit scheint zu verlocken, die Zukunft ist ein fernes Abstraktum, das nicht zählt. Die Touristen fördern diesen Materialismus ungewollt weiter, indem sie ein beneidenswertes Bild von sorglosem Wohlstand präsentieren. Die teure Kameraausrüstung, der lässig mitgeführte Laptop oder iPod wecken Wünsche. Die für thailändische Verhältnisse enorm langen Urlaube erwecken den Anschein von unendlichen Geldreserven, die die Urlauber bei ihren Banken gebunkert haben müssen. Thais machen vielleicht mal eine Woche lang Urlaub, mehr können sie sich in der Regel nicht leisten.

Die **Konfrontation mit westlichem Wohlstand** stößt die Bewohner in Richtung einer westlichen Lebensweise. Schon *König Chulalongkorn* (reg. 1868–1910) war bei seinen Besuchen in Europa von der westlichen Kultur dermaßen beeindruckt, dass er seine Untertanen zur Nachahmung der westlichen Lebensweise anhielt. Dieser von ihm geförderte rapide Wandel hatte, wie wir zuvor gesehen haben, eine kulturelle Identitätskrise zur Folge, die schließlich einer materialistischen Denkweise Platz machte. Der massive Einfluss des Tourismus (aber auch die Invasion ausländischer Investitionen) tut heute ein Übriges.

Die Thais waren, das zeigt die Geschichte, schon immer sehr **offen für Einflüsse von außen.** In den allermeisten Fällen übernahmen sie die positiven Seiten, die der Westen ihnen zu bieten hatte, und zwar mit einer unglaublichen Geschwindigkeit und Selbstverständlichkeit. Als z.B. Ende des 19. Jahrhunderts die ersten Straßenbahnen in Bangkok eingeführt wurden, hielt man die eisernen Gefährte für „Teufelswerk", denn nur der Teufel könnte sich so schnell, schnaufend und quietschend fortbewegen. In den ersten Tagen nach der Einführung weigerte sich die Mehrheit der Bevölkerung, das Gefährt zu besteigen. Nach einer Woche aber hatten sich die Thais daran gewöhnt, vorbei der Gedanke an den Teufel und sein quietschendes Gefährt. Was nun zählte, war das schnelle und bequeme Vorwärtskommen. Von nun an waren alle Straßenbahnen voll mit Reisenden, die das moderne Verkehrsmittel sichtlich genossen. Die Leichtigkeit, mit der die Thais Neues aufnehmen, beschrieb der Reisende *Frank Vincent* im Jahre 1873 in seinem Buch „The Land of the White Elephant" so: „Zweifellos zeigt (das Land) den höchsten Grad an Zivilisation aller indochinesischen Nationen. Das Potenzial der Siamesen zur Verbesse-

rung (ihrer Lebensumstände) ist sehr bemerkenswert. Sie haben sich mehr als willens gezeigt, neue Lebensweisen und Gebräuche anzunehmen. Ihr Land ist sicherlich dabei, sich zu europäisieren, aber so sachte und allmählich, dass, anders als in China und Japan, keine reaktionären Bewegungen zu befürchten sind." Und eine Seite weiter: „Wenn Siam durch westliche Wissenschaft und Kunst angemessen entwickelt würde, so würde es schon bald zu einem der produktivsten Länder der Welt werden".

Vincents Ausführungen entbehren zwar nicht einer reichlichen Portion westlichen Chauvinismus', seine Prognosen ob des „Potenzials der Siamesen" lagen dennoch goldrichtig. Ein Jahrhundert danach, Anfang der 1990er-Jahre, schüttelte Thailand das Stigma des klassischen „Dritte-Welt-Landes" weitgehend ab und wurde von zahlreichen Wirtschaftsexperten zum „Schwellenland" erklärt, das den Sprung zur Industrialisierung und den Anschluss an die wohlhabenderen Nationen vollzogen hatte. Thailand gehörte von nun an zu den sechs größten Industrienationen Asiens.

Bei der leichten Beeinflussbarkeit des thailändischen Lebensstils ist also auch zu erwarten, dass der Tourismus seinen Einfluss hinterlässt – im Guten wie im Bösen. Die Geschichte zeigt, dass die Thais eher Positives als Negatives angenommen haben, möge das so bleiben … Schließlich ist nicht jeder Einfluss von außen gut. So finden **unter dem Deckmantel des Tourismus auch zahlreiche unlautere Elemente** ihren Weg nach Thailand.

Auch der Weihnachtsmann ist willkommen: weihnachtliches Stadtbild in Phuket

Da gibt es kleine Drogenkuriere und Scheckbetrüger, Diebe und Schnorrer ebenso wie die Handlanger von Prostitutionsringen – „Touristen" aus westlichen Landen. Noch eine Stufe professioneller sind die organisierten ausländischen Gangsterbanden. Da gibt es eine einflussreiche und sehr gewalttätige deutsche Mafia in Pattaya. Pakistanische Gangster treten als Entführer, Drogen- und Waffenhändler, Geldfälscher und bei Raubüberfällen in Erscheinung. Die japanischen Yakuza-Banden (Yakuza = „Gangster") mischen kräftig in der Prostitution und im Menschenschmuggel mit. Wie hatte doch der gute *Nicolas Gervaise* schon vor über dreihundert Jahren beobachtet: „Es gibt ... Ausländer, die ... in diesem Königreich Unterschlupf gefunden haben, nachdem sie ihr Heimatland aufgrund ihrer dort begangenen Verbrechen ... verlassen hatten." Wie heute so trieben wohl auch die ausländischen Schurken von damals ihr Unwesen in ihrer Wahlheimat weiter.

Durch den massiven Einfluss von außen **verloren die Thais über die Jahrhunderte einen Teil ihres „Thai-Seins".** Alte indische Einwanderer, die vor einem halben Jahrhundert nach Thailand gekommen waren, berichteten davon, dass ihnen damals eine geradezu rührende Herzlichkeit und Gastfreundschaft entgegengebracht wurde. Ein Grund war, dass man Gäste ohnehin wie „Götter" zu behandeln pflegte, zum anderen kamen die Inder schließlich aus dem „Land des Buddhas" (was geografisch allerdings nicht ganz korrekt ist; Buddha wurde im nepalesischen Lumbini, ca. 20 km jenseits der indischen Grenze, geboren). Diese Gemeinsamkeit mit Buddha war Grund genug, die Inder selber wie göttliche Wesen zu behandeln. Der Thailand-Reisende *Ernest Young* erwähnt in seinem Buch „The Kingdom of the Yellow Robe" (1898) ebenfalls immer wieder, welche Zuneigung und Freundlichkeit ihm im Thailand jener Tage entgegengebracht wurde. „Die Dorfbewohner überall im Land sind sehr gastfreundlich und Reisenden äußerst wohlgesonnen", schrieb er; und weiter: „In abgelegenen Gebieten ist die weiße Haut des Europäers ein Objekt stetiger Verwunderung, aber niemals belästigen sie einen Reisenden, welcher Hautfarbe er auch sein mag, noch stören sie seinen persönlichen Frieden. Im Gegenteil, jedermann, vom Gouverneur der Distrikthauptstadt bis hin zum niedrigsten Sklaven, wird alles tun, was in seiner Macht steht, um dem Reisenden zu helfen ..."

Allen Berichten nach waren die Thais bis in die ersten Jahrzehnte des 20. Jahrhunderts ein einfaches, „gottesfürchtiges" Volk, das Fremden mit einer Art unschuldiger Gastlichkeit entgegentrat. Schlechte Erfahrungen hatte man mit Ausländern ja auch kaum gemacht, niemals war man von einer fremden Macht in die Unfreiheit gezwungen worden. Irgendwann aber – vielleicht so um die Zeit nach dem 2. Weltkrieg – wurden auch die "unschuldigen" Thais von der modernen Welt eingeholt. Viele Thais beklagen selber, dass die **Freundlichkeit und Hilfsbereitschaft untereinander rapide abgenommen** habe – ein Effekt des „modernen" Lebens mit all seinen Zwängen. (Die mit den Thais ethnisch verwandten Laoten haben sich in ihrem Land, in dem die westliche „Zivilisation" erst langsam Einzug hält, diese einfache Freundlichkeit und uneigennützige Herzlichkeit viel stärker erhalten können. Es gibt sogar Thais, die aus nostalgischen Gründen das unterentwickelte Nachbarland besuchen, um sich anzuschauen, „wie es in Thailand früher war".) Das ist natürlich kein nur thailändisches, sondern ein weltweites Phänomen. Schließlich ist das Leben woanders auch einen Grad „kälter" und härter geworden. Das viel gepriesene Lächeln der Thais, so sagen sie selber, ist oft nicht mehr so strahlend, wie es einmal war. Ein paar Sorgenfalten haben sich in Thailands lächelndes Antlitz gegraben. Das ist der Preis für das „moderne" Leben, das der Westen den Thais vorgelebt hat und das sie nur allzu gerne kopiert haben.

Dennoch ist es immer noch erheblich „sonniger" als beispielsweise in Europa. Kein Wunder, dass sich so mancher Europäer auf Dauer in Thailand ansiedelt, um dort seine Rente aufzuzehren oder ein Geschäft zu eröffnen. Die größte Konzentration von solchen „Expats" weisen Pattaya, Bangkok, Chiang Mai und Phuket auf. Der Zustrom dieser Dauergäste fördert den Bau-Boom an *Condominiums* (Apartment-Blocks), die wie Pilze aus dem Boden schießen. Die gesamte Küste zwischen Bangkok und Pattaya ist mittlerweile mit Apartment-Gebäuden zugebaut und in Phuket weichen die Gummiplantagen und sonstigen Grünflecken zunehmend Hotels. Mit den *farang* kommt auch das Geld und mit diesem wird der Abstand zu den reichen Industrienationen geringer. Aber damit kommen möglicherweise auch deren Probleme, so ist das Leben. Die thailändische Wirtschaftskrise brachte so auch etwas Gutes: Die Thais bekamen noch einmal Zeit, über ihre althergebrachten kulturellen Werte und ihre Ziele nachzudenken. War Geld wirklich das einzig erstrebenswerte Gut?

Zuwanderer hat es in Thailand schon immer gegeben. Mit dem Unterschied, dass sie in früheren Jahrhunderten kamen, um sich ein besseres Leben zu erarbeiten. So die Chinesen, die vor allem von Anfang des 19. bis Mitte des 20. Jahrhunderts ins Land kamen, und die Inder, die ebenfalls im 19. Jahrhundert und 1947 zur Zeit der indischen Teilung herbeiströmten.

Heute gibt es ca. 6–8 Mio. Thais chinesischer Abstammung, mit einer schwer schätzbaren Zahl an Mischlingen, und ca. 100.000 Personen indischer Abstammung. Beide Einwanderergruppen haben sich relativ gut assimiliert, die **Chinesen** aufgrund der zahlreichen kulturellen Ähnlichkeiten am besten. Die thailändische Regierung, besorgt um die Einheit des Landes, unterdrückte zwar bis in die jüngere Vergangenheit den Chine-

sisch-Unterricht an den von Kindern chinesischer Abstammung besuchten Schulen, diese Haltung hat sich aber mittlerweile liberalisiert. Die Chinesen hinterließen einen nachhaltigen Eindruck in der thailändischen Gesellschaft: Sie erkämpften sich Spitzenpositionen in Produktion, Handel, Management und Bankwesen und der wirtschaftliche Erfolg Thailands seit den 1980er-Jahren ist nicht zuletzt ihnen zu verdanken. Ohne die chinesischen Einwanderer bzw. deren Nachkommen wäre Thailand nicht das, was es heute ist.

Auch wenn sich die Thais enorm von außen haben beeinflussen lassen, so sind auch sie nicht ohne **Vorurteile gegenüber Fremden.** So gelten die Chinesen als geizig und unhöflich, Inder als schmutzig, arm und ungebildet. Die *farang* sind in den Augen der Thais wohlhabend, zuverlässig und ehrlich, auf der negativen Seite aber auch teilweise geizig und schmutzig (diese beiden Vorurteile haben zum großen Teil die „Alternativ-Traveller" zu verantworten!), laut, grob, naiv, unerfahren und nichts ahnend (die letzten drei Eigenschaften beziehen sich auf die fehlende Kenntnis der thailändischen Gepflogenheiten, Eigenarten und Lebensumstände im Allgemeinen).

Faul unter Palmen: Touristen genießen die Natur und das Klima Thailands

Diese Vorurteile kommen oft in Gesprächen mit Thais ans Tageslicht, drücken sich aber auch im thailändischen **Humor** aus. Der Humor ist wohl in allen Ländern die noch angenehmste Weise, wie Vorurteile verbalisiert werden können. In Ulksendungen des Fernsehens oder bei Kabarett-Stücken müssen *farang* oft als forsche, aber dusselige Gesellen herhalten, die stolz mit ihrer neuesten Eroberung – einer sogenannten „lady-night", eigentlich „lady of the night" – über die Straße flanieren, als sei sie Miss Universum. Die Thais finden Bar-Girls oder andere käufliche Damen „hässlich" und indiskutabel; die Tatsache, dass die Farang-Männer immer wieder auf sie „hereinfallen", macht sie in den Augen der Thais zu unerfahrenen Dummköpfen. Die Chinesen werden oft durch einen starken chinesischen Akzent parodiert (viele alte chinesische Einwanderer sprechen kaum Thai) und zudem als raffgierig dargestellt. Die Inder erscheinen in Fernsehspots als Moskitonetz- oder Kleiderverkäufer, die über die Lande ziehen, mit einem „typisch indischen" Akzent und einer rustikalen Tollpatschigkeit, die bei den Thais für Lachsalven sorgen.

Solange man sich aber mit dem Fremden durch Humor auseinandersetzt, ist es ja noch gut bestellt um Thailand. Handgreiflicher, gewalttätiger Fremdenhass ist fast unbekannt, dazu haben die Thais viel zu viel Respekt vor dem Individuum und dessen Kultur. Aggressive Auseinandersetzungen mit den Fremden gibt es wohl hauptsächlich in den „zivilisierten" Ländern der Ersten und Zweiten Welt, in denen man sich den (zumeist ärmeren) Zuwanderern überlegen fühlt.

„Hey, you!": die Kontaktaufnahme

„Der Geist der Unterwürfigkeit, mit dem sie geboren und in dem sie weiterhin gewissenhaft erzogen werden, dämpft ihren Mut und macht sie so furchtsam, daß sie angesichts der geringsten Gefahr, der sie begegnen, zu zittern beginnen."

Nicolas Gervaise, 1688

Für die meisten Thais sind die *farang* **Objekte der Neugierde.** Spätestens seit der Regierungszeit *König Chulalongkorns* hat die westliche Kultur, wie wir gesehen haben, eine Art Vorbildfunktion für Thailand. Westliche Lebensweisen und auch technische Errungenschaften wurden schnell übernommen, wenn man sie erst einmal für nützlich erachtet hatte. Kein Wunder also, dass *farang* als Vertreter dieser in vielen Aspekten „vorbildlichen" Westwelt das Interesse wecken.

Zu diesen Westlern möchte man im Grunde auch gerne Kontakt aufnehmen, doch stehen zwei Hindernisse im Weg: Erstens sprechen nur wenige Thais Englisch und zweitens hindert sie ihre **anerzogene Scheu und Zurückhaltung** an der aktiven Kontaktaufnahme. Diese Scheu hatte *Nicolas Gervaise* im 17. Jahrhundert schon richtig beobachtet, nur zittert heute im Gegensatz zu *Gervaises* Ausführungen niemand mehr beim Anblick der fremden, hellhäutigen Wesen. In früheren Zeiten mag die körperliche Überlegenheit, die gewaltige technische Kriegsmaschinerie und das „teuflische" Aussehen der Fremden die Thais das Fürchten gelehrt haben. Als „teuflisch" und „animalisch" empfanden die Thais die weißen Zähne der *farang*, denn alle Thais pflegten schon von Kindheit an das Kauen des Betels, der den Zähnen im Laufe der Jahre eine Schwarz-Rot-Färbung verlieh. Weiße Zähne hatten nach Ansicht der Thais nur Teufel und Hunde!

Die schon zu *Gervaises* Zeiten beobachtete Scheu der Thais besteht aber auch heute, wenn auch aus anderen Gründen. Von klein auf werden sie dazu angehalten, Mitmenschen nicht bei ihren Aktivitäten oder in ihrer persönlichen Freiheit zu stören. Möglicherweise ist dies ein Effekt der buddhistischen Lehre von der „Rechten Rede" und von den „Rechten Taten": Ehe man etwas Unrechtes sagt (und den Angesprochenen unbeabsichtigterweise verletzt) und ihn in eine Konversation verwickelt (und ihn damit vielleicht stört), hält man sich besser zurück. Diese Zurückhaltung ist eher ein Zeichen von Höflichkeit und Respekt als von Desinteresse.

Folglich sind es in vielen Fällen die etwas ungehobelteren Charaktere, die mit der schlechten Kinderstube, die die Fremden ansprechen. Die häufig dazu verwendete Formel ist das **„Hey, you!",** das sie den *farang* hinterherrufen. Dieses rüde klingende „Hey, you!" soll der Kontaktaufnahme dienen, verärgert die meisten *farang* aber durch den nicht sehr freundlich wirkenden Ton. In der Heimat der *farang* ruft man so bes-

Strahlefrau & Sohn: Ein freundliches Lächeln ist der beste Willkommensgruß

tenfalls seinen Hund. (Hat das vielleicht mit den oben genannten weißen Zähnen zu tun?) Die meisten *farang* reagieren auf den Ruf verletzt, schließlich ruft man ihnen im Westen auf der Straße nie „He, du da, komm mal her!" zu.

Ganz höflich ist es auch in Thailand nicht, aber das „Hey, you!" hat Gründe. Zunächst einmal sprechen die Thais kaum Englisch, es reicht oft so eben für diese zwei Worte. Dazu kommt, dass das respektlos klingende „you" vom Klang her auch eine Thai-Vokabel sein könnte, es ist also leicht zu behalten. Wichtiger aber noch ist das „Klassensystem", das das Thai bei Personalpronomen kennt: Das Thai hat, wie an anderer Stelle erwähnt, eine Vielzahl von Personalpronomen, die alle verschiedene Stufen von Respekt ausdrücken. Eine Art verbales Kastensystem sozusagen. Die allgemein übliche, höfliche **Anrede** ist das *khun,* aber es gibt auch noch höflichere und unhöflichere. Gebräuchlich sind etwa acht verschiedene Anredeformen, es gibt aber – je nach Bildungsgrad – auch noch mehr. In diesem komplizierten hierarchischen Anredesystem hat sich das „you" in weiten Kreisen als die Anrede für *farang* herauskristallisiert. Es ist damit das Personalpronomen für die „Kaste" oder „soziale Gruppe" der *farang* – die man halt nicht anders einordnen kann als unter dem Etikett *„farang"*. So gesehen hat das „Hey, you!" dann nicht mehr diesen respektlosen Beiklang, den man zunächst heraushören mag.

Fremder, setz dich dazu: Sippenausflug auf Ko Yao Yai

Wirklich gut erzogene Personen sprechen Fremde (Thais oder Ausländer) entweder gar nicht an oder auf nur sehr dezente Art. So kommt es dann, dass die nichts ahnenden *farang* oft in Gespräche mit den weniger respektablen Vertretern Thailands verwickelt werden. Ausnahmen sind oft Mönche, Schüler/Schülerinnen, Studenten/Studentinnen oder nette ältere Herren, die den Ruhestand genießen. Der Hauptgrund, *farang* anzusprechen, ist oft das **Erproben der eigenen Englischkenntnisse.** Fast alle Mönche lernen Englisch und in ihrer (reichlich bemessenen) Freizeit sprechen sie häufig *farang* an, die ihren Tempel besichtigen. Schüler und Studenten sind ebenfalls darauf erpicht, ihre Englischkenntnisse zu verbessern. Die jüngeren, gebildeteren Thais haben heute alle den Wert der englischen Sprache als internationales Verständigungsmedium erkannt. Demzufolge schießen private Lehrinstitute in allen Städten aus dem Boden. Hier werden leider oft *farang* als „Lehrer" angestellt, die über die Schwarzen Bretter in Traveller-Lokalen aufgespürt wurden und die das „Queen's English" auch nur „broken" beherrschen. Viele Thais sind sich nicht im Klaren darüber, dass auch die meisten deutschen, italienischen oder französischen Traveller mit der englischen Grammatik auf Kriegsfuß stehen. Und selbst so manche britischen oder amerikanischen Traveller können diese nicht erklären. Für die Thais aber ist Englisch die *phaasaa farang*, die „Westler-Sprache". So nimmt man an, dass sie fast alle *farang* beherrschen.

Die meisten Thais, die verbalen Kontakt zu *farang* aufnehmen, tun dies auch, um etwas über deren Hintergrund zu erfahren. Man fragt nach der Nationalität, dem Alter, dem Beruf, dem Einkommen, dem Ehestand, dem Heimatort etc. Auch sehr persönliche **Fragen** gelten nicht als unhöflich; wer sie nicht beantworten möchte, sagt einfach „Das erzähle ich nicht" (auf Thai: *mai bork*). Dafür haben Thais Verständnis, das machen Thais untereinander auch so. Eine häufige Frage an männliche *farang* ist die, ob man schon eine „Thai-Freundin" habe. Das ist nicht unbedingt als „Schnüffelei" zu bewerten, sondern ist „typisch Thai": Zunächst einmal haben viele Thais das Vorurteil, die Farang-Männer kommen hauptsächlich der schönen Thai-Mädchen wegen. Womit sie häufig sogar richtig liegen, aber eben doch nicht immer! Hat der *farang* tatsächlich schon eine Thai-Freundin, so sehen sie ihr Vorurteil bestätigt. Zum zweiten halten die Thais ihre Mädchen für die schönsten weit und breit und möchten deren Attraktivität auch aus fremdem Munde bestätigt hören. Eine Antwort wie „Ja, natürlich habe ich eine Thai-Freundin, Thai-Frauen sind doch die schönsten der Welt!" erfreut Mann und Frau gleichermaßen. Hier zeigt sich also wieder die thailändische Obsession mit der Schönheit.

Gelegentlich sind die Ansprecher, das haben wir erwähnt, dubiose Zeitgenossen, die etwas im Schilde führen (mehr dazu im Kapitel „Auf

der Lauer: Ganoven, Schurken & Konsorten"). Ein rotes Warnlicht sollte auf jeden Fall blinken, **wenn „Damen" in allzu forscher Weise Annäherungsversuche machen.** Thai-Frauen sind, mehr noch als Männer, zu Zurückhaltung gegenüber Fremden erzogen; nur wenige „gute" Mädchen würden einen *farang* ansprechen. Schließlich würden die Mitmenschen derlei Annäherungen genau beobachten und entsprechend negative Schlussfolgerungen ziehen. Ansprechversuche von Mädchen oder Frauen werden demnach nur gewagt, wenn die Situation eindeutig „unschuldig" ist, das heißt, man ist in einer Gruppe von Freundinnen und möchte gemeinsam vielleicht nur etwas englische Konversation betreiben. Frauen, die allein und schnurstracks Männer ansprechen, gehören entweder zur verwestlichten Elite, sind in gewisser Weise emanzipiert und haben sich vom klassischen thailändischen Frauenbild gelöst. Sie sind aber sehr, sehr rar. Wahrscheinlicher ist, dass eine solch forsche Frau das ist, was die Thais als *mai dii* („nicht gut"), bezeichnen würden. Möglicherweise ist sie auf ein (gut bezahltes) erotisches Abenteuer aus. In der thailändischen Gesellschaft sind solche „freelancer" („Freischaffende") auch nicht besser angesehen als ihre in Bars oder Bordellen organisiert arbeitenden Kolleginnen.

Wollen *farang* ihrerseits **mit Thais verbalen Kontakt aufnehmen**, so sollten sie dabei die thailändische Etikette beachten, d. h. das Ansprechen hat leise, ruhig und höflich zu erfolgen. Dazu gehört ein freundliches Lächeln, um dem Angesprochenen das Gefühl der „Gefahrlosigkeit" der Situation zu vermitteln. Was immer man dann sagt, sollte mit einem *„Excuse me ..."* beginnen. Auf Thai heißt das *„kor thot"* oder „Ich bitte um Bestrafung". Direkter mit seinem Anliegen herauszuplatzen, gilt als sehr unhöflich und macht das Gegenüber sogleich weniger geneigt zuzuhören.

Besondere Vorsicht gilt (seitens männlicher *farang*) beim **Ansprechen von Mädchen oder Frauen.** Sie sind nicht so emanzipiert wie ihre europäischen Schwestern, auch wenn die moderne (und teils gewagte) Kleidung das vielleicht glauben machen will. Das Ansprechen sollte in diesem Fall besonders höflich sein – also sehr leise, ruhig, dezent und respektvoll. Und immer lächeln! Ein Antippen dabei, etwa, um die Aufmerksamkeit einer Verkäuferin zu erheischen o. Ä., ist absolut zu unterlassen. Das wäre respektlos der Frau gegenüber und würde ein entsprechend schlechtes Licht auf den Fragenden werfen. Um die Aufmerksamkeit einer Person zu erheischen, kann „Khun!" gerufen werden, was so viel wie „Hallo, meine Dame/mein Herr!" bedeutet. „Hey, you!" dürfte den meisten Thais wohl weniger gefallen …

Wärme auf Distanz: Freundschaften

„Lobe die Lehrer, während sie anwesend sind, lobe die Untergebenen nach getaner Arbeit und lobe die Freunde, wenn sie abwesend sind."

Phra Ruang, 14. Jh.

In ihren zwischenmenschlichen Beziehungen sind die Thais äußerlich zwar sehr umgänglich und locker, bewahren sich aber einen **inneren Kern, an den sie niemanden heranlassen.**

Der Mantel der Unnahbarkeit, mit dem sie sich umgeben, soll die eigene Persönlichkeit schützen. Emotionale Ausbrüche, die das Innenleben sichtbar werden lassen, haben für sie etwas Erschreckendes. Die thailändische Psyche kennt kein Mittel, darauf angemessen zu reagieren, es sei denn durch Flucht. Das Analysieren von Beziehungen ist ein beängstigendes Unterfangen, bei dem gefährlich tiefe Emotionsschichten angekratzt werden könnten, und daher gänzlich unüblich. Die thailändische Haltung ist somit genau das Gegenteil der im Westen weit verbreiteten Neigung, Beziehungen zu bereden, auszudiskutieren oder sonstwie der Analyse preiszugeben. Encounter-Gruppen, in denen die Teilnehmer ihre aufgestauten Gefühle kundtun, sind in Thailand (vorläufig) noch undenkbar. Den Thais kämen die Encounter-Teilnehmer wie bedauernswerte Irre vor, in die ein böser Geist gefahren ist. Statt einen Psychiater (davon gibt es nicht viele in Thailand) würde man wohl einen Exorzismus-erfahrenen Mönch kommen lassen.

◁ Kleidungs-Knigge für Touristen: Hinweisschild an einem Tempel

In diesem Lichte sind auch thailändische Freundschaften zu sehen. **An der Oberfläche** sind Thais sehr schnell bereit, Freundschaften einzugehen, im Inneren bewahren sie jedoch eine kühle Distanz, einen „Sicherheitsabstand". Diese Haltung ist für *farang* auf Anhieb aber nicht erkennbar: Schließlich sieht man überall Freundescliquen, die vergnügt zusammen essen, trinken, herumalbern und herzlich lachen. Im Freundeskreis gibt es eine Menge *sanuk*, „Spaß", so wie man es von Thais auch erwarten würde. Die Ernsthaftigkeit, die Westler in ähnlichen Situationen an den Tag legen können, ist den Thais gänzlich fremd. Der Zweck der Zusammenkunft ist der *sanuk*, nicht etwa das Ausdiskutieren von irgendwelchen persönlichen, politischen oder sonstigen Problemen. Den Frohsinn in der Gemeinschaft lernen die Thais schon im Familienkreis, in dem man sehr locker miteinander umgeht, viel lacht und scherzt. Geselligkeit fällt den Thais enorm leicht.

So weit, so gut. Soll die Freundschaft jedoch tiefer gehen, ergeben sich Probleme. Es ist kaum möglich, unter die oben liegende Schicht aus Frohsinn, Geselligkeit und dem Hang zum „Spaß" durchzudringen. Der persönliche innere Freiraum wird auch unter Freunden gewahrt. Ein **Offenbaren des Innenlebens** würde die Freunde wahrscheinlich in die Flucht schlagen, es wäre nicht mehr *sanuk*, mit der betreffenden Person zusammen zu sein. Ein- oder zweimal wird man vielleicht auf die Offenbarungen des Innenlebens des Freundes eingehen, danach zieht man sich wahrscheinlich auf Dauer zurück. Dabei mag durchaus ein ehrliches Mitgefühl, das in Thailand aufgrund der Lehre des Buddhismus groß geschrieben wird, vorhanden sein; die Konfrontation mit dem Innenleben ist aber zu schmerzhaft, als dass man sich dieser stellen könnte.

Mit materiellem Beistand ist man da viel leichter bei der Hand. **Geldleih- und -verleihaktionen unter Freunden** sind alltäglich – vor dem drohenden Gang zum Pfandhaus versucht man es mit einem Bittgang bei Freunden. Die werden in den

◁ Vorzeigekopf: Haarflechtdienst an einem Touristenstrand

meisten Fällen etwas geben, oft sogar mehr, als sie sich eigentlich leisten können. Man gibt von Herzen. Auf eine schnelle Rückzahlung des Geldes wird nicht gepocht, das wäre unhöflich. Wenn der Freund das Geld hat, wird er es schon von selber zurückzahlen! Häufig leiht sich jemand von Freunden Geld, um es wiederum einem anderen Freund zu überlassen, der gerade Finanzprobleme hat. Die Leihgabe durchwandert viele Hände, bis sie beim Bedürftigen angekommen ist.

Braucht man das Geld dringend zurück, so ist man oft zu scheu (oder „höflich"), es zurückzufordern. Wenn überhaupt, so wird man den Freund nur sehr zaghaft auf die Schulden aufmerksam machen. Damit kalkulieren allerdings zahlreiche notorische Schuldenmacher, und so gibt es wahrscheinlich enorme Schuldsummen, die niemals beglichen werden. Thailand ist das Land des kleinen Schuldners.

Die Thais sind sich selber der positiven und negativen Seiten von thailändischen Freundschaftsbeziehungen bewusst. So mancher „Freund" entpuppte sich als Freund für die guten Zeiten, machte sich davon, als etwas von ihm gefordert wurde. Diese Erfahrung haben wohl alle Thais schon einmal gemacht. So sehnt man sich innig nach einem *phüan dtai,* wörtlich einem „Sterbefreund", mit dem man durch dick und dünn gehen kann. Solche **Busenfreunde** finden jedoch nur wenige. Viele enge und aufrichtige Freundschaften werden schon in der Kindheit oder in der Schulzeit geschlossen, danach tut man sich – das ist im Westen nicht anders – etwas schwerer damit.

Freundschaften zwischen farang und Thais besitzen ihre eigene Problematik. Zunächst einmal wird es nicht leicht sein, sie überhaupt einzugehen. Die Thais sind, wie wir gesehen haben, Ausländern gegenüber sehr zurückhaltend. Man ist zwar auf eine distanzierte Art neugierig, an eine echte Freundschaft mit *farang* denken wohl aber nur wenige Thais. Bei einem kurzen Aufenthalt im Lande (z. B. Urlaub) wird es für *farang* alles andere als leicht sein, eine/n Thai als Freund/in zu gewinnen. Wer länger bleibt, hat da etwas bessere Aussichten, da man sich eher in die thailändische Mentalität einleben kann, wodurch die zwischenmenschlichen Beziehungen erleichtert werden.

Farang sind, trotz vieler Eigenschaften, die man an ihnen bewundert (Ehrlichkeit, Direktheit, „Reichtum", Weltgewandtheit, sowie den Symbolwert als Vertreter des fortschrittlichen, modernen Abendlandes), **Fremdkörper in Thailand.** Sie sind zwar gern geduldet, passen aber nicht in das thailändische Hierarchiesystem und sind so gesellschaftlich gesehen „positionslos". Diese Denkweise erinnert an das hinduistische Kastensystem, in dem niemand einen Platz innehaben kann, wenn er nicht dort hineingeboren wurde. Nicht-Hindus sind in diesem System Außenseiter. Mög-

licherweise zeigen sich in der thailändischen Denkweise Überreste von hinduistischem Gedankengut, schließlich ist Südostasien jahrhundertelang von hinduistischer Kultur geprägt worden.

Kommt es trotz allem zu einer Freundschaft zwischen Thais und *farang*, so erfordert sie besonders seitens letzterer (schließlich ist man ja in Thailand!) ein **erhebliches Anpassungsvermögen.** Die *farang* müssen die thailändischen „Freundschaftsmuster" erlernen: Auf keinen Fall sollten sie also ihr intimes Innenleben preisgeben und auch keine intimen Offenbarungen vom Gegenüber erwarten. Probleme sollten nicht ausgewalzt werden, das ist „unthai" und führt zu Unbehagen bei der Person, die damit „belastet" wird. Auf der anderen Seite darf im Freundeskreis kein schlechtes Wort über einen der gerade vielleicht nicht anwesenden Freunde fallen, das gilt als „hässlich" und gemein. Die buddhistische Regel von der „Rechten Rede", die nicht verletzen soll, gilt verstärkt in Freundschaftsbeziehungen. Das *wah* („Herumnörgeln", „Meckern") oder *bon* („Beschweren") macht denjenigen, der es betreibt, zu einer respektunwürdigen Person. Fehler der anderen hat man wohlwollend zu übersehen, das bezeugt wahre Charakterstärke.

△ Völkerverständigung: Für viele männlichen Touristen gehört eine weibliche Urlaubsbekanntschaft einfach dazu

Besonders die **Großzügigkeit** wird in Freundschaftsbeziehungen geschätzt. Wer den anderen an seinem Geld oder anderem Besitz teilhaben lässt, gilt als *djai dii,* d. h. „gutherzig". Die *farang* werden oft tief in die Tasche greifen müssen, um ihre Freunde auszuhalten. Zwar ist man untereinander ebenfalls sehr spendabel, von den *farang* aber wird aufgrund ihres unterstellten „Reichtums" ein besonders großes Herz erwartet. Es besteht durchaus die Gefahr einer finanziellen Einbahnstraße, in der es nur **einen Zahlmeister, aber viele Empfänger** gibt. „Notfälle" im Freundeskreis müssen die *farang* durch Finanzspritzen überwinden helfen, was ihnen sicher nicht immer leicht fallen wird: Schließlich entstehen viele dieser „Notfälle" durch die oft planlose Ausgebefreudigkeit der Thais, die den kühl mit ihrem Vermögen haushaltenden *farang* unverständlich ist. In Geldangelegenheiten verhalten sich viele Thais – in den Augen der Westler – wie Kinder, denen Zukunftsplanung ein Fremdwort ist.

Wenn das nun so klingt, als ziehen die *farang* in einer Farang-Thai-Freundschaft finanziell auf jeden Fall den Kürzeren, ist das gar nicht so falsch. Da die *farang* nicht in das oben erwähnte „Kastensystem" der thailändischen Gesellschaft passen, haben die Thais Bezugsschwierigkeiten zu ihnen. Die *farang* haben keine festgelegte Rolle, keine hierarchische Position (außer ihrer Macht durch das Geld) und legen ein „unthailändisches" Verhalten an den Tag. Man respektiert und missachtet sie gleichermaßen. In dieser „Kastenlosigkeit" fällt ihnen, besonders wenn sie sich mit skrupellosen Individuen umgeben, nicht selten eine sehr ungeliebte Rolle zu: die des Sparschweins, das es zu schlachten gilt. Diese Last, die man ihnen aufbürdet, ist die Reaktion der durchweg materiell ausgerichteten Gesellschaft auf die „Positionslosigkeit" der *farang*. Geld ist heute auch in Thailand das dominierende Thema, nicht etwa – wie blauäugige Touristen vielleicht annehmen möchten – der Buddhismus, die Meditation oder die „Erleuchtung". Die thailändische Gesellschaft ist nicht weniger materiell als die westliche – möglicherweise gar mehr?

Aufgrund der speziellen Thai-Farang-Problematik gibt es **nur wenige „echte" Freundschaften zwischen den beiden Gruppen.** Das betrifft oft auch *farang,* die Jahre im Lande verbracht haben. Viele Expats halten sich so hauptsächlich im Kreis von anderen Westlern auf und die Thais bleiben ebenfalls unter sich. So manche, die Thailand nach längerem Aufenthalt verließen, haben resümieren müssen, dass es ihnen nicht gelungen war, „echte" Freunde zu gewinnen. Die meisten Thai-Farang-„Freundschaften" sind so die (auch in Thailand!) viel bestaunten Beziehungen von Farang-Männern zu Thai-Frauen. Und die nehmen in den meisten Fällen ihren (unrühmlichen?) Anfang in einer der vielen einschlägigen Bars. Doch zu diesem brennend erwarteten Thema im nächsten Kapitel mehr …

Kulturschock hautnah: die Thai-farang-Ehe

„Die siamesischen Damen können, ohne Konkurrenz fürchten zu müssen, zu der häßlichsten Gattung Frau auf dem Antlitz der Erdkugel erklärt werden. Mit ihrem Haar, das sie in Art der Männer tragen, den gleichen Gesichtszügen, der gleichen Hautfarbe und der gleichen (wenigen) Kleidung muß der Mann, der sich von ihren lechzenden Blicken einfangen läßt, wahrlich ein unverbesserlicher Casanova sein."

F. A. Neale, 1852

Harte Worte von einem „kulturgeschockten" Reisenden des 19. Jahrhunderts! *F. A. Neale,* der in seinem Buch „Narrative of a Residence in Siam" nicht immer sehr Wohlgefälliges über die Thais zu berichten hat, lenkt hier eine seiner härtesten Attacken gegen die **„häßlichsten Frauen auf dem Antlitz der Erdenkugel",** von denen heute – anderthalb Jahrhunderte danach – die meisten westlichen Männer genau das Gegenteil behaupten würden. *Neale* war zweifelsohne das Opfer eines „modischen Kulturschocks": Die zu seiner Zeit in Siam üblichen „männlich"-kurz geschorenen Damenköpfe, die betelgeschwärzten Zähne der Frauen und deren anspruchslose Kleidung widersprachen dem Schönheitsideal, das *Neale* aus seiner viktorianischen Heimat her kannte. Gewöhnt an langes, blondgewelltes Haar, weißen Teint, (mehr oder weniger) weiße Zähne sowie wallende Gewänder, konnte er das Schönheitsideal der Thais nur mit Hohn belohnen. Die gesunde Distanz, die Einsicht, dass „Schönheit" nur relativ und normgebunden ist, fehlte ihm.

Er war jedoch nicht das einzige Opfer solcher Fehleinschätzung. Die meisten westlichen Reisenden vorangegangener Jahrhunderte kommentierten das Aussehen der thailändischen Frauen und ka-

◁ Thailänderinnen sind deutschen Männern die zweitliebsten ausländischen Ehepartnerinnen

men übereinstimmend zu dem gleichen Ergebnis. Doch die Zeiten ändern sich. Schon bald nach *Neales* Aufenthalt in Thailand bestieg *König Chulalongkorn* den Thron und forderte seine Untertanen unter anderem dazu auf, von nun an dem westlichen Schönheitsideal zu frönen. Der Westen sollte bis ins Detail kopiert werden. Das war, wie wir an anderer Stelle gesehen haben, zwar nicht immer positiv, aber dennoch, das **westliche Schönheitsideal** setzte sich durch. Die Haare wurden nun lang getragen, das Betelkauen galt als unhygienisch und war verpönt, die Kleidung wurde aufwendiger und „europäischer". Hinzu kam der Sinn der Thais für Ästhetik und die Thai-Frauen verstanden es bald vorzüglich, sich so wohlgefällig zu präsentieren, dass sie nun auch auf die Reisenden aus dem Westen äußerst attraktiv wirkten. Die Gesichter hatten sich natürlich nicht verändert – das belegen auch alte Fotos oder Zeichnungen – nur das Outfit. Die einst „hässlichsten Frauen der Welt" galten bald als der Inbegriff asiatischer Anmut und Schönheit. Kleider (sowie Schminke und Haarmode) machen Leute.

Anfang der 1970er-Jahre begann schließlich eine Art Tourismus, die auf zwei Grundlagen beruhte: der mittlerweile legendären Anmut thailändischer Frauen und deren Präsenz in einem sich immer mehr perfektionierenden **Prostitutionswesen**.

Die Bordellreisenden der ersten Stunde und die Boulevardpresse verbreiteten das Bild von Abermillionen von willfährigen „Siamesischen Katzen", die schön, arm (sprich billig!) und „anschmiegsam" waren. Das Image blieb haften und machte glauben, **alle thailändischen Frauen seien schön und käuflich** – ein Trugschluss weniger in Bezug auf die erstgenannte Eigenschaft, aber sicherlich bezüglich der zweiten. Die Minderheit der Prostituierten wurde zum Symbol der thailändischen Frauen schlechthin. Das ist etwa so, als würde man alle Deutschen als Alkoholiker bezeichnen, da es unter ihnen nun einmal eine Million Alkoholiker gibt. Das Image eines Landes basiert meist nur auf einem überpublizierten Teilaspekt.

Heute ziehen die „schönen" Thai-Frauen jährlich Abertausende von männlichen Besuchern an. Die zahlreichen Bars und Coffee Shops sind Kontakthöfe für Thai-Farang-Liaisons. Die sind oft nur von sehr kurzer Dauer, gelegentlich entwickelt sich aber mehr daraus. Diese **Beziehungen zwischen Farang-Männern und thailändischen Prostituierten** will ich als erste unter die Lupe nehmen, auch wenn das vielleicht merkwürdig erscheint. Aber: Sie sind die häufigsten. Beziehungen oder Ehen zwischen Farang-Männern und anderen – d. h. nicht aus dem Milieu der Sexindustrie stammenden – Frauen sind allem Anschein nach (es gibt keine Statistiken!) immer noch in der Minderzahl. Die „normale" Thai-Frau hat in der Regel gar keinen Kontakt zu Ausländern und ist darauf auch nicht

sonderlich erpicht. Wer einen *farang* zum Freund oder Ehemann hat, wird unter Umständen schief angesehen. Was ist falsch an ihr, dass sie keinen Thai-Ehemann finden kann? Die „gute" Gesellschaft wird eine solche Frau möglicherweise mit den Prostituierten in einen Topf werfen, das ist ein ungeheurer Gesichtsverlust für die Betreffende. Nicht alle Thai-Frauen sind selbstbewusst genug, sich diesen gesellschaftlichen Vorurteilen zu stellen.

Mit zunehmender Bildung und „Weltoffenheit" in Thailand steigt allerdings die Zahl der Frauen merklich an, die eine Beziehung mit einem *farang* einzugehen bereit sind. Da „gute" thailändische Frauen meist nicht in Discos oder Bars gehen, und wenn doch, dann vor allem im (weiblichen) Freundeskreis, ist es nicht leicht für sie, überhaupt einen *farang* zu treffen. Aus diesem Grunde machen viele thailändische Frauen heutzutage von Chatrooms und **Internet-Dating-Sites** Gebrauch, um Kontakte anzubahnen. Doch Vorsicht, nicht alle thailändischen Frauen, die per Internet Kontakte knüpfen, haben Ehe und biederes Familienleben im Sinn. Unter ihnen sind auch professionelle „Schnorrer", die mit lieblichen Worten ihren Internet-Partner einlullen und dann unter allen möglichen Vorwänden um Geldzahlungen bitten. Es ist erstaunlich, wie viele westliche Männer, die diese Frauen noch nie von Angesicht zu Angesicht gesehen haben (außer vielleicht per Foto im Internet!), tatsächlich Geld überweisen. Dazu gibt es einschlägige Chatrooms, in denen nicht selten Frauen mit diesem Ziel agieren.

△ Mädchen aus gutem Hause: In vielen besser situierten Familien sind Ausländer als Ehepartner nicht sonderlich beliebt

Es ist tatsächlich bemerkenswert: Da fliegen Abertausende von Männern um die halbe Welt, um sich mit Prostituierten zu vergnügen. Dieselben Männer haben möglicherweise in der Heimat noch nie ein Bordell von innen gesehen und kämen nicht im Traum darauf, mit einer der dort schaffenden Frauen eine Beziehung einzugehen. Schuld daran ist das kühle europäische „Arbeitsklima". Thais sind aber nun einmal Thais, auch wenn sie in Bordellen arbeiten, d.h. selbst eine Thai-Prostituierte ist in der Regel „wärmer", freundlicher, fröhlicher und humorvoller als ihre europäische, abgehärtete Kollegin. Die naive Kindlichkeit, die sich viele Thais bis an ihr Lebensende bewahren, findet sich auch bei den professionellen Damen.

Gerade das macht ihre Attraktivität aus. Dem Farang-Mann scheinen diese lebenslustigen, scheinbar liebevollen Wesen wie Balsam für die von harten „Emanzen" zerfledderte Macho-Seele. Hier gibt es – so hat es zumindest den Anschein – noch tatsächliche Freundlichkeit, Wärme und feminine Hingabe. Mit all ihren so attraktiven Eigenschaften scheint die Thai-(Bar-)Frau als perfektes Wesen für den Westmann.

Doch oft gibt es ein böses Erwachen. Meist hat sie den Farang-Mann dann schon einen großen Teil seiner Ersparnisse und einen nicht unerheblichen Teil seiner Seele gekostet. Barfrauen, Coffee-Shop-Girls und sonstige Prostituierte haben einen einzigen Grund, der sie in ihren Beruf gebracht hat: Geld. Und nichts anderes. Männerfantasien, die derlei Frauen gerne als unersättliche Sexmonster sehen, sind mit wenigen Ausnahmen unter der Rubrik „Wunschdenken" einzuordnen. Nymphomaninnen, die ihre Erfüllung in der Prostitution finden, mag es geben, sie sind aber sicherlich die absolute Ausnahme. Bleibt also nur das Geld. Der Beginn einer Bar-Liaison beruht also auf dem Wunsch, Geld zu verdienen. Bei den so freundlichen Wesen fällt auch dem *farang*, der daheim seiner Freundin nur ungern etwas spendiert, das Zahlen nicht schwer. Die Regeln von zu Hause lösen sich angesichts der unwiderstehlichen Thai-Frauen in Wohlgefallen auf.

Mancher Barkunde, der sich ein Mädchen mit ins Hotel genommen hat, ist von deren „frischer" Art überwältigt und wird zum „Wiederholungstäter". Möglicherweise holt er dasselbe Mädchen am nächsten Abend wieder aus der Bar. Ehe er sich versieht, beginnt eine Beziehung.

Solche Beziehungen laufen nicht selten nach folgendem **Schema** ab: Der Mann verliebt sich in das Mädchen. Sie mag ihn auch ganz gern, denn er ist einer von den netteren Kunden, die nicht so fürchterlich betrunken und aggressiv sind. Für ihn senkt sie sogar ihren Standardpreis. Nach ein paar Wochen hält der Mann den Gedanken nicht mehr aus, dass seine „Freundin" mit anderen ins Bett geht, wenn er mal nicht da ist. Schließlich braucht sie ja Geld, das versteht er, aber nein, das macht er nun doch nicht mehr mit. Eines Tages unterbreitet er ihr also eine Idee, er hat sich alles gut überlegt: Sie solle mit der Bar aufhören, er würde ihr von nun an alles zahlen, was sie brauche. Ein verlockender Gedanke, auch für das Mädchen. Ewig in der Bar arbeiten wollte sie ohnehin nicht, tja, Geld scheint der Bursche ja auch zu haben. Man wird sich einig. Zunächst macht man einen gemeinsamen Urlaub. Pattaya, Ko Samui, Phuket. Als dann der Tag der Abreise des Mannes naht, entschließt er sich kurzerhand: Die Frau muss mit. Nach den üblichen Visumproblemen ist es so weit, man fliegt gemeinsam in die Heimat des Mannes, dort will man sogar heiraten. Der Mann zahlt den Eltern seiner Zukünftigen einen ordentlichen Brautpreis, wie sich das so gehört. Ein bisschen viel war's schon – 500.000 Baht (ca. 10.400 Euro) doch was tut man nicht alles? Bis dahin ging alles gut. In der Folgezeit gibt es aber Krisen. Seine ehemals so sanftmütige Thai-Frau ist frustriert, sie kennt niemanden in der neuen Heimat, kann die Sprache nicht und langweilt sich zu Tode. Ihre depressive Phase überbrückt sie vielleicht mit ausgiebigen Einkäufen, die die Ersparnisse ihres Mannes aufzuzehren drohen, und durch Nörgelei. Der Mann kann sich die finanziellen Eskapaden nicht mehr leisten und das, was die Frau für ihn zuvor so anziehend gemacht hat, die gute Laune und das sonnige Gemüt, ist der europäischen Kälte zum Opfer gefallen. Die Ehe zerbricht.

Spätestens hier zeigt sich nun, dass wohl weniger „Liebe" im Spiel war als viel mehr materielle Erwartungen (seitens der Frau) bzw. die Lust auf Exotik (seitens des Mannes). Wie in vielen asiatischen Gesellschaften, so werden auch in Thailand Begriffe wie „Liebe" oder „Gefühl" oft materiellen Erwägungen geopfert. Dies ist ein verständliches Verhalten, wenn

man bedenkt, dass es nicht selten schlichtweg ums Überleben geht. Ein junges Mädchen ohne gute Schulausbildung hat oft nur durch die Heirat mit einem besser situierten Mann die Chance, ein relativ komfortables Leben zu führen und dabei eine der Hauptpflichten der guten Tochter zu erfüllen, und zwar die finanzielle Unterstützung der Eltern. Besonders letzteres rechtfertigt die Opferung von „Liebe" oder „Gefühl" und das sich so für die Eltern einsetzende Mädchen wird dafür in ihrem nächsten Leben belohnt.

Im Zuge der wirtschaftlichen Entwicklung, die Thailand in der Zukunft noch erleben wird, ist zu erwarten, dass die Handlungsmuster bald weniger von finanziellen Erwägungen geprägt werden dürften: In einer Gesellschaft, in der jeder sein bequemes Auskommen hat, ist es dann weitaus leichter, Beziehungen ohne finanzielle Erwägungen einzugehen. Man ist materiell versorgt und erst dann dürstet man nach der großen Liebe. In den allermeisten Fällen wird die Frau nach dem Scheitern der Ehe wieder in ihr altes Milieu zurückkehren, um wieder in der Bar zu arbeiten, umgeben von ihren Freundinnen, die ihre Wiederkehr ausgelassen feiern. Vielleicht läuft es ja mit dem nächsten besser …

Es gibt natürlich Varianten des obigen Beziehungsschemas zwischen *farang* und Bar-Girl, so aber etwa verläuft der Haupt-Plot des Dramas. Die Beziehung oder Ehe scheitert, da beide Partner sie aus unterschiedlichen Gründen eingehen: Die Frau will ein Leben in Wohlstand und Luxus und ihren Eltern regelmäßig große Beträge schicken können; der Mann will eine „anschmiegsame" Siamesische Katze, die unterwürfiger ist als ihre westlichen Geschlechtsgenossinnen. Beide bekommen für eine kurze Zeit das, was sie wollen – auf lange Sicht hat die Beziehung aber keine Basis.

Läuft alles nach diesem Schema ab, so ist das noch nicht einmal die schlechteste Möglichkeit. Häufig gibt es Ehefrauen, die aus dem fernen Europa ihren ersten Ehemann unterstützen, mit dem Geld des europäischen Gatten, der davon nichts weiß. Manche Frau verlässt ihren europäischen Ehemann quasi über Nacht, weg ist sie auf Nimmerwiedersehen, möglicherweise mit allen Wertsachen, derer sie habhaft werden konnte.

Die Ehemänner sind aber oft nicht besser. In der Heimat, wenn das Feuer erkaltet ist, wird so manche Frau verstoßen und ihr bleibt wieder einmal nur die Prostitution. (Der folgende Fall ist authentisch: Ein *farang* holt sich seine Bar-Liebe in die Heimat und heiratet sie. Dort regt sich ihr Interesse für die höhere Bildung, zu der sie bisher nie eine Chance gehabt hatte. Sie

◁ Gut aussehen ist Trumpf: Amateur-Modenshow in Bangkok

geht zur Abendschule und büffelt bis tief in die Nacht. Nach einer Weile ist dem Ehemann seine Frau zu „schlau" geworden, sie ist nicht mehr das Dummerchen, dem er etwas erzählen kann. Das war nicht der Sinn seiner Heirat und er wirft die Frau aus dem Haus.) Von vorsätzlichen Verbrechen, wie z. B. Verkauf von Frauen in Bordelle, Sklavenhaltung etc., soll hier gar nicht die Rede sein. Nicht weil es so etwas nicht gibt, sondern weil hier von Menschen mit (eigentlich) guten Absichten die Rede ist, nicht von Verbrechern. Natürlich gibt es auch Ehen zwischen Farang-Männern und Bar-Girls, die glücklich ein Leben lang halten, doch das sind bemerkenswerte Ausnahmen.

Zweitmann im Hintergrund: ungewollte Ehe zu dritt

Thai-farang-Ehen gibt es viele und nicht wenige Thai-Frauen, die einen Westler ehelichen, tun dies aus finanziellen Erwägungen. Der „farang" ist gut für die finanzielle Seite des Lebens – und fürs Emotionale existiert im Hintergrund vielleicht noch ein Thai-Mann. So kann es ungewollt zu Ehen zu dritt kommen. Möglicherweise kennt der Westmann seinen Nebenbuhler sogar, allerdings wird er ihm von seiner Frau als „Bruder" vorgestellt. Vielen in Thailand lebenden Expats sind solche Fälle bekannt. Nicht wenige thailändische Männer, besonders solche mit niedrigem sozialen Status, finden sich gerne mit dem „Arrangement" ab, zumindest solange ein Großteil des Geldes an sie weitergeleitet wird.

Unter Umständen kann der Gegenspieler ebenfalls ein Westler sein, ein „Co-farang" sozusagen. Ein tragikomischer Fall dieser Art wurde mir zuletzt aus einem Dorf bei Ubon Ratchathani geschildert: Eine Frau aus dem Dorf hatte zwei „farang" geheiratet, einen Schweizer und einen Australier. (In Thailand werden Ehen, die nur im Tempel vollzogen wurden, nicht registriert – und selbst bei registrierten Ehen gibt es viel Spielraum.) Beide Männer wohnten hauptsächlich in ihrem Heimatland, verbrachten aber jedes Jahr ein paar Monate bei ihrer (gemeinsamen) Frau in Thailand. Natürlich wussten sie nichts voneinander; ihre „Besuchszeiten" wurden sorgfältig auseinander gehalten.

Damit die Dorfbewohner sich vor den Ehemännern nicht „verplapperten", dachte die Frau sich einen einfachen aber wirkungsvollen Trick aus: Wenn der Schweizer zu Besuch war, zog sie an einer Fahnenstange eine schweizer Flagge hoch; traf der Australier ein, so wurde flugs die australische Flagge gehisst – so wusste gleich das ganze Dorf, welcher der Männer gerade vor Ort war.

Besser sind die Aussichten bei **Ehen mit einer „normalen" Frau,** da hier finanzielle Erwägungen unter Umständen weniger im Vordergrund stehen. In den Ehen zwischen *farang* und „normalen" Thai-Frauen gibt es alle möglichen Konstellationen. Der große kulturelle Unterschied, der zwischen beiden Partnern besteht, ist nicht leicht zu überbrücken, er erfordert ein ungeheures Einfühlungsvermögen.

Einer der wichtigsten Aspekte, mit denen sich der *farang* abzufinden hat, ist die Tatsache, dass er nicht nur eine Frau heiratet, sondern auch deren Familie! Die thailändische Lebensweise will es, dass der Ehemann die Familie seiner Frau, hauptsächlich deren Eltern, lebenslang unterstützt. Dabei ist manches finanzielle Opfer zu bringen. Die schmerzen besonders, wenn das hart erarbeitete Geld im Familienkreis zu Unterhaltungszwecken „verplempert" wird, wie es so oft der Fall ist. Damit muss der Mann rechnen, dennoch hat er seine (finanzielle) Loyalität zu wahren. Auch die Frau muss ja – so will es die thailändische Tradition – im Guten wie im Bösen zu ihren Eltern stehen. Auch wenn sie weiß, dass das Geld, das sie schickt, alsbald im Sande versickert.

Im Allgemeinen sind am ehesten Frauen aus niegrigen sozialen Schichten dazu bereit, einen Westmann zu heiraten, denn die Heirat verspricht ihnen sozialen und finanziellen Aufstieg. Die Mittelklasse verhält sich eher gemischt – einige Mittelschichtsfrauen würden einen Westler als Partner erwägen, andere aber auch nicht. Thailändische Frauen aus den oberen Gesellschaftsschichten sind meist nicht sonderlich auf einen westlichen Ehemann erpicht. Sie sehen sich in der Regel lieber unter ihresgleichen um, als sich mit einem „gewöhnlichen" Westler abzugeben.

Wo bleiben aber nun die **Ehen zwischen Farang-Frau und Thai-Mann?** Dieses ist ein weitaus kürzeres Kapitel. Der Grund: Nur sehr wenige westliche Frauen gehen eine Ehe mit einem Thai-Mann ein, denn dessen selbstverständlicher Chauvinismus macht ihn bei Westfrauen als Ehepartner nicht gerade populär. An seiner Oberfläche ist der Thai-Mann umgänglich, höflich und fast feminin weich – darunter versteckt sich aber oft ein Höchstmaß an Machotum. Die Rechte, die er für sich in Anspruch nimmt, gesteht er in den meisten Fällen seiner Frau nicht zu. Thai-Männer sind nicht gerade für ihre eheliche Treue berühmt, ihre Frauen aber haben treu und ergeben zu sein. Der Mann geht gerne mit Freunden aus, täte seine Frau dasselbe, würde sie wohl einen Familienkrach heraufbeschwören. Thai-Männer scheinen oft verhätschelte, egoistische Wesen, die von sich annehmen – nein, wissen –, die Krone der Evolution zu sein. Mit dieser Haltung haben sie bei den meisten westlichen Frauen heute keine guten Aussichten. Käme es dennoch zu einer Beziehung, so hätte der

Mann enorme Schwierigkeiten mit der fordernden und direkten Art seiner „emanzipierten" Frau, auch auf sexuellem Gebiet. Thailändische Frauen nehmen in der Zweierbeziehung meist die klassische passive Rolle ein. Wäre sie die Aktivere der beiden, so käme schnell der Verdacht auf, sie könnte „von der schlechten Sorte" sein, d.h. eine mit viel Erfahrung auf diesem Gebiet. Thailändische Männer sammeln ihre Erfahrungen zwar früh und reichlich, ihrer Frau wollen sie das aber nicht zugestehen. Verhält sich die Frau zu aktiv und fordernd, bekommt der Thai-Mann ganz unmachohaftes Hosenflattern. Möglicherweise zieht er sich aus der Beziehung zurück und sucht sich lieber eine Frau, die möglichst viel jünger ist als er und die sich in guter althergebrachter Weise „erobern" lässt.

Nur wenige westliche Frauen könnten sich mit den „polygamen Neigungen" ihres Thai-Mannes – direkter würde man es wohl **„Untreue"** nennen – abfinden. Thailändische Frauen erwarten in den wenigsten Fällen absolute Treue, sie wissen um die casanovahaften Tendenzen ihrer Männer. Besuche in Massage-Salons, Bordellen und bei der *mia noy*, der „Nebenfrau", werden meist als dem Mann zustehender *sanuk* geduldet. Solange der Mann immer wieder zu seiner Frau zurückkehrt und sie und die Familie finanziell versorgt, ist die Frau zufrieden. Wie viele westliche Frauen könnten sich damit abfinden?

Der Frau wird „selbstverständlich" nicht die gleiche Freiheit eingeräumt. Legte sie ein ähnliches Verhalten an den Tag, was bei den „anständigen" thailändischen Frauen so gut wie undenkbar ist, bräche für den Mann die Welt zusammen. Handgreifliche Folgen wären nicht auszuschließen.

„Emanzipierte" Thai-Männer, solche, die ihren Frauen genau dieselben Freiheiten und Rechte zugestehen wie sich selber, sind absolute Ausnahmeerscheinungen. Hier ist noch ein weites Arbeitsfeld für Thailands bisher schwache Frauenbewegung. Thais sind aber von ihrer Erziehung her keine Menschen, die leicht auf die Barrikaden gehen – und die Frauen schon gar nicht. Frauen haben schön zu sein und später, wenn die Schönheit dem natürlichen Alterungsprozess erlegen ist, zumindest gute Hausfrauen und Mütter. Ein eigener Kopf ist weniger gefragt, höchstens, wenn es darum geht, der Familie durch irgendeine Arbeit (z.B. Essensverkauf auf der Straße) ein Zubrot zu verdienen. Intelligenz ist ansonsten nicht so wichtig, ist sie doch die Basis, das Rollenverhalten zu hinterfragen und sich womöglich dagegen aufzulehnen.

▷ Mach mal Pause: Dorfbewohner an einem Bootspier

Zu guter Letzt noch ein wenig **Sprachkunde,** die ja auch immer einen Einblick in die Mentalität eines Volkes gibt: Die formelle Vokabel für den „Ehemann" ist *saamii,* was vom Sanskrit-Wort *swami* für „Herr" und „Meister" herrührt. Die weniger höfliche Bezeichnung ist *pua*. In der Umgangssprache wird *fään* verwandt, was nichts ist als die thailändische Version des englischen „fan". *Fään* kann sowohl „Ehemann" und „Ehefrau" bedeuten, aber ebenso „Freund" oder „Freundin". Diese verbale Gleichstellung von eigentlich so unterschiedlichen Begriffen spiegelt die oft **verwirrenden Ehe- oder Beziehungsverhältnisse** wider. So leben z. B. viele verheiratete Männer fern der Ehefrau bei ihrer „Nebenfrau" in ehegleichen Verhältnissen. Die „Nebenfrau" ist also so etwas wie Freundin und Gattin zugleich. Zudem werden Ehen oft ohne große Formalitäten geschlossen und mit noch weniger Formalitäten geschieden. Der Übergang von „Freund" zu „Ehemann" und vielleicht zum nächsten „Freund" ist so relativ reibungslos.

Die farang und die Arbeitswelt: Plackerei kontra sanuk

„Sie sind müßig, wenn es darum geht, die alltägliche Arbeit zu verrichten, aber emsig genug, bei den Vorbereitungen zu Amüsement und den Festtagsprozessionen."

Ernest Young, 1898

Alle **westlichen Reisenden vorangegangener Jahrhunderte,** die das damalige Siam besuchten und darüber Aufzeichnungen hinterließen, kommentierten neben der Religion, dem Staatswesen, Fauna und Flora auch ein Thema, das den Europäern wohl schon immer wichtig war: die Arbeit bzw. die Arbeitsmoral. In allen Berichten erschienen die Thais als hochgradige Müßiggänger, die nichts taten, wenn sie nicht dazu gezwungen waren. *Nicolas Gervaise* (1688) nannte sie frei übersetzt „geborene Faulpelze", die gerne auf den Lohn von harter Arbeit verzichteten; *F. A. Neale* (1852) schrieb von „dumpf unter schattigen Bäumen sich räkelnden" Thai-Damen, die ansonsten nichts Besseres zu tun hatten, als Betel zu kauen und sich im Spiegel zu bewundern; *Ernest Young* (1898) beschrieb die Thais als sanfte, fröhliche Faulenzer, deren Vorstellung vom Paradies es war, „wohlig im Sonnenschein zu liegen", ohne einen Handschlag Arbeit verrichten zu müssen. (Der „Sonnenschein" ist dabei aber sicher nur im übertragenen Sinne zu sehen, denn kein Bewohner der Tropen setzt sich ihm aus freien Stücken aus. Das hat nicht nur gesundheitliche Gründe. Vielmehr lässt eine dunkle Hautfarbe auf Feldarbeit oder andere harte Arbeit im Freien schließen und somit auf einen niederen Status. Ein Lebemann von Welt hat hellhäutig zu sein!)

Allen Beschreibungen nach haben die Thais eine lange Geschichte von ... nun, nennen wir es einmal den **„Hang zu einem geruhsamen Leben"**. Die Worte „Faulheit" und „Müßiggang" kamen den Reiseberichtschreibern von früher leicht über die Feder, aber sie hatten noch nicht die Neigung abgelegt, alles mit europäischen Maßstäben zu messen. Im kalten, lebensfeindlichen Europa vor der industriellen Revolution bedeutete es den sicheren Hungertod, wenn der Bauer zu „faul" gewesen wäre, das Feld rechtzeitig zu bestellen oder die Ernte zeitgerecht einzufahren. In Thailand sorgte eine üppige Natur von jeher dafür, dass der Hunger auch ohne Arbeit gestillt werden konnte. Früchte wuchsen, ohne dass man die Bäume groß hegen musste, die Flüsse waren so voll mit Fischen, dass man sie mit Händen greifen konnte, und nur für den Reis musste man sich etwas plagen. Aber auch nur in der Pflanz- und der Erntesaison. Hungersnöte und Bettler gab es so gut wie keine, jeder konnte von der Natur satt werden.

Daraus entstand eine „Arbeitsmoral", die auch heute zu beobachten ist. **Man arbeitet nur so viel wie nötig.** Plackerei, um „Vorräte" an Geld beiseite zu schaffen, ist „unthai", hat keine Tradition. Man lebt nach der berühmten Methode Von-der-Hand-in-den-Mund. So ist es nicht verwunderlich, wenn westliche Business-Handbücher ausländische Geschäftsleute und Investoren immer wieder in sanften Tönen warnen: Die Thais, so heißt es, sind keine Europäer und haben eine „andere" Einstellung zur Arbeit. Darauf haben sich Ausländer nolens-volens einzustellen, wollen sie in der thailändischen Arbeitswelt zurechtkommen. Doch was heißt das konkret?

Thais sind Thais, auch wenn sie arbeiten, d.h. auch bei der Arbeit muss noch ein Freiraum sein, der *sanuk*, „Spaß", zulässt. So muss auch während der Arbeitszeit die Möglichkeit bestehen, mit jemandem zu reden, zu scherzen. Ist das nicht möglich, „verwelken" die Thais wie Topfblumen, die man zu gießen vergaß. Das beinhaltet natürlich, dass die **Arbeit immer mal wieder für diesen „Spaß" unterbrochen** wird, aber ohne das geht

es nicht. Thais haben nicht die verbissene Konzentration und Ausdauer, die Europäer (und z. B. Japaner) zeigen, alles geht spielerischer, lockerer zu. Dass dabei die Leistung leidet, ist einzusehen; auf der anderen Seite besteht ein gesünderes Arbeitsklima mit ausgeglicheneren Angestellten. Stresserkrankungen sind so noch eine Rarität.

Auf diese Arbeitsweise haben sich Ausländer einzustellen. Arbeiten sie selber vielleicht viel mehr, so wird ihnen das zwar die Bewunderung der Angestellten einbringen, mehr aber nicht: Kaum jemand wird ihrem Vorbild nacheifern wollen. Die Thais wissen, dass Europäer im Allgemeinen härter arbeiten als sie, aber man muss ja nicht unbedingt alles imitieren! Verwünschungsurteile der Ausländer wie „Bei uns wärst du schon zehnmal rausgeflogen!" fassen thailändische Angestellte als derbe Respektlosigkeit auf, zu mehr Arbeit werden sie sie kaum anstiften können. Im Gegenteil, wahrscheinlich werden die Gescholtenen von nun an ein mittelschweres, medizinisch unbekanntes Leiden simulieren und immer wieder am Arbeitsplatz „kollabieren". Wie immer in Thailand haben **Ermahnungen** sacht und sanft vorgenommen zu werden, mit einem Lächeln und ein paar freundlichen Grüßen an die Gemahlin. Harmonie ist das Schlüsselwort.

Muskelpower: Viele Thais müssen sich hart abplagen, um ein klägliches Einkommen zu verdienen

Ist der Ausländer gar der Chef, fällt ihm eine besonders verantwortungsvolle Rolle zu, die eines Beschützers. Von höher gestellten Personen (z. B. dem Chef) fordern die Angestellten eine wohlwollende Protektion, so wie sie überall in der thailändischen Gesellschaft anzutreffen ist. Der ältere Bruder beschützt die jüngeren Geschwister, der Vater beschützt Kinder und Frau, Gangsterbosse beschützen ihre Handlanger, der Lehrer beschützt die Schüler und der König beschützt das Volk. Dementsprechend übernimmt der Vorgesetzte am Arbeitsplatz eine Art Vertrauensfunktion und ist für das Wohlwollen seiner Untergebenen verantwortlich. Der Vorgesetzte hat sich so auch mit den persönlichen Sorgen seiner Angestellten zu befassen, falls sie sie ihm anvertrauen. Ein rüdes „Geh' zurück an deine Arbeit, was geht mich dein Privatkram an!" würde den Vorgesetzten bald zum verhasstesten Menschen in der Firma machen. Stattdessen hat er persönliches Interesse zu zeigen, auch wenn er keine Lösung des vorgetragenen Problems aus dem Ärmel schütteln kann. Eine Vertröstung à la orientale wie „Mal sehen, was sich da machen lässt ..." etc. reicht oft schon, sie erfüllt die Formalität. Vertröstungen ist man als Thai gewohnt, schließlich gibt es Abertausende von Beamten, die nie das tun, was sie eigentlich sollten, Abertausende von Klempnern, die nie erscheinen, und Dutzende von Plänen, Bangkoks Verkehrschaos zu beheben, die nie in Erfüllung gehen. Vielleicht morgen, *mañana, phrüng nii.*

Vorgesetzte haben nicht selten die unangenehme Aufgabe, **Entlassungen** aussprechen zu müssen. Dabei bedarf es in Thailand einer besonders behutsamen Hand. Die harmoniebedürftigen Thais nehmen Entlassungen als schwere persönliche Niederlage auf, wobei der Verlust des „Gesichtes" gewichtiger ist als die finanzielle Einbuße. Die Männer, ehrbewusst, wie sie nun mal sind, reagieren darauf empfindlicher als Frauen. Wie an anderer Stelle bereits erwähnt, so gibt es zahlreiche Fälle, in denen sich der Entlassene durch ein paar Schüsse aus einer flugs ausgeliehenen 38er-Pistole rächt. Nur so kann er die Schmach, die ihm vermeintlich angetan wurde, verwinden.

Im allereigensten Interesse gilt es also, die Entlassung so schonend wie möglich zu vollziehen. Dazu sollte vermittelt werden, dass nicht persönliche Gründe zur Entlassung geführt haben (z. B. schlechte Arbeit), sondern die allgemeine Wirtschaftslage, staatliche Steuermaßnahmen, die Inflation – ach ja, mein Gott, die Inflation! – oder gar die Aktivität der Sonnenflecken, die von einigen Ökonomen mit wirtschaftlichen Tiefs in Zusammenhang gebracht wird. Alles ist ein Grund – nur nicht die persönliche Leistung, wie schwach die auch gewesen sein mag.

Der Abschiedsweg sollte weiterhin mit ein paar lobenden Worten über die geleistete Arbeit geebnet werden, wie geschmeichelt die auch sein mögen. Thais sehen derlei Süßholzraspelei nicht als „Lüge", sondern als positiven Akt der psychologischen Bestärkung und der Harmonisierung. Eine Unwahrheit, die bei anderen gute Gefühle erzeugt, ist keine „Lüge", sondern ein Akt der Barmherzigkeit.

Zu all dem sollte noch ein kleines, unvorhergesehenes Geldgeschenk kommen, diskret in einem Umschlag verpackt. So hat der Vorgesetzte alles getan, um die Entlassung so „menschenwürdig" wie möglich zu gestalten. Um aber ganz auf Nummer Sicher zu gehen, sollte er vielleicht in der folgenden Woche nur den Hinterausgang benutzen, wenn er das Büro verlässt. Man weiß ja nie …

Bei dem rapiden Tempo der thailändischen Industrialisierung werden bald auch **Änderungen bezüglich Arbeitsklima und Arbeitsmoral** festzustellen sein. Beides wird sich westlichen Verhältnissen angleichen, wenn auch wohl nie ganz identisch werden. Die Reisenden der Zukunft werden – anders als ihre Vorgänger, die Herren *Gervaise, Neale, Young* & Co. – die Thais sicher nicht mehr als gottbegnadete Faulenzer erleben, die nur auf den nächsten Monsun warten und derweil zählen, wie viele Betelnüsse sie in der Zwischenzeit zu kauen vermögen. Thailands Arbeitswelt wird westlicher werden, ja gar westlicher werden *müssen,* wenn das Land sich im wirtschaftlichen Wettbewerb mit anderen Ländern behaupten will und dabei wird Thailand wohl oder übel einen Teil seines relaxten Charmes einbüßen.

Stellenangebote: In touristischen Gebieten findet sich immer eine Anstellung

Farang-(Bar-)Geschäftsleute – ein Leben mit Problemen

So mancher mag davon träumen: Eine Bar, ein Guest House oder sonst ein Geschäft irgendwo in Thailand, damit ließe es sich doch herrlich leben! Aber wie die meisten Träume entbehrt auch dieser größtenteils der Realität.

Abgesehen von den bürokratischen Hindernissen (die an dieser Stelle nicht erörtert werden sollen), bietet sich eine Vielzahl von anderen Problemen, auf die unbedarfte *farang* meist nicht gefasst sind. Besonders die Bar-Branche, in der sehr viele *farang* ihr Geld investieren, hat ihre eigenen Gesetze und so mancher Barbesitzer sieht sich plötzlich als das Opfer von **Schmiergeld fordernden Polizisten** und der Konkurrenz. Schmiergeldzahlungen oder andere „Aufmerksamkeiten" an das örtliche Polizeirevier sind ein Muss, ohne sie wird man bald einen Grund finden, das Lokal zu schließen.

Die **Konkurrenz** wiederum arbeitet mit den faulsten Tricks, um das Geschäft zunichte zu machen, schließlich gibt es zu viele Leute, die den scheinbar „einfachen Weg" gehen und Bars eröffnen, und somit gibt es immer mehr Bars, als der Markt eigentlich erlaubt. Die Konkurrenz ist hart.

Gelegentlich führen Konkurrenzkämpfe sogar schlichtweg zu Mord. Ab lächerlichen 5000 Baht lässt sich ein Killer bestellen, der die Konkurrenz auf die seine – treffsichere – Art beseitigt. In der thailändischen Verbrechensstatistik fallen Farang-Geschäftsleute, die so umkommen, nicht an, und die Zeitungen schweigen sich meist aus. Das ist auf eine Art „verständlich", will man doch potenzielle Investoren nicht abschrecken. 1999 wurde ein Australier, der mit der Umstrukturierung der Finanzverhältnisse einer Zuckerfabrik in Nakhon Sawan beauftragt war, von einem gedungenen Killer erschossen; der Australier hatte einen Finanzbetrug in der Firma aufgedeckt.

Kommt es lediglich zu juristischen Auseinandersetzungen mit der einheimischen Konkurrenz, so haben die *farang* auch hier keine guten Karten. Die thailändische Rechtsprechung zeigt oft eine negative Voreingenommenheit den *farang* gegenüber. Die erklärt sich aus der sozialen „Positionslosigkeit" der *farang* und aus der Denkweise, sie seien ja „nur" *farang*. Die Einheimischen haben einen klaren Bonus, wie der Fall auch gelagert sein mag. Das kann tragisch sein, besonders dann, wenn sich die *farang* allem Anschein nach eindeutig „im Recht" wähnen.

Die Art und Weise, mit der die Konkurrenz sich zur Wehr setzt, ist natürlich von Fall zu Fall verschieden. Ein britischer Bar-Besitzer auf Ko Samui, der eines Abends wie gewohnt um sechs Uhr sein Etablissement öffnen wollte, fand dort eine Abordnung örtlicher *nak leng*, „Schlägerty-

pen". Die gaben ihm unmissverständlich zu verstehen, dass die Bar von heute an „die ihre" sei. Wenn ihm sein Leben lieb sei, solle er, der sein ganzes Geld und seine ganze Zukunft in die Bar investiert hatte, mit dem nächsten Boot die Insel verlassen. Der (einstige) Bar-Besitzer wusste, dass mit solchen Drohungen nicht zu spaßen ist und folgte der Aufforderung. Geld und Zukunft waren zwar weg, dafür hatte er noch sein Leben. Fast eulenspiegelhaft komisch wirkt dagegen eine Maßnahme, die die einheimische Guest-House-Konkurrenz gegen einen ausländischen Guest-House-Besitzer auf Ko Samui unternahm: Über Nacht baute man eine hohe, lückenlose Mauer um das Guest House des *farang*, sodass niemand mehr hinein oder hinaus konnte.

Macht die einheimische Konkurrenz keine Probleme, so sind es oft die **Angestellten.** Besonders in der Barszene ist nicht unbedingt auf deren Ehrlichkeit zu hoffen. Diebische Finger in der Ladenkasse sind keine Ausnahme, eher die Regel. So schätzen die Bar-Besitzer am Patong Beach auf Phuket, dass mindestens 7% ihrer Einnahmen unterschlagen werden. Mit diesem unfreiwilligen Tribut lebt man; solange das Geschäft dennoch Profit abwirft, unternimmt man nichts. Würde man einen der diebischen Angestellten hinauswerfen, bekäme man womöglich einen neuen, der noch kräftiger zulangt.

Bon appetit: Restaurantbesitzer haben es besser als Barbetreiber

Was ist nun das **Resümee?** Sollten die *farang* jedes Business in Thailand meiden? Natürlich nicht. Thailand steht nach der Wirtschaftsflaute Ende der 1990er-Jahre heute wieder auf solideren Füßen und Investitionen können – in der richtigen Branche – durchaus vielversprechend sein. Nur – wenn irgendmöglich, nicht in der Barszene und der oft ebenso problematischen Tourismusbranche. Da in beiden Sparten theoretisch in kurzer Zeit viel Geld verdient werden kann, ist auch der Konkurrenzkampf gnadenlos und rabiat. Der Traum vom schnellen Geld aus der Bar und einem geruhsamen, „problemlosen" Leben ist meistens genau das: ein Traum.

Zu Gast: Essen, Trinken & sanuk

„Obwohl die Siamesen von Natur aus ein ruhiges und zurückgezogenes Leben bevorzugen, verzichten sie nicht auf gegenseitige Besuche. Die Zeremonien, die sie (bei diesen) beachten, ähneln in keiner Weise denen, die unter den Franzosen üblich sind."

Nicolas Gervaise, 1688

Recht hat er, der *Monsieur Gervaise,* die Thais besuchen sich auch heute noch sehr gern. Besuche werden oft ganz spontan gemacht, denn wie in den meisten wärmeren Ländern sind die Türen für Besucher allzeit offen – das ist wörtlich zu nehmen, aber auch im übertragenen Sinne.

Die **traditionellen Thai-Häuser** sind luftige Holzbauten, deren Tür bestenfalls zur Schlafenszeit verschlossen und verriegelt wird. Tagsüber aber ist sie offen, was nicht zuletzt der Ventilation dient. Oft sitzen die Bewohner wegen der Hitze vor dem Haus und verrichten dort ihre Arbeiten oder halten einen Schwatz. So sind sie für ihre Nachbarn zugänglich und man muss nicht erst an eine Türe klopfen, um sich mit den Hausbewohnern zu treffen. Dadurch entsteht eine enorme Formlosigkeit, die den Besuch nicht zu einem steifen Ritual macht, das im Voraus angemeldet werden muss, so wie es im Westen oft der Fall ist. Westler fühlen sich möglicherweise gestört, wenn sie unangemeldet besucht werden, ihre Tür ist – im wörtlichen und im übertragenen Sinne – verschlossen. Thais (und Asiaten im Allgemeinen) lassen sich hingegen gerne „stören", unterbrechen ihre Arbeit für einen Plausch oder verrichten sie währenddessen. Es scheint also, als würde das Klima auch die Mentalität der Menschen beeinflussen, zumindest teilweise.

Bei Besuchen in Thai-Familien gilt – auch da hat *Nicolas Gervaise* Recht – eine andere Etikette als in Europa, wenn sich auch die beiden in den letzten Jahrhunderten zunehmend etwas angeglichen haben. Strenge Rituale, die Besucher und Besuchter zu Gervaises Zeiten austauschten und die fast an ein Hofzeremoniell erinnerten, gibt es heute nicht mehr.

Sind Besuche in Thailand zwar oftmals spontane Angelegenheiten, so ist doch ein gewisses Reglement zu beachten, dessen Befolgen die (Besuchs-)Beziehungen erleichtert. Die Thais nehmen aber kleine Fehltritte der Ausländer, von denen sie wissen, dass sie auf Unwissenheit beruhen, mit der typisch thailändischen Toleranz hin. Patzer werden mit dem *djai yen* akzeptiert, dem „kühlen Herzen", das sich nicht aus der Ruhe bringen lässt und (fast) alles verzeiht.

Beginnen wir **vor der Haustür.** Die thailändische Reinlichkeit will es, dass die Schuhe vor der Schwelle ausgezogen werden. Die zahlreichen Schuhpaare, die vor thailändischen Türen lagern, gehören zum festen Alltagsbild. Die Fußböden sind oft so blank gewienert, dass man fast von ihnen essen könnte. Innerhalb des Hauses gehen die Thais somit nur barfuß oder aber mit speziellen Hausschuhen oder -latschen, die niemals außerhalb getragen werden und somit „sauber" sind. Die Schuhe sind aber auch auf rituelle Art „unrein", da sie den niedrigsten Körperteil bedecken, der alles entweiht, mit dem er in Berührung kommt (der Fußboden im Haus ist da eine Ausnahme!). **Schuhe** sind außerdem meist aus Leder hergestellt und damit Teil eines toten Tieres. Alles, was mit Tod oder Totem in Verbindung steht, ist „unrein". In Beziehung auf die Schuhe mag diese Vorstellung nicht mehr bewusst vorhanden sein, vielmehr hat sie sich aber im Laufe der Zeit verinnerlicht. Diese Vorstellung von der Unreinheit mag von den Hindus übernommen worden sein, die in den vorbuddhistischen Zeiten ihren kulturellen Einfluss über Südostasien ausgebreitet hatten. Das belegt auch die Tatsache, dass noch zur Ayutthaya-Periode (1350–1767) das Verzehren von Rindfleisch, wie bei den Hindus auch, verpönt war. Man betrachtete Kühe und Ochsen als die Inkarnation von Buddha, so wie auch die Hindus heute noch die Kuh als ihre „Mutter" und die Inkarnation eines göttlichen Prinzips ansehen. Zur Zeit Ayutthayas aßen die Thais, wie die Hindus, nur sehr wenig Fleisch, dafür aber Fisch.

Hat man die Schwelle schuhlos überschritten, wird den Gästen sofort der **bequemste Platz** zugewiesen. Viele traditionelle Thai-Familien sitzen auf dem Boden, mit oder ohne Kissen, wissen aber, dass *farang* das oft nicht können. So wird man den Gästen womöglich Platz auf einem Sofa schaffen, falls vorhanden, oder einen Stuhl aufzutreiben versuchen. Für Gäste ist das Beste gerade gut genug! Thais empfinden das Sitzen auf Stühlen oft als unbequem, von Kindheit an sind sie daran gewöhnt, auf dem Boden zu hocken. Das fördert die Beweglichkeit der Beine, die so viel flexibler sind als die der *farang*. Dadurch sind die meisten Thais auch in der Lage, eine Art Lotussitz einzunehmen, der den *farang* meist ungeheure Schwierigkeiten bereitet. Der deutsche Gelehrte *Dr. Engelbert Kaempfer,* offensichtlich an den westlichen Luxus von Stühlen wohlgewöhnt, nannte diese Art zu sitzen im Jahre 1690 „die Sitzweise der Neger". Die zahlreichen Buddhastatuen, die er im damaligen Siam zu Gesicht bekam, saßen ihm offensichtlich etwas zu „primitiv".

Hat man es sich bequem gemacht, so beginnt wahrscheinlich ein heiteres **Gespräch,** Thais haben für Schwermut nicht viel übrig. Zwischen all den Lachern werden die Gastgeber nicht umhin können, zahlreiche mehr oder weniger „persönliche", Fragen zu stellen. Das empfindet der (westliche) Gast möglicherweise als „Neugier" (d.h. Fragen um des leeren Fragens willen, ohne einen tieferen Sinn), hilft den Thais aber (wie bereits erwähnt), die soziale Position des Gastes abzuschätzen.

Man fragt nach dem Alter, dem Beruf, dem Ehestand, nach eventuellen Kindern und nicht zuletzt nach dem Geld. Oft wird ganz direkt nach dem Einkommen gefragt („Wie viel verdienen Sie? Bestimmt 50.000 Baht im Monat, oder?") oder man tarnt das Anliegen, indem man herauszufinden versucht, wie viel der Gast für dieses oder jenes ausgibt. Fragen wie „Wie reisen Sie in Thailand, mit dem Bus oder dem Flugzeug?", „Was kostet Ihr Hotel am Tag?", „Was geben Sie so für eine Mahlzeit im Restaurant aus?" etc. dienen nur der Abschätzung der Vermögensverhältnisse. Geld, so ist es nun einmal, spielt eine äußerst wichtige Rolle in Thailand.

Im Verlauf des Gespräches werden die Gastgeber irgendetwas **Ess- und Trinkbares** reichen, das gehört zur Geselligkeit. Ein kühles Glas Wasser bekommt man höchstwahrscheinlich schon gleich zu Anfang, kurz nach Betreten des Hauses, in die Hand gedrückt. Das ist ein Zeichen der Auf-

merksamkeit und dem „Mitgefühl" dem Gast gegenüber, der ja wahrscheinlich – wie bei dem Klima nicht verwunderlich – durstig sein wird. In Nordthailand ist es bis heute Tradition, an der Straße ein tönernes Wassergefäß, den *thum sai naam,* samt Schöpflöffel bereitzustellen, mit dem Passanten ihren Durst löschen können. Diese meist von Privatleuten vor ihren Häusern aufgestellten Gefäße sind ein Symbol für das buddhistische Prinzip des Mitgefühls für die leidende Kreatur.

Noch bis ins 20. Jahrhundert hinein wurden dem Gast traditionelle Betelblätter *(Piper betel)* gereicht. In die wurden kleingehackte Stücke der Areca-Nuss *(Areca catechu)* und andere stimulierende und zum Teil verdauungsfördernde Ingredienzien gerollt. Das Kauen dieser Mixtur produzierte einen blutroten Saft, der von Zeit zu Zeit ausgespuckt werden wollte. Dazu wurde ein metallener Spucknapf herumgereicht, in den alle Beteiligten ihren überflüssigen roten Speichel spien. Im Verlaufe eines geselligen Abends wurde so mancher Spucknapf randvoll. Das Betelkauen nahm etwa seit Beginn des 20. Jahrhunderts ab, man wandte sich dafür vermehrt dem Rauchen zu. Selbst Kinder pafften damals fröhlich in die Runde, sobald sie nur in der Lage waren, eine Zigarette zu halten. Heute rauchen die thailändischen Kinder nicht mehr und auch das Betelkauen ist fast ausgestorben. Nur noch die alten Leute auf dem Lande gönnen sich gelegentlich eine Dosis. Dementsprechend hat das Betelkauen heute das Image, nur etwas für die *kon boraan* zu sein, die „altertümlichen Leute", die von gestern. Viele Jungendliche kauen heute *maak farang* („Kaugummi"), wörtlich das „Betel der Europäer".

Das Betelkauen als Stimulanzmittel der Massen hat heute weitgehend dem **Alkoholgenuss** Platz gemacht. Zu Ayutthayas Zeiten noch konnte *Nicolas Gervaise* die Thais als ein „nüchternes Volk" bezeichnen, das dem Alkohol kaum zugeneigt war. *F. A. Neale* beobachtete Mitte des 19. Jahrhunderts zwar eine Vorliebe gewisser Kreise für Opium, stellte aber auch keinen besonderen Hang zum Alkohol fest. Das hat sich mittlerweile geändert. Alkohol gehört zur thailändischen Geselligkeit und selbst viele Frauen sprechen ihm zu. Die thailändischen Frauen haben sich eben auch in dieser Beziehung relativ gut emanzipiert. In Diskotheken sieht man nicht selten, wie Helfer 16- oder 17-jährige Mädchen heraustragen, die sich in dieser Beziehung ein wenig zu viel zugemutet haben. Alkoholkonsum gilt als *sanuk.*

Der meistgetrunkene alkoholische Drink ist der legendäre Mekhong-„Whisky". Eigentlich ist es ein Rum-Gebräu, das anmaßend „Whisky" genannt wird. Der Mekhong, benannt nach dem thailändisch-laotischen

◁ Schluckspecht: Zement-Schildkröte bevorzugt lokale Biermarke

Extrainfo 11 (s. S. 7): Das Nudelgericht *Pad Thai* ist eines der bekanntesten Thai-Gerichte und bei Backpackern in der Khao San Road, wo es an Straßenständen verkauft wird, sehr beliebt.

Grenzfluss Mae Khong, geht die Kehle herunter wie seichtes Flusswasser – doch Vorsicht: Der Kater, der sich möglicherweise an seine Fersen haftet, hat es in sich! Gelegentlich tauchen zudem billige Mekhong-Imitate auf dem Markt auf, die äußerlich zwar nicht vom Original zu unterscheiden, in ihrer Spätwirkung dafür aber um so schlimmer sind.

Seit den 1990er-Jahren verbreitete sich stark der Gebrauch von **Amphetaminen** *(yaa baa),* vor allem unter Schülern, Arbeitern, Bus- und Lastwagenfahrern. Jugendliche aus gehobeneren Kreisen greifen oft zu Rauschmitteln wie **Ecstasy,** das häufig in Diskotheken eingenommen wird. Den „normalen", gutbürgerlichen Thais sind diese Dinge jedoch genauso fremd wie ihren Pendants im Westen.

Namen und Anrede

Im Verlaufe der Geselligkeit wird der Gast möglicherweise mehrmals nach seinem Namen gefragt, den die Thais auch nach dem vierzehnten Versuch weder verstehen noch aussprechen können. Das führt aber immerhin zu spaßigen Zungenverdrehungen und fördert die allgemeine Heiterkeit. Dem Gast werden dafür alle möglichen Familienmitglieder, Freunde und Verwandte vorgestellt, deren Namen er wohl kaum alle auf einmal behalten kann.

Die thailändischen Rufnamen sind fast immer **Spitznamen,** die nichts mit dem eigentlichen Namen zu tun haben. Diese Spitznamen beruhen meist auf einer tatsächlichen oder einer gewünschten Eigenschaft der Person oder auf deren Aussehen. Viele Namen scheinen aus dem zoologischen Lexikon zu stammen: So gibt es Hunderttausende von *Mäo* („Katze"), *Muu* („Schwein"), *Mot* („Ameise"), *Phet* („Ente"), *Nok* („Vogel"), *Mii* („Bär"), *Plaa* („Fisch"), *Kratai* („Karnickel"), *Tao* („Schildkröte"), *Maa* („Pferd"), *Gai* („Huhn"), *Nuu* („Maus"/„Ratte"), *Süa* („Tiger"), *Chaang* („Elefant"), *Dagkatään* („Heuschrecke"), *Phüng* („Biene") und was sonst noch so kreucht und fleucht. Namen wie „Schwein" oder „Ratte" gelten dabei nicht als Beleidigung, sondern beziehen sich auf das Aussehen des Trägers; und wie ein Schwein oder eine Ratte auszusehen, ist auch in Thailand vielleicht nicht gerade eine Auszeichnung, zumindest aber ist es auch keine Schmach.

Andere Spitznamen sind z. B. *Gäo* („Glas" – klar, hell, rein), *Daeng* („Rot" – helle, rosa Hautfarbe), *Dam* („Schwarz" – dunkle Hautfarbe), *Nit* („Winzig"), *Noy* („Klein"), *Lek* („Klein"), *Uan* („Dick") etc. Dem Autor sind Zwillinge bekannt, die mit den originellen Namen *Ham* und *Khai* gerufen werden – höflich übersetzt „Penis" und „Hode". Derlei Frivolität bei der Namensgebung ist allerdings die große Ausnahme.

Die meisten Spitznamen können sowohl für einen Mann als auch für eine Frau benutzt werden. Viele Eltern wechseln den Namen ihrer Kinder irgendwann einmal, entweder, weil er ihnen nicht mehr gefällt, weil sie eine andere Eigenschaft oder Ähnlichkeit entdeckt haben oder weil das Kind oft krank ist und der Name als „unglücklich" betrachtet wird.

In letzter Zeit ist es zunehmend Mode geworden, auch englische Spitznamen zu geben. Dazu gehören *Ball, Boy, Bank, Oil, Shrimp, Crab* und sogar *Mafia* und *Seven* – letzterer stammt von den 7-Eleven-Läden, die zunehmend an jeder Straßenecke auftauchen.

Thais reden sich fast ausschließlich mit ihren Spitznamen an und der Gast sollte es ihnen gleichtun. Nur bei formellen Anlässen wird der **echte Vorname** verwendet, der meist ein relativ komplizierter Sanskrit- oder Pali-Begriff ist.

Die **Familiennamen** werden fast nie benutzt, werden aber in allen offiziellen Dokumenten genannt. Die Gleichgültigkeit dem Familiennamen gegenüber beruht auf der Tatsache, dass diese erst 1919 eingeführt wurden, wobei jeder Familie ihr eigener Name zugeteilt wurde. Auch dies sind Sanskrit- oder Pali-Namen, die alle eine Bedeutung haben. Da jede Familie ihren individuellen Namen bekam, kann man heute davon ausgehen, dass Personen mit gleichem Familiennamen alle mehr oder weniger miteinander verwandt sind. „Zufällige" Übereinstimmungen gibt es nicht. Aufgrund der individuellen Namensgebung haben es eingebürgerte Ausländer, die vom Gesetz her einen Thai-Namen annehmen müssen, nicht leicht, einen Namen zu finden, den es noch nicht gibt. Die zuständigen thailändischen Behörden haben Namenslisten, in denen alle bestehenden Familiennamen – Hunderttausende! – verzeichnet sind. Dort wird dann nachgeschlagen, ob der Name des Neubürgers, den er sich selber zu geben gedenkt, schon vergeben ist oder nicht.

Zur Anrede wird dem Spitz- oder aber dem echten Vornamen ein respektvolles *Khun* vorangestellt. *Khun* ist eine **höfliche Anredeform.** *Khun Lek* heißt dann also so viel wie „Mein/e verehrte/r Lek", *Khun Nok* „Mein/e liebe/r Nok", etc. Ohne das vorangestellte *Khun* wirkt die Anrede rüde. Die Gastgeber werden den ausländischen Gast entsprechend *Khun Günter, Khun Gerda, Khun Peter* o. Ä. nennen – soweit die Thai-Zunge die Aussprache der fremden Namen erlaubt! Die Thais haben da ihre Probleme und bezeichnen ihre Zunge selber als „ungelenk" (über die ungelenken Sprachversuche ihrer linguistisch mindestens ebenso behinderten Gäste schweigen sie sich höflich aus oder loben sie sogar über den grünen Klee!).

Zur Höflichkeit des Gastes gehört es auch, **die Gastgeber wie seine „eigene Familie" zu behandeln** – verbal zumindest. Dazu sollten nach Thai-Art diejenigen, die jünger sind als man selbst, mit *nong* („Kleiner Bruder"/

„Kleine Schwester") angesprochen werden; die, die älter sind, mit *phiii* („Großer Bruder"/„Große Schwester"). Personen, die vom Alter her die Eltern sein könnten, werden respektvoll *mää* („Mutter") bzw. *pho* („Vater") gerufen. Ist das Verhältnis etwas distanzierter, so nennt man sie *paa* („Tante") bzw. *lung* („Onkel"). So können auch ältere Nachbarn genannt werden, die gerade mal hereinschauen, wenn der ausländische Gast bewirtet wird, oder andere ältere Personen, die einem nicht so nahe sind. Kleine Kinder, die vom Alter her die eigenen Kinder sein könnten, sollten entweder *luuk* („Kind"; männlich und weiblich) gerufen werden oder besser *nuu* („Mäuschen", männlich und weiblich). Sind die Betreffenden vielleicht schon 11 oder 12 Jahre alt, kann man sie auch *nong* („Kleine/r") rufen.

Gastgeschenke

Geschenke werden von den Gastgebern in der Regel nicht erwartet, es sei denn, es handelt sich um einen besonderen Anlass wie Geburt, Hochzeit, Geburtstag o. Ä. In diesen Fällen sollte ein Sach- oder ein Geldgeschenk gegeben werden. Sachgeschenke sind dabei möglichst ansprechend zu verpacken, um dem thailändischen Schönheitssinn Rechnung zu tragen. Geldgeschenke sind in einen Umschlag zu stecken, um eine gewisse „Diskretion" zu wahren. Alle Geschenke müssen mit beiden Händen übergeben werden, alles andere gilt als halbherzig, als könne man sich nicht von der Gabe trennen. Dabei ist zudem eine „gebende", fast demütige Haltung einzunehmen. Der Geber sollte sich aber nicht wundern, wenn der Empfänger das Geschenk zwar sehr dankbar entgegennimmt, es aber nicht vor aller Augen öffnet, sondern es beiseite legt. Bei uns gehört es zum guten Ton, das Geschenk ungeduldig in Anwesenheit des Schenkenden auszupacken, um es dann gebührend zu bewundern – in Thailand wäre dies unhöflich und „gierig", als stürze man sich auf die Gabe wie ein Habenichts. Das Abwarten, bis alle Gäste nach Haus gegangen sind, beweist die Würde des Empfängers.

Die thailändische Gastfreundschaft will es, dass es dem Gast während seines Aufenthaltes im Gastgeberhaus an nichts mangelt. Oft bereitet man ein **großes Mahl** oder kauft ein teures von einem Restaurant in der Nähe. Letzteres ist nicht ungewöhnlich, denn aufgrund des großen Angebots an Nahrungsmitteln und den relativ niedrigen Preisen versorgen sich viele Thais zum Teil aus Restaurants oder von Essensständen. Der Preis spielt dabei oft keine Rolle, Thais zaudern nicht lange und kaufen das, was sie wollen, auch wenn dann die Kasse weit vor Monatsende leer ist. Das gehört zur Philosophie des *sanuk*. Wer zu viel über Geld nachdenkt, ist ein miesepetriger „Geizkragen" *(kon ki niau)*.

Bei **Gegenbesuchen** werden die (ehemaligen) Gastgeber ein ebenso großzügiges Verhalten erwarten. Dass sich vielleicht die Gäste selber vom Straßenstand einen Beutel Nudeln kaufen (und bezahlen!) müssen, wäre undenkbar. Der Gast ist vielleicht nicht gerade Gott, wie die Inder es sagen, aber doch sicher König.

Auf Markt, Straße & Klong: Handeln und Feilschen

„Jedes Haus ... ist ein Basar, und in diesen wird jeder erdenkliche Artikel zum Kauf feilgeboten, die gesamten Erzeugnisse aus Indien, China, der malaiischen Halbinsel und sogar Liverpool."

F. A. Neale, 1852

Bis Mitte des 19. Jahrhunderts spielte sich das thailändische Leben zum größten Teil an und auf den Flüssen und Klongs (Kanälen) des Landes ab. Die meisten Bewohner wohnten auf Hausbooten oder in direkt an die Wasserstraßen gebauten Holzhäusern. Selbst in Bangkok begann der Straßenbau erst im Jahre 1864 mit der Schaffung der „New Road" oder Thanon Charoen Krung („Die Straße in der wohlhabenden Stadt"). Zuvor hatte es nur schlecht begehbare Trampelpfade gegeben, die sich im Monsun in Schlamm- und Morastwege verwandelten. Aufgrund ihrer **wassernahen Lebensweise** waren die Thais durch und durch „amphibisch", d. h. sie konnten sich auf dem Wasser genauso gut fortbewegen wie zu Lande, wenn nicht besser. Kinder, die kaum auf ihren Beinen stehen und laufen konnten, lernten schon, mit Boot und Paddel umzugehen. Waren sie erwachsen, bewegten sie sich mit traumhafter

▷ Es geht auch billiger: In kleinen Läden kann meist gehandelt werden

Sicherheit über die Wasserwege und westliche Reisende zollten ihnen dafür immer wieder Respekt. Kein Wunder also, wenn sich auch der **Marktalltag vor allem auf dem Wasser** abspielte. Frauen ruderten in ihren hölzernen Booten *(sampan)* die Klongs entlang, riefen ihre Waren aus und hielten dort, wo man ihnen einen Kaufwunsch signalisierte oder da wo ein Stammkunde wartete. Begleitet wurden sie oft von ihren kleinen Töchtern, die das Marktgeschäft so fast von der Wiege auf erlernten. Der Verkauf auf dem Wasser war etwas vollkommen Selbstverständliches, das beweist auch ein altes thailändisches Sprichwort: „Rudere doch", so heißt es, „und verkaufe auf dem Markt, bevor dir die Lotus-Stängel verfaulen!" Mit anderen Worten „Zaudere nicht, handle!"

Heutzutage rudern nur noch wenige Händlerinnen zum Markt, die meisten fahren wohl eher mit dem Bus. Die berühmten **„Schwimmenden Märkte"** (*talaat naam*, „Wassermarkt"), marktmäßige Ansammlungen von paddelnden Händlerinnen, die ein kunterbuntes Warenangebot vom Boot aus feilbieten, gibt es nur noch vereinzelt. Der bekannteste „Schwimmende Markt" ist der von Damnoen Saduak, ca. 100 km südwestlich von Bangkok. Der Ortsname *Damnoen Saduak* bedeutet übersetzt übrigens so viel wie „Die bequemen Verkehrswege", ein Beweis dafür, dass man der Fortbewegung auf dem Wasser der auf dem Land den Vorzug gab. Auf dem schwierigeren Landweg hätten die Händlerinnen den Markt vielleicht nie rechtzeitig erreicht und ihre Lotus-Stängel – siehe obiges Sprichwort – wären längst verfault und unverkäuflich gewesen.

Der Tourist von heute wird wohl kaum noch auf „Schwimmenden Märkten" kaufen. Eher am Straßenrand, Straßenmarkt, im (ganz „normalen") Geschäft oder im hypermodernen Einkaufspalast, so wie Bangkok sie im Überfluss bietet. Speziell **Bangkok** scheint ein einziger Markt, ein einziges Kaufhaus zu sein, in dem es nichts gibt, was es nicht gibt. Seit geraumer Zeit trägt die Stadt den etwas ironischen Beinamen „The Bargain Basement of Asia", etwa „Asiens preiswerter Sonderangebotswühltisch", oder – in etwas zynischerer Übersetzung – „Asiens billiger Ramschladen". Ramsch gibt es natürlich, die Mehrheit der in Thailand produzierten Waren ist allerdings von hoher Qualität. Aufgrund des schwachen Baht ist das Einkaufen in Thailand immer noch extrem günstig.

Das Kaufen muss oft von einem fast unablässlichen Ritual begleitet werden: dem **Feilschen.** An Straßenständen, auf Straßenmärkten und (in geringerem Maße) in Geschäften sind die Preise sehr flexibel, Handeln kann eine erhebliche Ersparnis einbringen. In den Department Stores, diesen Kauftempeln nach westlichem Vorbild, ist dieses Ritual jedoch dem Zeitgeist geopfert worden: Die Preise sind dort fest. Reisende, die zum ersten Male mit dem Feilschen konfrontiert werden, sind in

Extrainfo 12 (s. S. 7): Einführung in die geläufigsten Tricks, mit denen Touristen in Thailand abgezockt werden. Die Suchbegriffe „tourist+scam+thailand" liefern viele weitere Videos.

den meisten Fällen etwas perplex. Mancher mag es sogar als „Betrugsversuch" werten, wenn zu Anfang ein eklatant hoher Preis genannt wird. Doch ganz so garstig sollte man das nicht sehen. Das Feilschen ist ein Akt der Kommunikation und kann sogar eine Menge Spaß machen, wenn man nicht zu verbissen an die Sache herangeht. Die Westler neigen oft dazu, es als einen Akt auf Leben und Tod zu betrachten, in dem entweder sie die Händler oder aber letztere sie über die Klinge barbieren. Beim Handeln empfiehlt sich, wie bei allen zwischenmenschlichen Aktionen, ein „kühles Herz" *(djai yen)* und eine gute Portion Humor. Ist der vom Händler genannte Preis offensichtlich weit überhöht, sollte man ihn durch ein humorvolles Lachen quittieren, nicht aber etwa durch Verwünschungen und eine geballte Faust. Nichts ist endgültig in Thailand, alles Ende ist offen, auch der Preis.

Das Feilschen ist also eher als eine Art Gesellschaftsspiel zu betrachten. Oder schlimmstenfalls als ein Ritual, das erfüllt werden will. Im Prinzip ist das Handeln „ursprünglicher" als das System des Festpreises, ist es doch ein Überrest aus den Zeiten, als es noch kein Geld gab und ein Schwein gegen eine Karre voll Melonen getauscht wurde, ein Huhn gegen eine Handvoll Trockenfisch. Bei diesem ursprünglichen Tauschhandel, wie er vor Erfindung des Geldes in allen Kulturen gepflegt wurde, war der effektive „Preis" logischerweise offen: Der „Preis" einer Ware konnte ja in verschiedenen „Währungen" bezahlt werden – in Schweinen, Hühnern, Bananenstauden, Ingwerknollen, Betelblättern, Reisscheffeln oder was gerade geboten wurde. Das heutige asiatische Feilschen ist ein Überbleibsel aus jenen Zeiten.

Bei der **ersten Preisüberlegung seitens des Händlers** spielen mehrere Faktoren eine Rolle. Zum einen seine eigene „Skrupellosigkeit", die es ihm erlaubt, mehr oder weniger hohe Preise zu verlangen. Die wird aber durch die Konkurrenz in Grenzen gehalten, denn ist der anfänglich genannte Preis allzu hoch, erreicht der Händler lediglich, dass

▷ Kommt der Kunde nicht ins Geschäft, kommt das Geschäft zum Kunden: Spielzeugverkauf auf Rädern

der potenzielle Kunde ohne den Versuch zu handeln zum Nachbarstand überläuft. Dazu kommt das Tagespreislevel, das sich (vor allem bei Lebensmitteln) tatsächlich von Tag zu Tag ändern kann, und natürlich die Einschätzung des Kunden. Hält der Händler ihn für „dumm" oder „unerfahren", wird er den Preis nach oben schnellen lassen. Zu dieser Kategorie zählen leider meistens die Touristen. Wer in bestem Schulenglisch auf eine Ware zeigt, dann fragt, was ist das eigentlich und wie teuer, der ist dazu prädestiniert, einen hohen Preis zu hören. Dafür kann der Betreffende natürlich nichts, denn jeder ist irgendwann zum ersten Mal in einem Land. Um aber zu vermeiden, als finanzielles Opferlamm herhalten zu müssen, sollte man so souverän wie möglich handeln. Nach der Methode: Also pass mal auf, ich kenn' mich hier aus, mach' mal einen vernünftigen Preis! Dazu gehört sicher ein bisschen schauspielerisches Talent, besonders, wenn man gerade einen Tag zuvor den Boden des Landes betreten hat. Einen Versuch ist es dennoch wert.

Thais handeln in vielen Fällen nicht, eine Tatsache, die wohl überraschen dürfte. Dafür gibt es zwei Gründe. Erstens bieten die Markthändler den Thais oft den „reellen" Preis, den diese ja ohnehin kennen. Viel mehr ist aus ihnen nicht herauszuholen. Zum zweiten möchten die Thais nur ungern ihr „Gesicht" verlieren. Wer zu viel handelt, erweckt den Anschein, er habe es bitter nötig und kein Thai möchte als insolvent betrachtet werden. Viele Thais zahlen auch Höchstpreise, ohne mit der Wimper zu zucken, obwohl sie wissen, dass sie auf einen Wucherer hereinfallen. Thais nehmen den finanziellen Verlust gelassen. Kein Wunder, wenn hart schachernde Ausländer nicht etwa bewundert, sondern für „Geizkragen" gehalten werden.

Wie viel Ausländer nun vom veranschlagten Preis herunterzuhandeln versuchen sollten, ist – leider, leider – nicht generell zu beantworten. Die Gedankengänge eines Händlers sind schwer vorauszusagen, es gibt wohlmeinende Naturen, die sofort einen Niedrigpreis bieten, und andere, die so etwas wie kommerzielle Draculas sind. Dazu gibt es alle Schattierungen zwischen diesen beiden Extremen. Bei kleinen Käufen werden Ausländer wohl mehrmals üben müssen, bevor sie ein Gefühl für das Preisniveau erhalten. Bei größeren Anschaffungen sollte man sich vorher gut umsehen und nicht auf das erstbeste Angebot eingehen. Eigentlich genau wie daheim auch.

Zu guter Letzt darf bei allem Feilschen eines nicht vergessen werden: **Auch der Händler hat ein „Gesicht",** das es zu bewahren gilt. Hat er einmal ein (niedriges) Angebot des Kunden abgelehnt, so sollte dieser nicht weiter darauf beharren. Auch wenn der Händler bei diesem Preis immer noch einen Profit macht. Händler, die einmal „Nein" gesagt haben, ändern ihre Meinung nur sehr selten, das gebietet ihnen ihr Selbstwertgefühl. In Thailand würde also nicht passieren, was in anderen asiatischen Ländern zu beobachten ist: Dass, wenn beide Parteien ohne eine Übereinkunft auseinandergehen, der Händler dann den Kunden schnell zurückruft, um doch auf dessen Angebot einzugehen. In Ländern wie Indien oder Nepal lässt sich so noch mancher Abschluss tätigen. Nicht aber in Thailand, dazu wäre die Mehrheit der Händler zu stolz. Auch wenn ihnen vielleicht ein Gewinn durch die Lappen geht.

Bevor es nun zum Markt geht, noch ein wenig **Sprachkunde.** Die Frage „Geht es vielleicht etwas billiger?" heißt auf Thai *Lot noy dai, mai?* Oft sagen die Händler schon von sich aus, wenn man nach dem Preis der Ware fragt: *„50 Baht – lot dai!"* „50 Baht – es geht aber auch billiger!" Das ist natürlich ein hoffnungsvoller Ansatz und dann gibt es die Ware vielleicht 10 oder auch 20 Baht billiger. Die 50 Baht sind also der Ausgangspunkt des Handels, der Händler möchte nicht ohne Feilschen kleinbeigeben und erwartet zumindest ein kleines kommerzielles Tauziehen. Das ist er sich und seinem „Gesicht" schuldig.

Unterwegs in Thailand: Reisen leicht gemacht

„Es muß hier angemerkt werden, daß es kein leichtes Unterfangen ist, auch nur eine kurze Strecke in Siam zu reisen, und nur sehr wenige der dort lebenden Ausländer unternehmen jemals eine Fahrt, höchstens einmal zu geschäftichen Zwecken. Jede Reise, egal wohin, muß per Hausboot oder Dampfer unternommen werden."

Ernest Young, 1898

Bis ins 20. Jahrhundert war das Reisen in Thailand (oder Siam, wie es bis 1939 hieß) ein abenteuerliches, beschwerliches Unterfangen. Das Land bestand zum größten Teil aus dichtem Wald, der nur von **Elefantenpfaden** durchkreuzt wurde. Die waren alles andere als leicht passierbar. Reisen von Bangkok nach Chiang Mai, auf dem Rücken der Dickhäuter, dauerten je nach Jahreszeit Wochen oder gar Monate. Einige solcher Reisen, spannend wie sie waren, wurden für die staunende Nachwelt dokumentiert, siehe z. B. *H. S. Hallets* „Thousand Miles on an Elephant in the Shan States" aus dem Jahre 1890.

1898 begann der **Bau der Northern Railway,** die die Strecke Bangkok–Chiang Mai erheblich erleichtern sollte. Die Arbeiten unterstanden zunächst der Aufsicht deutscher Ingenieure. Als Siam jedoch 1917 Deutschland im Zuge des 1. Weltkriegs den Krieg erklärte, wurden sie ihrer Pflichten enthoben und einheimische Ingenieure übernahmen ihre Posten.

Als der Engländer *Reginald le May* im Jahre 1913 von Bangkok nach Chiang Mai reiste, führte die Eisenbahnlinie nur bis zu der Ortschaft Den Chai bei Phrae; die restlichen 190 km musste er laufen! Die gesamte Reisezeit betrug so immer noch 11 Tage. *Le May* war allerdings nach eigenen Angaben „nachträglich froh, dass ich das tun musste", denn das dabei Erlebte konnte er zu einem Buch verarbeiten („An Asian Arcady – The Land and People of Northern Siam"; 1925).

Im Jahre 1922 wurden die Gleisarbeiten für die **Southern Railway** beendet, die nun Bangkok mit Butterworth in Malaysia verband. Die Fahrzeit betrug ca. 35 Stunden. Ende des Jahres war dann auch Chiang Mai endgültig an das Netz angeschlossen und Fahrten ab Bangkok dauerten laut Fahrplan 25,5 Stunden.

Die Entwicklung des **Straßennetzes** erfolgte parallel zum Gleisausbau. Automobile waren, schon bald, nachdem sie über Europas Straßen zu holpern begonnen hatten, ein beliebtes Spielzeug des thailändischen Adels geworden. Um die Wende vom 19. zum 20. Jahrhundert fuhren daher schon mehrere Hundert Autos über Bangkoks Rajdamnoen Klang. Diese Prachtstraße, großzügig breit und gesäumt von schattigen Bäumen, war nach dem Vorbild der Champs Elysées in Paris gebaut worden. Fotos aus jener Zeit, die dort in Höhe von Wat Saket gemacht wurden, beweisen, dass auch damals schon ein verhältnismäßig reger Autoverkehr herrschte.

Ansonsten spielte sich der Verkehr auf den **Flüssen und Klongs** ab, über die fast jeder Ort im Lande – wie umständlich es auch war – zu erreichen war. Im Laufe des 20. Jahrhunderts wurden die Klongs weitgehend unwichtiger, Straße und Schiene übernahmen den Transport von Mensch und Material. Viele Klongs, besonders in Bangkok, wurden zubetoniert und so zu Straßen umgebaut. So gluckert noch heute unter mancher Hauptverkehrsader in Bangkok gutes altes Klongwasser.

Das Reisen im Thailand des frühen 21. Jahrhunderts hat nichts mehr mit dem zu tun, was uns die alten Reiseberichte überliefert haben. Der thailändische Sinn für *sabai,* das Bequeme, Angenehme und Wohlige, hat sich auch auf das Reisen ausgedehnt. In diesem Sinne schufen die Thais Verkehrsmittel und Verkehrsnetze, die die der meisten anderen asiatischen Länder weit in den Schatten stellen. Nicht wenige westliche Reisende gelangen sogar zu der Auffassung, dass das Reisen in Thailand leichter als in Europa sei. Eine Überraschung für all diejenigen, die dort vor Menschen überquellende, hoffnungslos unpünktliche Busse und ebenso katastrophale Züge – eben die sogenannten „Dritte-Welt-Verhältnisse" – befürchtet hatten. Reisen in Thailand ist, wie fast alles dort, *sabai sabai.*

Die bequemste, wenn auch nicht gerade schnellste Reisemethode ist der **Zug** (*rot fay;* wörtlich „Feuergefährt"). Die meisten der längeren Fahrten beginnen nachmittags oder abends, sodass der Reisende am nächsten Morgen sein Ziel erreicht. Bei diesen Nachtfahrten werden – im wahrsten Sinne des Wortes – gegen 21 oder 22 Uhr die „Betten heruntergeklappt". d. h. zwei gegenüber befindliche Sitze werden zu einer Schlafstatt ausgezogen, und darüber wird eine Pritsche heruntergeklappt, die ebenfalls als Schlafplatz dient. So entsteht eine „lower berth" („untere Koje") und eine „upper berth" („obere Koje"). Die untere kostet ein paar Baht mehr – möglicherweise, weil dem dort Schlafenden größere Kletterpartien erspart bleiben. Die untere Koje ist zudem etwas breiter und bequemer. In beiden Kojen lässt sich bestens dem Reiseziel entgegenschlummern.

Thailändische Züge unterscheiden sich in 1., 2. und 3. Klasse, die natürlich auch ein entsprechend unterschiedliches Preisniveau aufweisen. Die Züge der 1. Klasse sind alle mit Klimaanlage ausgestattet, die der 2. Klasse gibt es sowohl mit als auch ohne Klimaanlage, je nach Wunsch. Die mit Klimaanlage erheben einen Aufpreis. Die Züge der 3. Klasse sind – wer hätte es sich nicht gedacht – natürlich weit weniger *sabai*. Möglicherweise muss man seinen Sitz mit ein paar Körben voller Hühner oder einer ganzen Farmersfamilie teilen, aber auch das ist ja vielleicht einmal einen Versuch wert. Bequemlichkeit hat auch in Thailand ihren (relativen) Preis und in der extrem preiswerten 3. Klasse, dem „Hühnerexpress", ist kein Luxus zu erwarten.

Ultramodernes Verkehrsmittel: der „Skytrain" (BTS) in Bangkok

Thailands Landstraßen und Highways werden von zwei Arten öffentlicher **Busse** befahren: den *rot thammada* („Gewöhnliche Busse") und den *rot är* („Luftbusse"; von engl. „air"). Erstere sind für asiatische Verhältnisse wiederum sehr bequem, mit halbwegs gepolsterten Sitzen, aber ohne Klimaanlage. Die *rot är* dagegen sind luxuriöse Tourbusse mit Klimaanlage und sogar einer Toilette (deren Benutzung, eng und schaukelig wie sie sind, allerdings ein kleines Abenteuer ist, das man nicht immer ohne Selbstbeschmutzung übersteht!). Diese Busse haben gut gepolsterte, zurücklehnbare Sitze. Dazu gibt es einen Service, bei dem das weibliche Begleitpersonal sowohl kostenlos alkoholfreie Getränke als auch Lunchpakete austeilt. Bei längeren Fahrten wird zudem an einer Raststätte eine Pause eingelegt, bei der die Fahrgäste ebenfalls (meist) eine freie Mahlzeit erhalten. Für's Essen wird in Thailand auch beim Reisen gesorgt.

Die Tourbusse sind bequem und schnell. Manchmal sind sie aber auch kalt und laut. Die Thais, tagtäglich tropischer Hitze ausgesetzt, sehnen sich nach „Kühle", so wie die Europäer nach Sonnenglut lechzen. Sowohl die Europäer als auch die Thais übertreiben ihre Vorlieben aber gelegentlich und so handeln sich die einen einen fürchterlichen Sonnenbrand ein, die anderen drehen die Klimaanlage auf Hochtouren, bis der Schüttelfrost einsetzt. Besonders in den Bussen werden die Klimaanlagen oft zur Simulierung eines Polarklimas missbraucht, worauf die ahnungslosen *farang* meist nicht vorbereitet sind. Etwas warme Kleidung (Jacke, Socken, und Ähnliches) sollte bei Fahrten in diesen AC-Bussen *(AC = air conditioned)* zur Hand sein. Neben diesem künstlich erzeugten Temperatursturz wird oft der Lärmpegel in den Bussen beklagt. Die Tourbusse haben alle eine Musik- und Videoanlage an Bord und die wird oft in voller Leistung ausgenutzt. So werden thailändische oder Hongkong-Produktionen dubioser Qualität präsentiert und auch gelegentlich Thai-synchronisierte indische Filme. Die Musikanlage berieselt den Fahrgast mit thailändischer Popmusik bzw. den Lieblingskassetten des Fahrers. Nach der zwölften Neuauflage des alten Hits „Sabai, Sabai" wird auch der geduldigste Fahrgast bedauern, dass er seinen MP3-Player nicht mitgebracht hat. („Sabai, Sabai", zu deutsch etwa „Alles bestens", von einem Sänger namens *Thongchai McIntyre,* Spitzname „Bird", war lange so etwas wie Thailands „inoffizielle Nationalhymne". Ein Lied, das das thailändische „Sabai-Gefühl" besingt, musste einfach ein Hit werden! Thailand ist Sabai-Land!)

> Knattern auf drei Rädern: Die Tuk-Tuks sind ein weit verbreitetes, „typisch thailändisches" Verkehrsmittel

Selbstfahrer finden in Thailand ein sehr gut ausgebautes Straßennetz vor und in den wichtigsten Touristenorten gibt es zahlreiche Leihfahrzeuge (zumeist Jeeps und Motorräder) zu mieten. Der Fahrstil der thailändischen Verkehrsteilnehmer ist oft allerdings sehr riskant, was sicher auf einer guten Portion Fatalismus als auch Machotum beruht. Die Zahl der Verkehrstoten ist – gemessen an der Anzahl der im Lande vorhandenen Fahrzeuge – sehr hoch und Besucher sollten sehr umsichtig und defensiv fahren. Vorsicht vor allem vor den Lastwagen und Bussen, deren Fahrer nicht selten unter dem Einfluss von Aufputschmitteln stehen und alles von der Straße drängen, was ihnen in den Weg kommt. Passenderweise werden die Amphetamine oft an Tankstellen verkauft, illegal natürlich. Mangelhaft ist oft die Ausschilderung an den Straßen und manchmal fährt man mehrmals im Kreis, um das richtige Dorf oder die richtige Abfahrt zu finden. Die vorhandenen Schilder sind zumeist zweisprachig, Thai und Englisch.

Außer Bus, Bahn und Auto stehen für Inlandsreisen noch die **Flugzeuge** der *Thai Airways International* zur Verfügung, die gut zwei Dutzend inländische Ziele anfliegt, als auch einige kleinere Privatgesellschaften (*Bangkok Airways, P.B. Air* u. a.). Die *Thai Airways* ist zurzeit noch zu ca. 53% in Staatsbesitz. Die Inlandsflüge sind weit preiswerter als vergleichbare Flüge in Europa und der Service ist „typisch Thai", mit anderen Worten, freundlich, effizient (mehr oder weniger) und unaufdringlich. Alle Inlandsflüge sind Nichtraucherflüge.

In Thailand zu reisen ist also bequem, *sabai,* wie man es von den Thais nicht anders erwarten konnte. **Was machen die Thais nun anders beim Reisen?** Der Unterschied zwischen thailändischem und westlichem Reisen ist ein Ausdruck des „Clandenkens" der Thais, das dem „individuellen" Leben der Westler entgegensteht.

Thais reisen – wenn möglich – immer im Freundes- oder Familienkreis. Alleine fühlen sich Thais „einsam" und schutzlos und würden sich vor all den Problemen fürchten, die bei einer Reise auftreten können. Alleine nach einem Zimmer suchen zu müssen, alleine in einem Restaurant zu sitzen und eine ungewohnte Mahlzeit essen zu müssen und sich möglicherweise mit einer fremden Sprache abplagen – das ist nicht das, was die Thais als *sanuk* bezeichnen. In einer Gruppe ist alles anders, etwaige Probleme werden gemeinsam gelöst. Das thailändische (Gruppen-)Reiseverhalten entspringt aus der Geborgenheit einer thailändischen Familie, in der alles gemeinsam gemacht wird, niemand bleibt für sich allein.

Anders dagegen viele Westler: Die „Alternativ-", „Rucksack-" oder „Individualreisenden" lieben genau das, wovor die Thais sich fürchten, die Herausforderung, die eine Reise auf eigene Faust darstellt. Diese Reisenden wollen das Fremde – je fremder, um so besser –, die Exotik, das Abenteuer. Die Thais sind im Gegensatz dazu im wahrsten Sinne des Wortes „bodenständig", sie sind tief mit Heimat und Familie verbunden und bewegen sich möglichst nicht weit davon weg. In thailändischen Augen ist Thailand das „angenehmste" Land auf Erden. Im thailändischen Kontext heißt das, das Land, in dem es so viel Speise und Trank gibt wie sonst nirgendwo (Essen ist den Thais eine Passion!), reichlich andere sinnliche Genüsse (für die Männer!) und einen entspannten Lebensrhythmus. Dass es Ähnliches vielleicht auch außerhalb ihrer Landesgrenzen zu finden gibt, können sich die meisten Thais kaum vorstellen. Wenn die ganze Welt nach Thailand kommt (aktuell über 12 Mio. Touristen pro Jahr) und sich an dessen „*Sabai*-heit" labt, warum dann in die Ferne schweifen? Außerdem stellen viele Thais mit Peinlichkeit fest, dass sie sich im Ausland nicht verständigen können (nur sehr wenige Thais sprechen genügend Englisch) und bleiben dann besser gleich zu Hause.

Wer doch das Land verlässt, tut dies meist aus ökonomischen Gründen. So gibt es Abertausende von Thais (hauptsächlich Männer), die **im Ausland arbeiten,** z. B. in Singapur, Saudi-Arabien, Israel oder Taiwan. Das alles nicht aus Abenteuerlust, Reisefieber und „Wanderlust", sondern rein um des Geldes willen. Thailändische Menschenschmuggler legen einen erstaunlichen Einfallsreichtum an den Tag, wenn es darum geht, Landsleute gegen hohes Entgelt ins Ausland zu schleusen. So wurde ein Schmugglerring ausgehoben, der Thai-Frauen zwecks Prostitution in riesigen Koffern in Japan einschmuggelte, und gelegentlich tarnen sich die illegalen Einwanderer als Sportverein oder gar Mitglieder einer gerade frisch gegründeten neuen Partei. 1999 tauchten über achtzig Mitglieder einer gerade neu gegründeteten „Partei der Kleinbauern" in Südkorea unter, nachdem ihnen unter dem Vorwand einer Studienreise ein Visum gewährt worden war.

Permanente **thailändische Auswanderer** leben hauptsächlich in Kalifornien, wo sich ca. 300.000 Thais angesiedelt haben. Die meisten davon wohnen in der Umgebung von Los Angeles, was – Zufall oder nicht? – übersetzt „Stadt der Engel" bedeutet, genau wie der thailändische Name für Bangkok, *Krung Thep*. Ganz Thailand war stolz, als in den 1990er-Jahren das amerikanische Golf-As *Tiger Woods* von sich reden machte, dessen Vater Amerikaner ist, dessen Mutter aber Thai. Bei einem Aufenthalt in Thailand bot die Regierung ihm die thailändische Staatsbürgerschaft an, in dem guten Glauben, ihm damit einen Gefallen zu erweisen. *Tiger Woods* lehnte dankend ab. Eine weitere weltbekannte Persönlichkeit mit Thai-Stammbaum ist die Geigerin *Vanessa Mae,* die einer thailändisch-singapureanischen Ehe entstammt.

Auf der Lauer: Ganoven, Schurken & Konsorten

„(Der für schuldig Befundene) wird dadurch bestraft, indem man ihn vor einen Elefanten bringt, der ihn mit seinem Rüssel ergreift und ein oder mehrere Male durch die Luft schleudert, – um ihn dann mit seinen Füßen zu zertreten, und er tötet ihn schließlich, indem er auf ihm kniet, bis dieser platzt; oder aber man schneidet seinen Kopf ab oder hackt ihn in Stücke, je nachdem, welches Verbrechen er begangen hatte."

Nicolas Gervaise, 1688

Vielen Reiseberichten zufolge war Thailand in der „guten alten Zeit" ein sehr friedliches Land, das kaum von Verbrechen heimgesucht wurde. So schrieb *F. A. Neale,* dass im 19. Jahrhundert manchmal ein ganzes Jahr verging, ohne dass in Bangkok, dem „kriminellsten" Ort, ein einziger Mordfall registriert worden wäre. *Ernest Young* war Ende desselben Jahrhunderts fortwährend erstaunt darüber, wie aggressionslos die Thais in großen Volksmengen, z. B. bei Volksfesten, waren. In seiner englischen Heimat, so gestand er ein, wäre es bei derlei Versammlungen zu einer Reihe von Raufereien gekommen. Diese Anmerkungen sind aber sehr subjektiv, Statistiken zeigen ein negativeres Bild von der „guten alten Zeit". So gab es

im thailändischen Jahr 2499 (unser Jahr 1956) nach damaligen offiziellen Angaben 42.800 **Straftaten,** bei einer Bevölkerungszahl von damals nur 9,2 Mio. Mit anderen Worten wurde statistisch jeder 214. Einwohner das Opfer einer Straftat. In Bangkok lag die Chance, von einer Straftat in Mitleidenschaft gezogen zu werden, bei 1:60, höher als in jeder anderen Stadt. In ländlichen Gegenden war die Rate 1:300–400. Zum Vergleich: Im Jahre 2000 wurden in Thailand ca. 380.000 Straftaten begangen, was umgerechnet auf die damalige Bevölkerung bedeutete, dass jede 163. Person Opfer einer Straftat wurde. Bei allen berechtigten Zweifeln an der Exaktheit von Statistiken zeigen sie zumindest, dass es auch schon früher eine aktive kriminelle Zunft gegeben hat. Die „gute alte Zeit" existierte immer nur in der Fantasie.

Hielten die Schriftsteller im 19. Jahrhundert Thailand für relativ verbrechensfrei, so hinterließen sie dennoch anschauliche Beschreibungen, wie die zahlreichen **Sträflinge damals** ihr Dasein fristeten. Die hausten in zum Himmel stinkenden, schmutzigen Gefängnissen, angekettet und gefoltert. Nicht selten wurde der erstbeste Mitbürger verhaftet, der das Unglück hatte, sich in der Nähe des Tatortes aufzuhalten, und bis an sein Lebensende ins Gefängnis gesteckt. Oder man griff sich einen nahen Verwandten des Täters, der an dessen Stelle die Strafe verbüßte. Bevor es zu einer Verurteilung kam, hatte so mancher vermeintliche Täter diverse Foltermethoden über sich ergehen lassen müssen. Dabei legten nicht wenige von ihnen Geständnisse für Taten ab, die sie nie begangen hatten. Kapitalverbrechen wurden mit der Todesstrafe geahndet und der berüchtigtste Exekutionsplatz war das Gelände von Wat Saket in Bangkok. Hier fanden sich riesige Menschenmengen ein, um dem Schauspiel beizuwohnen –

◸ Tummelplatz für so manchen schrägen Typen:
Travellerstraße Khao San Road, Bangkok

und Dutzende von Geiern. War der Todeskandidat durch einen Schwerthieb enthauptet, so hackte man seinen Körper in Stücke und überließ ihn den Aasfressern. Der abgeschlagene Kopf wurde, allen zur Warnung, auf einen Pfahl gespießt und zur Schau gestellt. Notorische Schuldner wurden in vogelhausähnliche Käfige gesteckt und an einem Gerüst über Fluss oder Klong aufgehängt. So der prallen Hitze ausgesetzt und auf die Gnade von barmherzigen Mitbürgern angewiesen, die ihnen etwas Essen oder Wasser reichten, endeten wohl nicht wenige im Wahnsinn.

Dass man auch heute mit Straftätern oder vermeintlichen Straftätern in Thailand nicht zimperlich umgeht, zeigt der 2001 ausgerufene „Krieg gegen die Drogen". Bis in die 1980er-Jahre hinein war Thailand „traditionell" Heroinland: Aus dem Opium, das im sogenannten „Goldenen Dreieck" und darüber hinaus angebaut wurde, wurde in zahlreichen Heroinküchen das teure, weiße Pulver raffiniert, das in Thailand so besonders gut und wirkungsvoll gewesen sein soll. Das Heroin wurde jedoch allmählich durch das preiswertere **yaa baa** („verrückte Medizin" wegen der durch die Droge nach längerem Missbrauch ausgelösten Halluzinationen) abgelöst, Meta-Amphetamine, hergestellt oft von Rebellengruppen in Myanmar. Yaa baa war billig und leicht zu bekommen, Lehrer verkauften es an Schüler und Tankstellen veräußerten es an Lastwagenfahrer. Bald konsumierten Hunderttausende, wenn nicht gar über eine Million von Schülern, Arbeitern und Beschäftigten in der Unterhaltungsindustrie die harmlos aussehenden kleinen Muntermacher, die nicht nur Euphorie und Aufgewecktheit, sondern auch Aggressionen und längerfristig Depressionen hervorriefen. Ab Anfang der 1990er-Jahre kam es vermehrt zu Wahnsinnsaktionen von durchgedrehten Yaa-baa-Konsumenten: Im Verfolgungswahn nahmen sie Geiseln, andere setzten sich auf Hausdächer und drohten mit Selbstmord, manche metzelten gar Familienmitglieder nieder.

Das Drogenproblem nahm ein bisher nicht da gewesenes Ausmaß an. So akzeptierte es die Bevölkerung zum größten Teil auch, als die Regierung unter *Thaksin Shinawatra* zu Beginn ihrer Amtsperiode 2001 einen **„Krieg gegen die Drogen"** ausrief, in dem 2500 Menschen – Drogendealer, aber nachweislich auch Unschuldige – von Polizeikommandos erschossen wurden. Nur einige wenige Intellektuelle sahen in dem Drogenkrieg eine eklatante Menschenrechtsverletzung; die Mehrheit der Bevölkerung klatschte innerlich Beifall. Zu viele Menschen hatten unten den Drogen gelitten, mussten ihren geldstehlenden Sohn tolerieren oder eine Tochter, die sich verkaufte, um die Pillen bezahlen zu können. Selbst noch im Jahre 2006 – *Thaksins* Stern beginnt gerade rapide zu sinken – meinen viele Thais, dass er zumindest dieses eine Gute getan habe, nämlich das Yaa-baa-Problem weitgehend beseitigt zu haben.

Extrainfo 13 (s. S. 7): In dieses Hilton sollte man besser nicht einchecken: „Bangkok Hilton" wird ein berüchtigtes Gefängnis scherzhaft genannt – zu lachen gibt es dort allerdings nichts.

Ganz beseitigt ist das Problem natürlich nicht. Yaa-baa-Pillen sind ebenso wie andere Drogen – z. B. Ecstasy (*yaa i* auf Thai) oder in geringem Maße Kokain und Heroin – immer noch erhältlich. Die Preise einer Yaa-baa-Pille haben sich allerdings von 100 Baht auf das Dreifache erhöht und die Großdealer haben eine höhere Gewinnspanne denn je. Die Anzahl der Konsumenten ist zurückgegangen, denn der Krieg gegen die Drogen verbreitete in der Szene Angst und Schrecken. Mancher Dealer sah sich gezwungen, sein Geschäft aufzugeben, wollte er nicht den Tod riskieren, und so manch Konsument nahm die Kampagne zum Anlass, sich von der lange quälenden Sucht zu befreien.

Der Grund, warum die Thais sind so gerne berauschen, ist möglicherweise in der alldurchdringenden Kultur des „sanuk" zu suchen. Es sind nicht nur Drogen, die die Thais schlucken, um die Lebensfreude zu erhöhen: Thailand steht gemäß einer Erhebung an 5. Stelle weltweit beim **Alkoholkonsum** pro Kopf der Bevölkerung. Der Alkohol führt – ebenso wie die Drogen – jedoch unweigerlich zu Problemen. Eines davon ist Gewalt in der Familie und auch in dieser Beziehung verzeichnet Thailand eine der höchsten Raten der Welt. Unzählige Thai-Frauen können Geschichten von brutalen betrunkenen Ehemännern berichten. Das ist mit ein Grund, weswegen manche Frauen nach einem Farang-Ehemann Ausschau halten.

Als die Yaa-baa-Epidemie auf dem Höhepunkt war, war der Drogenrausch preiswert, und für 300 Baht am Tag konnten sich die Konsumenten ein permanentes High erkaufen. Für die gleiche Summe gab es 5 oder 6 kleine Flaschen Bier und im Gegensatz zu Betrunkenen konnten die Yaa-baa-Konsumenten unbemerkt ihrer Arbeit nachgehen. Am Anfang war der Yaa-baa-Rausch sicher „sanuk", aber als die Droge die Herrschaft über die Persönlichkeit übernahm, war es mit „sanuk" vorbei. Die Probleme mündeten im „Krieg gegen die Drogen".

Sag nein: Warnschild am MBK Shopping Center in Bangkok

Straftäter, mit denen Touristen in Berührung kommen können

Schlepper: In der Nähe von touristischen Sehenswürdigkeiten treibt eine Sorte von Ganoven ihr Unwesen, die sich die Naivität vieler Neuankömmlinge zunutze macht. Touristen werden mit einem freundlichen „Hallo, aus welchem Land kommst du denn?" angesprochen und dann in ein „freundschaftliches" Gespräch verwickelt. Dabei stellt sich meistens heraus, dass der Ansprecher „zufällig nächsten Monat" in die Heimat des Touristen fliegt. Das soll Vertrauen wecken. Zur Erhärtung seiner Behauptung stellt der Schlepper alle möglichen Fragen bezüglich seines angeblichen Reiseziels. So entwickelt sich meist ein angeregtes Gespräch und der Tourist hat das Gefühl, einen „wirklich netten Einheimischen" getroffen zu haben.

Im Verlaufe des weiteren Gesprächs wird der Schlepper den Touristen in ein Restaurant einladen, in dem es auch klassischen Thai-Tanz zu sehen gibt. Damit – das wissen Schlepper – lassen sich Touristen gut ködern. Im Restaurant wird der Schlepper dem Touristen weiterhin das Gefühl vermitteln, „herzlich eingeladen" zu sein. Es wird ausgiebig gegessen, getrunken, gescherzt. Dann, wenn der Kellner abzuräumen beginnt, wird der „Gastgeber" sich wahrscheinlich zur Toilette begeben – und nie wieder zurückkehren! Unter Drohungen werden die Kellner nun die Begleichung der Rechnung fordern, die zudem noch weit überzogen ist. Schlepper und Restaurant arbeiten natürlich zusammen, der Gewinn wird geteilt. Der Tourist, der oft erst wenige Tage im Land ist, ist meist zu verängstigt, um sich gegen den Betrug zur Wehr zu setzen, er zahlt „Lehrgeld".

Eine andere Art von Schleppern hält sich ebenfalls in der Nähe von stark von Touristen frequentieren Orten auf, also z. B. Wat Phra Keo oder Wat Po in Bangkok. Dort fangen sie Touristen ab und erzählen ihnen freundlichst, dass die Sehenswürdigkeit gerade geschlossen ist, aber gerade rein zufällig sei es der Tag einer bestimmten Verkaufs-Promotion, und Edelsteine seien am diesem Tag ausgesprochen preiswert zu erstehen. Lässt man sich darauf ein, ein Geschäft zu besuchen, erscheint auch wie rein zufällig gleich ein Tuk-Tuk, dass den Schlepper und den oder die Kaufwilligen in ein Edelsteingeschäft befördert. Sollte wirklich etwas gekauft werden, so ist die Ware mit absoluter Sicherheit minderwertig. Auf den Trick sind schon Abertausende von Touristen reingefallen und haben Millionen von Baht für beinahe wertlose Edelsteine ausgegeben.

Zocker: Mit derselben freundlichen, offenbar hilfreichen Methode sprechen betrügerische Glücksspieler Touristen an. Nach einem herzlichen Gespräch wird der Tourist in die Wohnung des Anspprechers eingeladen, wo auch gleich ein paar gute Freunde eintreffen. Die beginnen bald eine Runde irgendeines Glücksspiels. Dazu wird auch der Tourist gedrängt. Ist er unwillig, stattet man ihn womöglich noch – so ganz der internationalen Völkerverständigung halber – mit dem notwendigen Geld aus. Die ersten Spiele wird er nun gewinnen, alles ist eine abgekartete Sache. Dann wendet sich sein Schicksal. Er verliert immer mehr und wird von den anderen Teilnehmern gezwungen weiterzuspielen. Droht er mit der Polizei, so gibt man ihm zu verstehen, dass er sich ja schließlich selber strafbar gemacht hat, denn Glücksspiele sind in Thailand streng verboten. Oft entwickelt sich ein so geschickt erdachter Plot, dass der Tourist gezwungen ist, noch mehr Geld heranzuschaffen, als er dabei hat. Es hat Fälle gegeben, in denen hoffnungslos verstrickte Touristen ihre Familien daheim um Geld bitten mussten, um sich aus den Klauen der Gang zu befreien.

Viele der Ganoven, die so arbeiten, sind übrigens Filipinos oder Malaysier, die sich zu Anfang selber als Touristen ausgeben. Nicht selten sind es Frauen, auf die männliche Touristen noch leichter hereinfallen. Besonders viele dieser Trickbetrüger sind im Shopping-Center MBK *(Mah Boonkrong)* in Bangkok unterwegs. Häufige Ansprechmethode: „Entschuldigung, wo haben Sie denn dieses schöne Hemd/diese tollen Schuhe gekauft?" Und dann wird der Angesprochene weiter in ein Gespräch verwickelt.

Giftmischer: Zunächst läuft alles wieder nach demselben Schema – man wird von einem netten Menschen angesprochen und eingeladen. Es gibt zu essen und zu trinken und alles ist bestens, Gastfreundschaft pur, so wie man sie „nur noch in der Dritten Welt" kennt. An mehr kann man sich dann meist nicht erinnern. Den Getränken wird ein starkes Schlafmittel beigemengt, das oft eine tagelange Bewusstlosigkeit hervorruft. Das meist benutzte Mittel heißt *Upjohn 27*, die Tabletten sind länglich, etwas größer als Reiskörner. Drei davon reichen für einen ausgedehnten Tiefschlaf, auf zehn Stück folgt ein tagelanges Koma, wenn nicht sogar Schlimmeres. Beim Erwachen hat man mit Sicherheit einen schweren Kopf – aber sonst nicht mehr viel. Die Opfer solcher Betäubungsattacken finden sich bar jeglicher Wertsachen wieder, oft fernab des Tatortes. Zu den Tätern gehören oft die oben geschilderten „netten Menschen", aber auch Prostituierte. Fälle, in denen dubiose Damen ihre Kunden derart ausrauben, sind so häufig, dass sie von der Polizei nur noch mit einem müden Lächeln quittiert werden.

In Bars sollte man seine Getränke nicht aus den Augen lassen, denn gelegentlich werden auch hier Knock-Out-Mittel untergemischt. Bevor der Zecher halb bewusstlos vom Hocker fällt, wird ihm die Geldbörse aus der Tasche gezogen. Auch hier sind zumeist allzu freundlich wirkende Damen die Täterinnen. Nach Untermischung der Mittel fallen die meisten Opfer in einen oft tagelangen Schlaf und können sich danach zumeist an nichts erinnern. Etwas abgenommen zu haben scheinen die Attacken, in denen ausländische Touristen in Bussen oder Zügen per vergifteten Keksen, Colas o. Ä. ins Reich der Träume geschickt werden.

Ausländer sind nicht die einzigen Opfer, derartige Verbrechen werden auch an den eigenen Landsleuten begangen. Besonders am Northern Bus Terminal in Bankok treiben sich Dutzende solcher Giftmischer herum. Diese warten dort auf thailändische Heimkehrer, die im Mittleren Osten arbeiten, gerade am Don-Muang-Flughafen angekommen sind und nun vom Busbahnhof in ihre Heimatprovinz aufbrechen. Man spricht sie an und lädt sie zu dem ein, was ein Thai-Mann nach längerem Aufenthalt im Ausland so sehnlich erwartet: einen Besuch im Bordell. Dort angekommen, trinkt man Bier („davor" oder „danach", je nachdem) und das Opfer fällt in wohldosierten Tiefschlaf. Wacht er auf, sind seine Ersparnisse, die er aus dem Ausland mitgebracht hatte, verschwunden.

Noch weit brutaler sind die Fälle, in denen junge Mädchen, die am Northern Bus Terminal ankommen, Opfer der Giftmischer werden. Die Mädchen werden in gleicher Weise betäubt, in ein Bordell geschleppt und dort von einer Gruppe von Männern vergewaltigt. Danach werden sie an das Bordell „verkauft". Von nun an leben sie dort wie Sklavinnen, fast ohne Möglichkeit zu entkommen.

Räuber: Straßenraub ist in Thailand relativ selten, aber beileibe nicht unbekannt. Nachts ist wie überall auf der Welt von Spaziergängen in einsamen, unbeleuchteten Gassen abzuraten.

Ein besonderes Problem stellen die *gathoey* dar. Besonders die Gegend um Sukhumvit in Bangkok, aber auch Patong auf Phuket und Pattaya sind Betätigungsfelder zahlreicher räuberischer *gathoey*. Diese *gathoey* treten zumeist in Gruppen auf; einer aus der Gruppe fasst dem vorbeilaufenden *farang* in den Schritt und die anderen lupfen dem Verwirrten die Geldbörse aus der Tasche. Die *gathoey* können sehr aggressiv sein (Ursache Hormonchaos?) und bei Gegenwehr kann es brutal werden. Wer nachts eine Gruppe von *gathoey* auf sich zu kommen sieht, tut gut daran, die Straßenseite zu wechseln oder sich anderweitig aus der Affäre zu ziehen. Ganz bitterböse werden die *gathoey* auch, wenn man ihnen zu verstehen gibt, dass man sie als „Scheinfrauen" erkennt.

Extrainfo 14 (s. S. 7): Eine Dokumenatarfilm über *Dr. Pornthip Rojanasunand*, Thailands bekannteste Forensikerin (Spitzname: „Doctor Death").

Anhang

Glossar | 236
Literaturtipps | 248
Internettipps | 251
Register | 256
Übersichtskarte | 262
Der Autor | 264

◁ Himmlisches Tanzmädchen mit Blumen:
Relief an einem Tempel in Bangkok (097kt Foto: rk)

Glossar

Da es keine einheitliche Umschrift von Thai-Wörtern gibt, ist diese hier nach deutschen Ausspracheregeln gewählt, im Buch können englische Varianten auftreten.

- **Abatt:** Die Reinigungsrituale der Mönche, denen sie sich z. B. zu unterziehen haben, wenn sie von einer Frau berührt wurden.
- **Ayutthaya:** Siamesische Hauptstadt von 1350 bis 1767. Allen Berichten zufolge war es zu seiner Glanzzeit eine wohlhabende Stadt mit überwältigender Architektur, die westliche Reisende jener Zeit immer wieder ins Staunen versetzte. Im Jahre 1767 wurde die Stadt von den Burmesen eingenommen, geplündert und großenteils in Schutt und Asche gelegt. Dabei gingen auch so gut wie alle historischen Dokumente verloren, die Aufschluss über die frühere Geschichte der Thais hätten geben können.
- **Baat:** Das traditionelle Bettelgefäß der Mönche, mit dem sie allmorgens durch die Straßen ziehen und in das sie sich Speisen füllen lassen. Das *baat* wird nach strengen Regeln hergestellt und muss diesen zufolge aus acht Teilen bestehen.
- **Baht:** Die thailändische Währungseinheit, unterteilt in 100 Satang. Das Wort stammt vom Hindi-Begriff *bata,* „Gewicht"/„Gewichtseinheit".
- **Bangkok:** Die Haupt- und größte Stadt Thailands, das Wirtschafts, Handels, Kommunikations- und Verwaltungszentrum. Nach offiziellen Angaben betrug die Einwohnerzahl im Jahre 2010 etwa 8 Mio. Aufgrund zahlreicher unregistrierter Zuwanderungen liegt die wahre Zahl aber eher über 10 Mio. Bei einer Fläche von 2000 km² ergibt sich eine Bevölkerungsdichte von (offiziell) 4000 bzw. (inoffiziell) 5000 Einwohner/km². Zum Vergleich: In Hamburg leben 2289 Einwohner/km².
- **Betel:** Lat. *Piper betel;* die Blätter des Betelbaumes, die zusammen mit der Areca-Nuss *(Areca katechu)* und anderen Zutaten gekaut werden und neben einem leichten Rauschzustand auch rotschwarz gefärbte Zähne hinterlassen. Das Kauen von Betel ist über weite Teile Asiens verbreitet, in Thailand heute jedoch weitgehend „aus der Mode" und nur noch bei einigen alten Leuten beliebt.
- **Bhikku:** Älterer Mönch, im Gegensatz zu den *samanera* oder Novizen.

> Zahlreiche Tempel schmücken sich mit ganzen Reihen von Buddhas

- **Bhumipol Adulyadej, König:** Der gegenwärtige thailändische König, als neunter Thronfolger der Chakri-Dynastie auch *Rama 9.* genannt. *König Bhumipol* (sprich *Phumipon*; wörtl. „Hüter der Welt") wurde am 2.12.1927 in Cambridge, Massachusetts (USA), geboren, wo sein Vater Medizin studierte. Im Alter von 19 Jahren bestieg er den Thron. 2006 feierte er sein 60-jähriges Thronjubiläum.
- **Bintha baat:** Der morgendliche Bettelgang der Mönche, bei dem sie sich ihre *baat* (siehe dort) von den Gläubigen mit Speisen füllen lassen; von Sanskrit *pinda pata,* „das Hinwerfen des Klumpens".
- **Buat phra:** Die „Mönchsweihe", ein ausgelassenes Fest, da die Familie des jungen Mannes davon ausgeht, nun „Pluspunkte" für ihre nächste Geburt zu sammeln, da sie ja ihren Sohn dem Buddha (wenn auch nur auf Zeit) übergeben hat.
- **Buddha:** Ehrentitel, wörtlich „Der Erleuchtete", der *Siddharta Gautama* nach Erlangung der Befreiung aus dem Kreis der Wiedergeburten verliehen wurde. *Siddharta Gautama* wurde (nach thailändischer Überlieferung) im Jahr 543 v. Chr. in Lumbini im heutigen Nepal als Sohn eines Königs geboren. In jungen Jahren verließ er seinen Palast, um das menschliche Leiden zu ergründen. Nach langen Jahren der Askese und Meditation wurde ihm die Erleuchtung zuteil. Seine Erkenntnisse bildeten die Grundlage des „Buddhismus" (siehe dort).

- **Buddhismus:** Die von *Siddharta Gautama,* dem „Buddha" („Erleuchteten", siehe auch unter „Buddha"), entwickelte Lehre zur Überwindung allen Leids und zur Beendigung der Wiedergeburten. Buddha hatte erkannt, dass alles Leid auf Wünschen und Begierden beruht. Um diese auszulöschen, propagierte er den „Achtfachen Pfad", eine Art Moralkodex und Anleitung zur geistigen Selbstdisziplin. Am Ende des buddhistischen Weges steht das Nirwana (wörtl. „Nichts weht mehr"), ein vollkommener, körperloser Zustand. Wer es erreicht hat, hat nach buddhistischer Auffassung den Kreislauf der Wiedergeburt durchbrochen und braucht sich nicht in einem neuen Körper zu inkarnieren.
- **Chakri-Dynastie:** Die königliche Thronfolge, die im Jahre 1782 mit der Thronbesteigung eines ehemaligen Generals namens *Phya Chakri* begonnen hatte. Sein königlicher Titel war *Phra Phutta Yotfah Chulallok, Rama 1.* In der Folgezeit wurde jeweils der regierende König von einem seiner Söhne oder, wenn kein anderer Thronfolger vorhanden war, von dem ihm in der Thronfolge am nächsten stehenden männlichen Familienmitglied abgelöst.
- **Chao Phraya:** Mit vollem Namen *Mae Naam Chao Phraya,* der „Chao-Phraya-Fluss", der sich südlich von Bangkok in den Golf von Siam ergießt. *Chao Phraya* heißt übersetzt so viel wie der „Adlige", wird aber oft als der „Fluss der Könige" bezeichnet.

- **Chiang Mai:** Mit ca. 300.000 Einwohnern die sechstgrößte Stadt Thailands (nach Bangkok, Nonthaburi, Pak Kret – die letzten beiden quasi Vororte von Bangkok – Hat Yai und Khorat) und die Hauptstadt der gleichnamigen Provinz. Chiang Mai ist das Handels- und Kommunikationszentrum des Nordens, das in den letzten Jahren einen ungeheuren Bauboom erlebt hat. Die Stadt wächst und der Verkehr nimmt zu. Da die Stadt in einem Tal liegt und viele Einwohner aufgrund schlechter Müllentsorgung ihren Müll verbrennen, erreicht die Luftverschmutzung heute oft höhere Werte als in Bangkok.
- **Chulalongkorn, König:** Regierte 1868–1910, forcierte die „Verwestlichung" Thailands. Er führte enorme soziale Veränderungen herbei, unter anderem schaffte er die Sklaverei ab, kurz nachdem sie erst in den USA auf die dunkleren Seiten der Geschichtsbücher verbannt worden war. Aufgrund seiner sozialen Pioniertaten wird heute der 23. Oktober, der Todestag des Monarchen, als *Chulalongkorn Day,* ein gesetzlicher Feiertag, begangen. *König Chulalongkorn* war der fünfte Vertreter der Chakri-Dynastie und wird dementsprechend auch *Rama 5.* genannt.
- **Dek wat:** Wörtl. „Tempeljunge"; Helfer in den Tempeln, die zwar dort mit den Mönchen leben, selber aber nicht ordiniert sind.
- **Djai yen:** Wörtl. „Kühles Herz"; die thailändische Bezeichnung für Geduld, Ruhe, Gelassenheit und Ausgeglichenheit. Als Aufforderung bedeutet sie so viel wie „Ruhig Blut!". Der Zustand des *djai yen* ist ein Grundpfeiler der zwischenmenschlichen Interaktion, das erstrebenswerte Gegenteil des missliebigen *djai roon* oder „heißen Herzens". Wer allzeit sein *djai yen* bewahrt, gilt als bewundernswert und „buddhahaft". Früher glaubten die Thais, der Buddha habe weißes Blut in seinen Adern gehabt, ein Anzeichen von absoluter Leidenschaftslosigkeit und höchstem *djai yen.*
- **Djangwat:** „Provinz"; der Begriff wird oft auch im Sinne von „Land" als Gegensatz zur Stadt benutzt. Thailand ist administrativ in 76 *Djangwat* oder Provinzen unterteilt. Diese wiederum unterteilen sich in mehrere *Amphöö* oder Distrikte.
- **Farang:** Die thailändische Bezeichnung für (weiße) Ausländer. Umgangssprachlich wird *r* oft zu *l,* und so wird das Wort häufig zu **falang.** Von seinem Ursprung bedeutet es eigentlich „Franke" oder „Franzose". Etymologisch ist es auf das persische Wort *firangi* zurück-

◁ Eine Reiterstatue König Chulanlongkorns bildet das Zentrum der „Royal Plaza" in Bangkok

zuführen, das auch in das in Indien gesprochene Urdu/Hindi einging. Entgegen der weithin von Westlern vertretenen Meinung hat das Wort *farang* keinen beleidigenden Unterton; es ist eine wertfreie Bezeichnung für einen weißhäutigen Menschen oder „caucasian".

- **Geisterhaus:** *san phra phuum;* das Geisterhaus ist eine Art Opferschrein, der optisch oft an ein Vogelhaus erinnert. Darin werden den Geistern, die die Umgebung bewohnen, und dem „Erdgeist" *phra phuum* Opfergaben dargebracht. Nach Auffassung der Thai könnte eine Vernachlässigung der Opferriten die Geister erzürnen und großes Unglück heraufbeschwören. Das bekannteste Geisterhaus Thailands ist der Erawan-Schrein in Bangkok, der zum alten (mittlerweile abgerissenen und durch ein neues Hotel ersetzten) Erawan Hotel gehörte.

- **Go-Go-Bar:** Bar, in der (kaum bekleidete, zum Teil auch gänzlich nackte) Frauen zu Rockmusik auf einer Bühne tanzen. Ein Großteil der Bar-Einnahmen stammt aus den Auslösesummen, die die männlichen Kunden der Bar zahlen, um eines der Mädchen (oder mehrere, auch das gibt es) zum intimeren Zusammensein zu sich zu laden. Die Go-Go-Bars dienen also in erster Linie der verdeckten Prostitution. Das Konzept begann im Jahre 1969 in Bangkoks Vergnügungsviertel Patpong, damals noch ein relativ harmloses Eckchen mit vielen Restaurants und Zechbars. Die erste Go-Go-Bar fand bald Nachahmer, und heute gibt es ähnliche Etablissements in Pattaya, Chiang Mai und in Patong auf Phuket.

- **Hinayana-Buddhismus:** *Hinayana,* wörtl. „Kleines Fahrzeug"; in Thailand auch *Theravada* genannt, ist die Form des Buddhismus, die sich über Thailand, Laos und Kambodscha verbreitete. Schon wenige Jahrhunderte nach Buddha hatte sich der Buddhismus in den sogenannten Hinayana- und den Mahayana-Buddhismus gespalten. Im Hinayana hat der Buddhist das Ziel der persönlichen Erlösung aus dem Kreis der Wiedergeburten; der Mahayana dagegen idealisiert die Boddhisattvas, fast erleuchtete Wesen, die zuerst allen anderen Kreaturen aus dem Rad der Wiedergeburten helfen. Der Mahayana („Großes Fahrzeug") verbreitete sich vor allem über China, Japan, Vietnam und Indonesien (wo er allerdings heute so gut wie verschwunden ist).

- **„Hotel":** Auf Thai *rong rääm;* ist häufig nichts weiter als ein als Hotel getarntes Bordell. Viele von diesen nennen sich lediglich „Hotel 27", „Hotel 39" oder mit irgendeiner anderen Nummer, da sich bei der Vielzahl von Bordellhotels nicht mehr die Mühe lohnt, nach einem besonderen Namen zu suchen.

- **Issaan (Isaan):** Die thailändische Bezeichnung für den Nordosten des Landes, das oft belächelte „Armenhaus der Nation"; von Sanskrit

Ishaana, was sowohl ein anderer Name des Hindu-Gottes Shiva ist als auch „Nordosten" bedeutet.

- **Karma:** Die Philosophie, die besagt, dass gute Taten durch ein gutes Schicksal belohnt, schlechte durch ein schlechtes Schicksal vergolten werden. Sie bildet eine der Grundlagen von Hinduismus, Jainismus und auch Buddhismus (siehe dort). Auf ihr beruht auch die thailändische Sitte des *tham bun* (siehe dort). Auf Thai heißt Karma *gkam*.
- **Khao phansa:** Beginn der dreimonatigen buddhistischen Fastenperiode (Juli–Oktober), während der die Mönche auf ihre morgendlichen *bintha baat* (siehe dort) verzichten. Das Essen wird ihnen stattdessen von Laien in den Tempel gebracht. Zu dieser Zeit lassen sich zahlreiche junge Männer zur traditionellen, dreimonatigen Mönchsperiode in den Mönchsstand ordinieren.
- **Khrüang raang:** Amulett oder Talisman, angeblich mit einer übernatürlichen Kraft (*saksit*; siehe dort) versehen. Amulette sollen Thais unverwundbar, reich, glücklich, potent und unwiderstehlich für das andere Geschlecht machen.
- **Khun:** Respektvolle Anrede, etwa vergleichbar mit unserem „Sie". *Khun!* können auch Personen gerufen werden, also etwa „Hallo, Sie da!", oder es wird ein Name angehängt. Ein *Khun Lek* ist somit ein „Herr Lek" bzw. eine „Frau Lek", je nachdem. Im Thai gibt es ein ganzes Sortiment an Anredeformen, deren Anwendung davon abhängt, ob man mit einem Ranghöheren oder -niederen spricht. Ausländer sind gut damit beraten, sich lediglich an das *khun* zu halten.
- **Kin ngön:** Wörtl. „Das Essen von Geld"; eine Umschreibung für die Korruption. Das engl. Wort „corruption" ist ebenfalls gebräuchlich.
- **Klik:** Phallusförmiger Talisman, meist aus Holz, dem eine spirituelle Kraft oder *saksit* (siehe dort) innewohnen soll. Die *klik* werden als Amulette getragen und hinter dem Hilton Hotel in Bangkok befindet sich gar ein ganzer „Phallus-Schrein" mit *klik,* die mehr als mannshoch sind. Die Macht der *klik* soll dem Gläubigen Glück, Fruchtbarkeit und Reichtum einbringen. Der Kult erinnert an den hinduistischen Kult um den Gott *Shiva,* der in Indien und Nepal in seiner Form als *shiva lingam* (Thai: *siv ling*), einem symbolischen Phallus, verehrt wird.
- **Likay:** Sprich *liké*. Rudimentäre Theaterform, in der doppeldeutige, anzügliche (teils improvisierte) Possen dargestellt werden. Likay-Vorstellungen dauern zum Vergnügen der Landbevölkerung nicht selten die halbe Nacht, begleitet von mehr oder weniger professionell ausgeführter Musik eines kleinen Orchesters. Die Darsteller sind in bunte Fantasiekleider gehüllt, wobei die Männer hin und wieder Frauenrollen übernehmen.

- **Luang pho:** Verehrter, älterer Mönch, Abt. Diesen wird oft eine spirituelle Kraft oder *saksit* (siehe dort) nachgesagt.
- **Mää chi/Mae chi:** „Nonne". Im Gegensatz zu den 300.000 Mönchen des Landes tragen die nur 10.000–20.000 Nonnen weiße Gewänder, scheren aber ebenfalls ihr Haupthaar. Sie bewohnen eigene Gebäude in den Tempeln, möglichst getrennt von den Mönchen. Alte Chroniken vermerken, dass bis in das 17. Jahrhundert Mönche und Nonnen eng beieinander gewohnt hatten, wobei es in einem Tempel nahe Ayutthaya zu einem Skandal gekommen war: Viele der Nonnen waren – unbefleckte Empfängnis? – plötzlich schwanger. Seither gilt die Geschlechtertrennung!. *Mää chi* genießen nicht den gleichen Status und die Privilegien wie die buddhistischen Mönche, sie sind weder Laiinnen *(upasika)* noch gelten sie tatsächlich als Nonnen *(bikkhuni)*.
- **Mahayana-Buddhismus:** Siehe unter Hinayana-Buddhismus.
- **Mekhong:** Mit vollem Namen *Mae Naam Khong* oder aber *Mae Khong*; der Mekhong, der thailändisch-laotische Grenzfluss. *Mekhong* ist auch der Markenname eines bekannten Rumverschnitts mit 35 Vol.%, der fälschlicherweise als Mekhong-Whisky bezeichnet wird.
- **Metta:** Wörtlich „Gnade", „Mitgefühl"; gemeint ist das buddhistische Prinzip der Gnade.
- **Müü phüün:** Wörtl. „Pistolenhand"; bezahlter Killer.
- **Nak leng:** Schlägertyp, Rowdy, Ganove.
- **Nong:** Wörtl. „Kleiner Bruder" bzw. „Kleine Schwester". So rufen die Thais ihre jüngeren Geschwister, aber auch Personen, die vom Alter her jüngere Geschwister sein könnten.
- **Ook Phansa:** Der Begrif bezeichnet das Ende der dreimonatigen buddhistischen Fastenperiode.
- **Pali:** Die heilige Sprache der Buddhisten. In Thailand sind die buddhistischen Schriften in Pali verfasst und die Sprache ist somit (mehr oder weniger gut beherrschtes) Pflichtfach eines jeden Mönches. Pali stammt vom Sanskrit ab, der legendären „Sprache der Götter", in der die heiligen Schriften des Hinduismus abgefasst sind. Sanskrit und Pali gehören der indo-germanischen Sprachenfamilie an, zu der auch das Deutsche gehört; aus diesem Grunde kommt es zu entfernten Wortähnlichkeiten zwischen dem Deutschen und dem **Sanskrit,** die aber für den Laien kaum zu erkennen sind. Sanskrit und Pali gelten heute als „tote" Sprachen. Sanskrit wird nur in einigen winzigen Dörfern in den Bundesstaaten Kerala und Karnataka gesprochen, deren Bewohner die Tradition bewusst aufrechterhalten.
- **Pattaya:** Ein bekannter Urlaubsort (ca. 100.000 Einwohner) am Golf von Siam, der noch in den 1960er-Jahren ein verschlafenes Fischerdorf

war. Wurde der Ort in den 1980er-Jahren von jährlich mehr als 1 Million Touristen besucht, so gingen die Touristenzahlen ab 1990 zurück. Der Grund war die nicht unerhebliche Kriminalität dort (zahlreiche „unerklärliche" Todesfälle von Touristen jedes Jahr) und die erhebliche Meeresverschmutzung, die ein Baden zum Gesundheitsrisiko machte. Pattaya war bis in jüngster Zeit zudem ein Zentrum der Prostitution, eine Tatsache, die zwar Junggesellen anlockte, Urlaub machende Familien aber abschreckte. Seit Mitte der 1990er-Jahre versucht der Ort, sich als „Familien-Ferienziel" zu verkaufen.

- **Phii:** Wörtl. „Großer Bruder" bzw. „Große Schwester". So nennen die Thais ihre älteren Geschwister, aber auch Personen, die vom Alter her ältere Geschwister sein könnten.
- **Phra:** „Mönch". Das Wort wird auch als eine Art Ehrentitel den Namen der Mönche vorangestellt. Abgeleitet wird es von dem Sanskritwort *vara*, das mit „edel" oder „hervorragend" übersetzt werden kann.
- **Phuu yai baan:** Dorfvorsteher, der die Belange des Dorfes regelt. Dieser ist gewählt und erhält vom Staat ein bescheidenes Gehalt. Nicht wenige machen sich auch als Gangster einen Namen.
- **Rajdamnoen Klang:** Prachtstraße, die um die Wende vom 19. zum 20 Jahrhundert im alten Stadtkern von Bangkok gebaut wurde und die den Champs Elysées in Paris nachempfunden war.
- **Saksit:** Von Sanskrit *shakti,* „spirituelle Kraft"; die *saksit* wohnt angeblich hoch verehrten heiligen Mönchen, geheiligten Objekten, Tempeln oder Schreinen inne und vermag auf den Gläubigen überzugehen und ihn vor Übel zu beschützen.
- **Samanera:** Mönchs-Novize.
- **Sampan:** Hölzernes Paddelboot.
- **Sangha:** Wörtl. „Die religöse Gemeinschaft"; eine Art konfessioneller Aufsichtsrat, der für die schriftengerechte Ausübung des Buddhismus zu sorgen hat. Verstößt ein Mönch gegen die buddhistischen Regeln, kann der *Sangha* ihn aus dem Mönchsstand entheben.
- **Sanskrit:** Heute „tote" Sprache, die ihre Blütezeit um 400 v. Chr. erlebte. Sie ist Grundlage vieler asiatischer Sprachen (Thai, Khmer, Hindi u. a.) als auch vieler europäischer Sprachen (außer Baskisch, Finnisch, Ungarisch, Estnisch und Türkisch). Bis heute gilt das Sanskrit als die heilige Sprache der Hindus, in der sämtliche religiösen Schriften Indiens verfasst sind.
- **Santi Asoke:** 1975 gegründete buddhistische Sekte, die sich auf den „reinen", nicht durch animistische Praktiken verfälschten Buddhismus zurückbesinnen will. Der *Sangha* (siehe dort) behauptet allerdings, *Santi Asoke* („Frieden und Sorglosigkeit") untergrabe den Buddhismus, und

ging sogar gerichtlich gegen die Sekte vor. Anzulasten war den Mitgliedern der Sekte jedoch nichts, schließlich leben deren Mönche (im Gegensatz zu den „normalen" Mönchen) in schlichter Armut, widmen sich (im Gegensatz zu den meisten „normalen" Mönchen) hauptsächlich der Arbeit und Meditation und unterscheiden sich noch auf zahlreiche Arten erfrischend von den Mönchen des herkömmlichen Buddhismus. So endeten alle Verfahren gegen *Santi Asoke* mit einer Niederlage des *Sangha,* der die Santi-Asoke-Mönche am liebsten gleich im Gefängnis gesehen hätte.

- **Satang:** Währungseinheit; 100 Satang sind 1 Baht (ca. 2,4 Cent; Stand 2014). Das Wort *Satang,* das etymologisch mit dem engl. *Cent* verwandt ist (von Sanskrit *sata,* „einhundert"), bedeutet umgangssprachlich auch „Geld".
- **Sawatdii khap/khaa:** Grußformel, die alles Mögliche bedeuten kann: Guten Morgen, Guten Tag, Guten Abend, aber auch Auf Wiedersehen. Die ursprüngliche Bedeutung ist der Wunsch nach „Gesundheit". *Sawatdii* stammt vom Sanskrit-Wort *swasthya* für „Gesundheit". Männer haben *sawatdii khap* zu sagen, Frauen *sawatdii hhaa;* der Gruß wird oft zu einem formlosen *sawatdii* verkürzt.
- **„Schwimmender Markt":** *Talaat naam,* wörtl. „Wassermarkt". Bezeichnung für einen Markt, der von Booten aus auf einem Klong oder Fluss abgehalten wird. Der bekannteste Markt dieser Art ist der von Damnoen Saduak, ca. 100 km südwestlich von Bangkok. Ein ähnlicher Markt in Thonburi, Bangkok, erstarb unter dem Massenandrang von Touristen, die den Marktablauf allzu sehr störten.
- **Shiva:** Die hinduistische Gottheit der Zerstörung und Erneuerung, die auch in Thailand weit verehrt wird. Dort wird sie *Siv* oder *Issuan* genannt.
- **Siam:** Der alte Name Thailands, der 1939 abgelöst wurde. *Siam* stammte von Sanskrit *shyama,* „dunkel" oder „schwarz". So waren die Bewohner des Landes einst von ihren Nachbarn genannt worden. Die Umbenennung in „Thailand" drückte den Wunsch nach einem „moderneren" Namen aus. Die alte Flagge Siams, in Gebrauch bis 1917, war übrigens ein weißer (Albino-)Elefant vor einem blutroten Hintergrund. Weiße Elefanten gelten bis heute als heilige Glücksbringer der Nation und in früheren Zeiten wurden diese jeweils den Königen zum Geschenk gemacht.

> Bei diesem zweisprachigen Schild in Thailands wichtigster Traveller-Straße dürfte es keine Verständnisprobleme geben

- **Sommonokodom:** Eine zusammengezogene Form von Pali *Somono Kodom,* wörtl. „Gautama, der Einsiedler", also Buddha; von Sanskrit *Samana Gautama.* In früheren Jahrhunderten nannten die Thais Buddha bei diesem Namen. Heute sagt man *Phra Phuttha chao,* etwa „Der erlauchte Buddha".
- **Sukhothai:** Wörtl. „Die Morgendämmerung des Glücks" (von Sanskrit *Suhkodaya*). Sukhothai, gegründet 1238, war die erste Hauptstadt eines thailändischen Reiches und erblühte vor allem unter *König Ramkamhaeng* (reg. 1279–1298), dem Schöpfer des Thai-Alphabetes (1283). Mit Sukhothai und seiner Folge von väterlich-wohlwollenden Herrschern beginnt die thailändische Geschichte als eine geeinte Nation.
- **Thai-Alphabet:** Dieses wurde 1283 von *König Ramkamhaeng* von Sukhothai (siehe dort) entwickelt. Die Grundlage bildet dabei das Alphabet des Khmer, das seinerseits auf dem Devanagari-Alphabet des Sanskrit beruhte. Das Thai-Alphabet besteht aus 44 Konsonanten und 26 Vokalen, eine Tatsache, die Europäer meist abschreckt, es zu erlernen. Zu allem Übel werden zahlreiche aus dem Sanskiit stammende Vokabeln vollkommen anders geschrieben als gesprochen.
- **Thailand:** Linguistisch eigentlich merkwürdige Namensgebung für dieses Land in Südostasien. „Thai" bedeutet „frei" in Landessprache, eine Hommage an die stolze Tatsache, dass das Land im Gegensatz zu all

seinen Nachbarn niemals kolonialisiert worden war. Zusammen mit dem englischen „land" ergibt sich „Thailand". Bis 1939 hatte es Siam (siehe dort) geheißen, die Einwohner Siamesen. Die Thais selber nennen ihr Land *müang thai* oder *prathet thai,* was genau dasselbe bedeutet wie „Thailand".

- **Thai:** Wörtl. „Frei". Die Nationalsprache Thailands, die *phaasaa thai,* wird international meist „Thai" genannt. Das Thai ist eine sinotibetische Sprache, die aber auch über einen hohen Anteil von Sanskrit- bzw. Pali-Vokabeln verfügt. Das Thai besteht zum großen Tail aus einsilbigen Vokabeln (mit Ausnahme der erwähnten Sanskrit- und Pali-Begriffe), die aber fünf Tonfällen unterworfen sind. Diese machen das Thai für Ausländer schwer erlernbar.
- **Tham bun:** Wörtl. „Gute Taten tun"; gemäß der thailändischen Denkweise verhilft das Verrichten von guten Taten zu einer günstigeren Wiedergeburt. Das sichtbarste Beispiel des *tham bun* ist die Speisung der Mönche durch die Laien, das allmorgendlich in den Straßen zu beobachten ist. Die Laien sind den Mönchen dankbar dafür, dass sie von ihnen die Gelegenheit erhalten, Gutes zu tun und sich damit eine bessere Wiedergeburt verdienen.
- **Theravada-Buddhismus:** *Theravada,* wörtl. „Der Weg der Älteren", ist eine andere Bezeichnung für den Hinayana-Buddhismus (*hinayana* = „kleines Fahrzeug"), der in Thailand verbreiteten Form des Buddhismus.
- **Thum sai naam:** Wassergefäß, das in Nordthailand von Privatleuten, aber auch von Behörden an Straßen aufgestellt wird, damit durstige Passanten sich daran erquicken können. Der *thum sai naam* symbolisiert sehr gut das buddhistische Prinzip von der leidenden Kreatur, der Linderung verschafft werden soll.
- **Tuk Tuk:** Eine Art dreirädriges Mini-Taxi, benannt nach dem Geräusch, das sein Motor verursacht.
- **Wai:** Die thailändische Art des Grußes, bei der die Handflächen aneinander gelegt und in Brusthöhe oder höher gehoben werden. Der Stand der zu grüßenden Person bestimmt, wie hoch der Grüßende die Hände zum *wai* zu heben hat. Die Geste ist verwandt mit dem indischen *namasté.*

▷ Wat Benchamabophit in Bangkok gilt als einer der schönsten Tempel des gesamten Landes

- **Wat Saket:** Tempel in Bangkok aus der Vor-Bangkok-Periode, d.h. der Zeit vor 1782. Das Tempelgebäude diente bis ins 20. Jahrhundert als Exekutionsplatz für zum Tode verurteilte Verbrecher. Die Leichen der Hingerichteten wurden an Ort und Stelle zerhackt und den Geiern zur Speise überlassen, ein Ereignis, das westliche Reisende aus jenen Tagen in den gruseligsten Farben schilderten.
- **Wat:** „Tempel"; von Pali *vatthu*. Ein thailändischer (buddhistischer) Tempel besteht aus einer *bot* (Ordinationshalle), die an den *sema* („Grenz"-Steinen) zu erkennen ist, die sie umgeben, und einer *viharn* (Gebetshalle). Dazu kommen noch in vielen Fällen die *kuti* („Hütten") oder Mönchsunterkünfte und eventuell Verwaltungsgebäude, Unterrichtsräume, ein Glockenturm und eine Bücherei.
- **Wiedergeburt:** „Reinkarnation", wörtl. „Neuerliche Fleischwerdung". Die Theorie besagt, dass alle Wesen, die noch nicht die Vollkommenheit erreicht haben, nach ihrem Tod in einem neuen Körper wieder geboren werden. Im Laufe von Abermillionen von Geburten vervollkommnet sich das Wesen, bis es die Erleuchtung erreicht und nicht mehr wieder geboren werden muss. Die Lehre der Wiedergeburt bildet die Grundlage von Hinduismus, Jainismus und Buddhismus.

Literaturtipps

- **Baker, Chris; Phonpaichit, Pasuk:** *A History of Thailand,* Cambridge University Press, 2009. Die Autoren – zwei in Bangkok lebende Wissenschaftler – zeichnen ein lebendiges Bild aktueller politischer und historischer Prozesse der thailändischen Gesellschaft.
- **Bhamorabutr, Abha:** *Thai Proverbs,* ersch. im Selbstverlag, Bangkok 1980. Ein kleiner, aber nützlicher Band (52 S.), in dem 100 wichtige thailändische Sprichworte erklärt sind. Sie geben einen guten Aufschluss über die thailändische Denkweise.
- **Bock, Carl:** *Temples and Elephants,* British Library, 2011. Die Neuauflage einer viel zitierten Reisebeschreibung von 1884. Der Autor gibt einen tiefen Einblick in Denkweise und Gebräuche des damaligen Thailand.
- **Cornwel-Smith, Philip:** *Typisch Thai: Alltagskultur in Thailand,* Edition Temmen, 2010. Eine charakteristische Beschreibung dessen, was als „typisch Thai" empfunden wird, so wie es dem „Fremden" auf der Straße und im täglichen Geschehen begegnet.
- **Gervaise, Nicolas:** *The Natural and Political History of the Kingdom of Siam,* White Lotus Co., Bangkok 1998. Ein Klassiker aus dem Jahre 1688. Er wurde von *John Villiers* aus der französischen Urversion namens „Histoire Naturelle Et Politique Du Royaume De Siam" übersetzt. Zuvor war das Buch in einer sehr fehlerhaften englischen Übersetzung veröffentlicht worden und lange Jahre nicht erhältlich. Der Autor gibt eine exakte Beschreibung thailändischen Lebens und Denkens zu seiner Zeit, das zum Teil gar nicht so viel anders ist als heute, gelegentlich aber exotisch-bizarr wirkt.
- **Grabowsky, Volker:** *Kleine Geschichte Thailands,* Beck, 2010. Volker Grabowsky, einer der führenden deutschen Wissenschaftler in den Bereichen Geschichte Südostasiens und Thaiistik, legt in diesem übersichtlichen Band die Geschichte Thailands von den Anfängen bis zur Gegenwart in prägnanter Weise dar.
- **Hallet, Holt S.:** *A Thousand Miles on an Elephant in the Shan States,* British Library, 2011. Die Neuauflage einer Reisebeschreibung von 1890. Die auf dem Rücken von Elefanten durchgeführte abenteuerliche Reise durch Nordthailand gab dem Autor vielerlei Gelegenheit zu Beschreibungen von Sitten, Gebräuchen und den Lebensverhältnissen.

> Graffiti als Werbung für eine Buchmesse in Bangkok

- **Jackson, Peter A.:** *Queer Bangkok. 21st Century Markets, Media and Rights,* Hong Kong University Press, 2011. Das Buch analysiert die Rolle des Marktes und der Medien bei Wandlungsprozessen, die Bangkoks *LGTB (LesbianGayTransgenderBisexual)* Kulturen seit dem Beginn des 21. Jahrhunderts erleben.
- **Kaempfer, Engelbert:** *A Description of the Kingdom of Siam 1690,* Reihe Itineraria Asiatica, White Orchid Press, Bangkok 2006. Die Neuauflage und engl. Übersetzung einer zeitgenössischen Beschreibung von 1690. Der Autor stammte aus Lemgo/ Westfalen. Neben sehr Interessantem finden sich auch offensichtliche wissenschaftliche Fehlleistungen (z. B. die Feststellung, Buddha stamme aus Afrika), dennoch sehr aufschlussreich.
- **Krack, Rainer:** *CityGuide Bangkok,* REISE KNOW-HOW Verlag, Bielefeld 2011. Detaillierte Beschreibungen und Hintergrundinformationen zu den Sehenswürdigkeiten der thailändischen Hauptstadt.
- **Mulder, Niels:** *Inside Thai Society: Religion, Everyday Life, Change,* Silkworm Books, Bangkok 2000.
- **Neale, Frederick Arthur:** *Residence In Siam,* White Lotus Co. Bangkok 1997. Eine der ergiebigsten Beschreibungen des „alten Siam", aus dem Jahre 1852. Der Autor beschreibt detailliert und nicht ohne eine gute Portion zynischen Humors. Wie bei vielen Reisebeschreibungen west-

licher Schriftsteller aus jener Zeit ist ein Hauch von Überheblichkeit unverkennbar.
- **Peleggio, Maurizio:** *Thailand: The Wordly Kingdom,* Reaktion Books, UK 2007. Eine Analyse der Institutionen, die die Grundlage der thailändischen Gesellschaft bilden.
- **Plion-Bernier, Raymond:** *Festivals and Ceremonies of Thailand,* Assumption Press, Bangkok 1979. Beschreibung der wichtigsten Zeremonien und Feste Thailands, alte, ausgestorbene (z. B. das „Schaukelfest") und noch zeitgemäße (z. B. die jährliche „Zeremonie des Pflügens").
- **Rajadhon, Phya Anuman:** *Some Traditions of the Thai,* Sathirakoses Nagapradipa Foundation, Bangkok 1987. Eine interessante Darstellung altüberlieferter thailändischer Traditionen, die meisten davon in Zusammenhang mit der Geburt oder dem Geisterglauben. Der Autor ist einer der bekanntesten Exponenten thailändischer Lebensweise.
- **Rajadhon, Phya Anuman:** *Essay on Thai Folklore,* Thai Inter-Religious Commission for Development & Sathirakoses Nagapradipa Foundation, Bangkok 1988. Zahlreiche interessante Essays über thailändische Geschichte, Kultur, Sprache, Literatur, aber vor allem altüberlieferte Riten und Rituale des ländlichen Thailand.
- **Segaller, Denis:** *Thai Ways, More Thai Ways* und *New Thoughts on Thai Ways,* Silkworm Edition, Chiang Mai. Drei Bücher eines Westlers, der lange Jahre in Thailand verbracht hat, eine Thai heiratete und zum Buddhisten wurde. Er beleuchtet in zahlreichen Essays thailändische Lebensart und Denkweise. Das letzte Buch der Serie, „New Thoughts on Thai Ways", wurde 1990 zum ersten Male veröffentlicht.
- **Sivaraksa, Sulak:** *The Wisdom of Sustainability: Buddhist Economics for the 21st Century,* Koa Books, 2009. Eine interessante Untersuchung zu Globalisierung und wirtschaftlicher Umstrukturierung aus buddhistischer Perspektive. *Sulak Sivaraksa* ist einer der führenden gesellschaftskritischen Denker und Aktivisten Asiens.
- **Sommerville, Maxwell:** *Siam on the Meinam – From the Gulf to Ayuthia,* British Library, 2010. Die Neuauflage einer Reisebeschreibung aus dem Jahre 1897, mit vielen interessanten Anmerkungen zur thailändischen Lebensweise seiner Zeit.
- **Tachard, Guy:** *Voyage to Siam by Six Jesuits,* Reihe Itineraria Asiatica, White Orchid Press, Bangkok 2006. Erstauflage 1688. Ein Klassiker der Reiseliteratur aus der Zeit, als es noch ein Abenteuer war, in den Fernen Osten vorzudringen. Das Buch beschreibt die Reise von sechs Jesuiten, die im Auftrag des französischen Königs im Jahre 1685 ins alte Siam reisten. Mit interessanten Beschreibungen des höfischen Lebens jener Zeit.

- **Vater, Tom:** *KulturSchock –Thailands Bergvölker und Seenomaden,* REISE KNOW-HOW Verlag, Bielefeld 2006. Der Band führt den Leser hautnah heran an diese Minderheitenkulturen im Norden und Süden Thailands.
- **Wyatt, David K.:** *A Short History of Thailand,* Yale University Press, 2003. Ein guter Überblick über die thailändische Geschichte.
- **Young, Ernest:** *The Kingdom of the Yellow Robe – A Description of Old Siam,* British Library, 2011. Erstauflage 1898. Eine der wohlwollenderen Beschreibungen des Siam Ende des 19. Jahrhunderts. Der Autor war sehr offen gegenüber der thailändischen Lebensweise und Mentalität. Eine der lesenswertesten historischen Beschreibungen.

Internettipps

- **www.accesstoinsight.org** – Informationen zum in Thailand praktizierten Theravada-Budhismus
- **www.ajarnforum.net** – Diskussionsforum von in Thailand ansässigen Englischlehrern und anderen Expats
- **www.asiancorrespondent.com/author/bangkokpundit** – Interessanter politischer Blog eines in Bangkok wohnhaften Expats
- **www.auswaertiges-amt.de/Thailand** – Infos des Auswärtigen Amtes über Thailand
- **www.bangkokpost.com** – Die Website der beliebten Tageszeitung *Bangkok Post*
- **www.chiangmai-mail.com** – Nachrichten aus Chiang Mai
- **www.der-farang.com** – Nachrichten aus Pattaya u. Thailand, Tipps und vieles mehr
- **www.dhammathai.org** – Informationen zum Buddhismus, besonders dem in Thailand praktizierten, dazu Chat-Rooms etc. (Thai und Englisch)
- **www.khaosanroad.com** – Die „offizielle Website" der Backpacker-Straße „Khao San" in Bangkok
- **www.nationmultimedia.com** – Die Website der thailändischen Tageszeitung *The Nation*
- **www.nittaya.de** – Deutschsprachiges Thailand-Forum
- **www.notthenation.com** – Im Stil von *The Nation* aufgemachtes, satirisches Online-Magazin, das Thailands aktuelles Tagesgeschehen aufs Korn nimmt.
- **www.pattayadailynews.com** – Nachrichten aus Pattaya
- **www.pattayamail.com** – Nachrichten aus Pattaya

- **www.phuketgazette.net** – Nachrichten aus Phuket
- **www.siam-society.org** – Die Website der *Siam Society,* die sich mit thailändischer Kultur beschäftigt
- **www.stickmanbangkok.com** – Informationen zum Leben in Bangkok und Thailand allgemein, Nachtleben, Beziehungen, Leserbeiträge
- **www.thai-blogs.com** – Webportal für Thailand bezogene Blogs, Landesinformationen
- **www.thaigov.go.th** – Die offizielle Website der thailändischen Regierung, mit Pressemitteilungen und Veranstaltungskalender
- **www.thailand-community.de** – Deutschsprachige Nachrichten aus Thailand, dazu Landesinformationen
- **www.thailandvoice.com** – Webportal für Thailand bezogene Blogs
- **www.thaivisa.com/forum** – Diskussionsforum über alle erdenklichen Aspekte Thailands
- **www.thephuketnews.com** – Nachrichten aus Phuket

Weitere Titel für die Region von REISE KNOW-HOW

**Kauderwelsch Sprachführer
Thai - Wort für Wort plus Wörterbuch**
mit über 8.000 Einträgen

Martin Lutterjohann
978-3-89416-742-4
324 Seiten | **12,80 Euro [D]**

Umschlagklappen mit Aussprachehilfen
und wichtigen Redewendungen
Wörterbuch
Thai – Deutsch, Deutsch – Thai

**Der bewährte Kauderwelsch-Sprachführer,
ergänzt durch ein umfangreiches Wörterbuch!**
Im Kauderwelsch Sprachführer sind Grammatik und Aussprache einfach und schnell erklärt. Wort-für-Wort-Übersetzungen machen die Sprachstruktur verständlich und helfen, das Sprachsystem kennenzulernen. Die Kapitel sind nach Themen geordnet, um sich in verschiedenen Situationen zurechtfinden und verständigen zu können – vom ersten Gespräch bis hin zum Arztbesuch. In einer Wörterliste sind die wichtigsten Vokabeln alphabetisch einsortiert und ermöglichen so ein rasches Nachschlagen. Einige landeskundliche Hinweise runden diesen handlichen Sprachführer ab.

www.reise-know-how.de

Weitere Titel für die Region von REISE KNOW-HOW

InselTrip
Ko Samui, Ko Phangan, Ko Tao
Tom Vater
978-3-8317-2219-8
144 Seiten | **9,95 Euro [D]**

InselTrip
Phuket
Rainer Krack
978-3-8317-2217-4
144 Seiten | **9,95 Euro [D]**

Mit begleitendem Service für Smartphones, Tablets & Co.:
→ GPS-Daten aller beschriebenen Örtlichkeiten
→ Mini-Audiotrainer Thai

Zahlreiche Fotos | Praktische Übersichtskarten | Detaillierte Stadtpläne
Großer Insel-Faltplan zum Herausnehmen | Viele Infos für Wassersportler
Leichte Orientierung durch intelligentes Nummernsystem | Ausführliches Register
Handliches Format mit stabiler PUR-Bindung | Kleine Sprachhilfe Thai

Mit Reise Know-How ans Ziel

Landkarten
aus dem *world mapping project*™
bieten beste Orientierung – weltweit.

Landkarte Thailand
(1:1,2 Mio.)

ISBN 978-3-8317-7129-5

Euro 8,90[D]

- Aktuell über **180** Titel lieferbar
- Optimale Maßstäbe   ▪ 100%ig wasserfest
- Praktisch unzerreißbar   ▪ Beschreibbar wie Papier   ▪ GPS-tauglich

Register

A

Abatt 236
Aberglaube 10, 39, 46
Achtfacher Pfad 33
Achtung 168
Adelsstand 68
Aggression 113, 116
Ahnenverehrung 44
AIDS 10, 155
Alkohol 10, 157, 213
Almosen 85
Almosengang 77
Alphabet 245
Amerikaner 148
Amulette 10, 39
Angestellte 209
Animismus 40
Anmut 174
Anrede 11, 86, 186, 214, 215
Ansehen 11
Anstarren 122
Arbeit 12, 134, 203, 207
Armut 12, 148, 154, 164
Ästhetik 90
Atheismus 38
Ausländer 12, 61, 70, 74, 123, 177, 191, 205
Ausschreitungen 64
Auswanderer 63, 178, 227
Autor 264
Ayutthaya 54, 236

B

Baat 236
Baden 13
Baht 236
Bangkok 147, 165, 169, 218, 236
Bar-Girls 175
Bars 161, 208
Bäume 51
Beeinflussbarkeit 180
Begrüßung 13
Beleidigungen 14, 122
Berührungen 14, 118
Beschwerden 14
Besitz 128
Bestattung 14
Bestechung 15
Besuch 210
Betel 195, 236
Betrug 232
Bettelei 12
Bevölkerungswachstum 137
Beziehungen 189, 195
Bhikku 236
Bintha baat 237
Blickkontakt 15
Boddhisattva 35
Bordelle 146, 161
Brahmanismus 40
Bruttosozialprodukt 125
Buat phra 237
Buddha 32, 174, 237
Buddhastatuen 38
Buddhismus 32, 87, 129, 238
Busse 224

C

Chakri-Dynastie 55, 238
Chao Phraya 238
Chauvinismus 148, 201
Chiang Mai 239
Chinatown 147, 166
Chinesen 43, 94, 125, 127, 182
Christen 17, 32, 38
Chulalongkorn 239
Crime Magazines 116

D

Dankbarkeit 77, 101, 135
Dek wat 239
Dienstleistungen 168
Direktheit 122
Diskussionen 96
Djai yen 239
Djangwat 239
Drogen 15, 162, 214

E

Edle Wahrheiten 33
Ehe 139, 144, 194, 199
Ehefrau 144
Ehemann 199
Ehre 105
Einfühlungsvermögen 201
Einkaufen 15
Einkommen 212
Einladungen 15
Einwanderung 178
Eltern 72, 136
Englisch 187
Entlassungen 206
Erleuchtung 33
Ernährungsvorschriften 29
Erniedrigung 120
Essen 16, 48, 95, 210
Etikette 112, 171
Europäer 128, 182
Expats 63
Extrainfos 7

F

Fahrer 16
Fahrrad 134
Familie 135
Familiennamen 215
farang 70, 177, 182, 186, 194, 211, 239
Fehler 102
Feiern 17
Feilschen 134, 217
Feindschaft 109
Fernsehen 96, 164
Fingerzeig 119
Flagge 60
Flugzeuge 225
Flüssen 222
Fotografieren 17
Fragen 171
Frauen 17, 85, 140, 145, 189, 195
Fremdenfeindlichkeit 17
Freundlichkeit 182
Freundschaft 17, 139, 189
Frieden 53, 68
Füße 17, 121

G

Ganesh 45
Gäste 212
Gastfreundschaft 178
gathoey 158
Gautama, Siddharta 32
Gebote 46
Gehalt 134
Geister 44
Geisterhäuschen 44, 240
Gelb 58
Gelbhemden 64
Geld 17, 90, 124, 130, 193
Geldverleiher 127
Geschäftsleute 208
Geschenke 216
Geschlechtskrankheiten 155
Geschlechtsumwandlungen 158
Gesellschaft 31, 62
Gesetze 54, 69
Gesichtsverlust 101, 105, 114
Gesicht wahren 11, 109
Gestik 18, 173

Gewalt 112, 113
Glossar 236
Glücksspiel 18, 93, 127
Go-Go-Bars 151, 240
Gottkönig 55
Grazie 174
Großeltern 136
Großfamilien 136
Großzügigkeit 133, 193
Grüßen 19, 69, 72
Grußformel 74
Guides 16

H

Haare 51
Handeln 15, 217
Händeschütteln 72, 74
Harmonie 122
Hausschuhe 121
Hautfarbe 96
Heimweh 167
Heirat 142
Hierarchie 19, 68, 101, 135
Hilfsbereitschaft 182
Hinayana 35
Hinayana-Buddhismus 54, 240
Hinduismus 40
Hindus 38, 61
HIV 155
Hochstapler 70
Hochzeit 48, 142
Höflichkeit 167, 170, 215
Homosexualität 19
Hotel 240
Humor 184
Hygiene 19, 98

I

Inhaltsverzeichnis 6
Internet 196, 251
Issaan 240

J, K

Jugendwahn 144
Jungen 137
Karaoke-Bars 151
Karma 34, 68, 241
Kasten 55
Khao phansa 241
Khrüang raang 241
Khun 241
Kinder 20, 50, 136, 170
Kin ngön 241
Klassengesellschaft 68
Kleidung 13, 70, 110, 171
Klik 41, 241
Klong 217, 222
Kochkunst 92
Konflikte 102, 106, 112
König Bhumipol 38, 57, 73, 100, 237
König Chulalongkorn 56
Königin Sirikit 58
König Mongkut 56
König Taksin 55
Konkurrenz 208
Konsum 130, 154, 161, 164
Kontaktfreudigkeit 187
Konventionen 100
Kopf 20, 118
Korruption 21, 62, 69, 159
Krankenhäuser 136
Kredite 127
Kriminalität 21, 158, 227
Kritik 21, 87, 109, 123
Kronprinz 65
Kultstätten 22
Kulturschock 166, 194

L

Lächeln 22, 99, 112, 171
Land 163
Landflucht 163

Landwirtschaft 90, 163
Lärm 170
Lebenshaltungskosten 165
Lebensphilosophie 88
Leiche 49
Leichenverbrennung 14
Lesen 96
Likay 241
Lotterie 125
Luang pho 242
Luftverschmutzung 166
Luxus 164

M
Mää chi 242
Machotum 143, 148
Mädchen 137, 143
Mafia 181
Mahayana 35
Mahayana-Buddhismus 242
Majestätsbeleidigung 23, 58
Mann 17
Männer 140, 144, 150
Manu 55
Märkte 15
Massage-Salons 151
Materialismus 128
Meckern 109
Medien 153
Meditation 34
Mekhong 242
Menschenschmuggler 226
Metta 242
Militärputsch 63
Mimik 18
Minderheiten 125
Mitgift 142
Mittlerer Weg 32
Monarchie 23, 53
Mönche 23, 73, 80
Mönchsstand 81

Mönchsweihe 81
Mondfinsternis 46
Mord 105, 113
Moslems 38, 61
Müll 23, 166
Müßiggänger 89
Müü phüün 242

N
Nacktbaden 13
Nak leng 242
Namen 214
Nanchao 53
Nation 60
Nationalbewusstsein 62
Nationalhymne 62
Nationalismus 24
Nebenfrau 130, 143
Neugierde 184
Nirwana 35
Nong 242
Nordthais 169
Northern Railway 221

O
Oberflächlichkeit 93
Ook Phansa 242
Opfer 44
Opfergaben 43
Ordnung 68

P
Pali 242
Patriotismus 24
Pattaya 181, 242
Pfandhaus 124
Phanomyong, Pridi 56
Phaulkon, Constantine 61
Phii 243
Philosophie 90
Phra 243

Phuu yai baan 243
Politik 24
Polizisten 101, 107
Preise 219
Premierminister 64
Probleme 192
Profitgier 178
Prostituierte 158
Prostitution 24, 146, 149, 154, 195
Prüderie 149
Psyche 104, 189
Pünktlichkeit 29

R
Rache 105
Rajdamnoen Klang 243
Rama 53, 55
Raub 233
Rauchen 25
Reinkarnation 34, 75
Reisen 85, 97, 221
Religion 25
Respekt 85, 102, 106, 119, 135, 168
Rituale 45
Rot 60
Rothemden 64

S
sabai 88
saksit 84, 243
Samanera 243
Sampan 243
Sanftmut 112
Sangha 36, 243
Sanskrit 243
Santi Asoke 36, 243
sanuk 88, 203, 204, 210
Satang 244
Sawatdii khap 244
Scheidung 139, 144

Scheu 185
Schlepper 231
Schmeicheleien 170
Schmiergeld 15, 160
Schmutz 98
Schönheitsideal 195
Schönheitskult 91
Schönheitswettbewerbe 92
Schreien 109
Schreine 42, 79
Schuhe 211
Schule 138
Schutzgeister 79
Schutzgötter 79
Schwangerschaft 47
Schwimmende Märkte 218, 244
Selbstbewusstsein 141
Sex 25, 146, 149
Shinawatra, Thaksin 63
Shinawatra, Yingluck 64
Shiva 244
Shopping 95
Siam 244
Sikhs 38, 94
Sklaverei 69
Soldaten 148
Sommonokodom 245
Southern Railway 222
Spiritualität 84
Spitznamen 214
Sprache 26
Sprechen 170
Stadt 163, 165
Statussymbole 26
Stolz 61
Sträflinge 84
Straßen 222
Streit 102, 111
suay 88
Südthais 168
Sukhothai 53, 245

T

Tagesablauf 83
Tanz 174
Tätowierungen 10, 41
Teehäuser 151
Tempel 42
Thai 194, 246
Thai Airways
    International 45, 225
Thais 177
tham bun 75, 246
Thammasat 54
Theravada 36, 246
Thronjubiläum 58
Thum sai naam 246
Tiere 78
Tod 97
Toilette 26
Toleranz 106, 153
Tourismus 178
Touristen 12, 148, 231
Transsexuelle 93, 158
Transvestiten 158
Trinken 210
Trinkgeld 26, 110
Tsunami 44
Tugend 168
Tuk Tuk 246

U, V

Unabhängigkeit 145
Unterwürfigkeit 168
Vajiralongkorn, Maha 65
Vegetarier 29, 37
Vejjajiva, Abhisit 64
Verabschiedung 13
Verbote 46
Verbrechen 172, 227
Verhaltenstipps 9
Verkehr 27, 166
Verkehrsmittel 29
Verwestlichung 128
Verzeihen 173
Vorname 215
Vorurteile 183

W

Waffen 117
Wahlen 64
wai 19, 71, 246
Warten 171
Wasser 217
Wat 247
Wat Saket 247
Werte 128
Westler 74, 179
Wiedergeburt 75, 247
Wirtschaftskrise 125
Wohlstand 179

Z

Zärtlichkeiten 14
Zauberei 39
Zeitverständnis 29
Zocker 231
Zug 223
Zuhälter 154
Zukunftsängste 90
Zuwanderer 165, 182
Zwangsprostitution 156

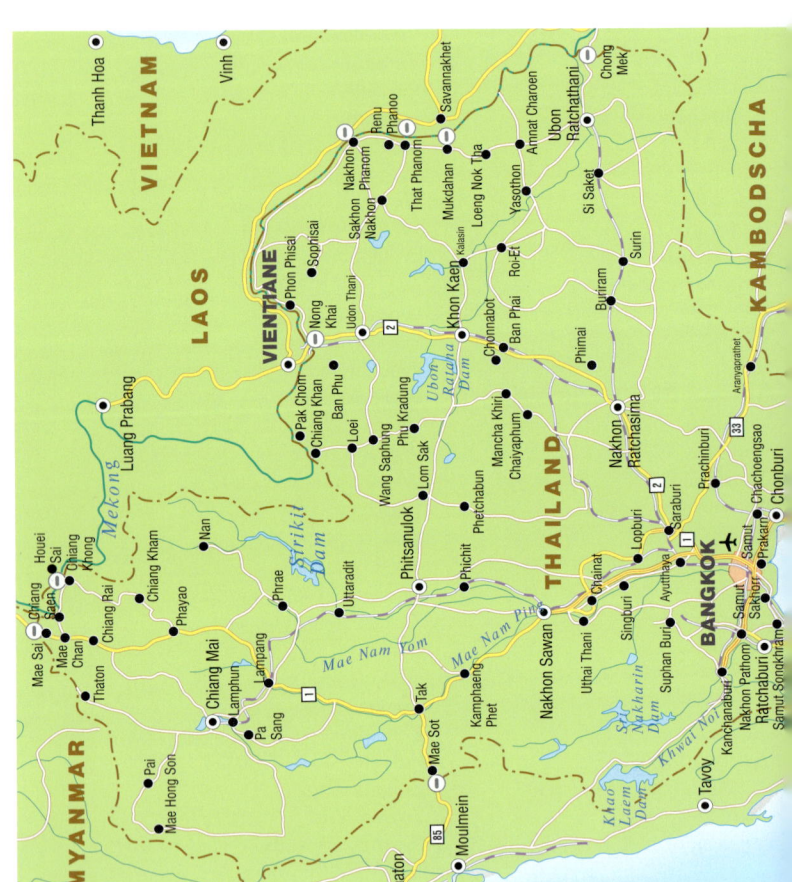

Der Autor

Rainer Krack, Jahrgang 1952, lebt seit 1978 hauptsächlich in Asien. Etwa fünf Jahre verbrachte er in Indien, Pakistan, Sri Lanka und Bangladesch. Seit dem Jahr 1987 lebt er die meiste Zeit des Jahres in Thailand, einem Land, das ihn auf Anhieb fasziniert hat.

Nach seinen ersten Indienreisen begann *Rainer Krack* über Gesehenes und Erlebtes zu schreiben und wurde so, eher ohne es zu beabsichtigen, zum Journalisten. Zwischendurch studierte er Indologie, lernte mehrere indische Sprachen und konnte seine Reportagen an internationale Agenturen und Magazine verkaufen. Seitdem arbeitet *Rainer Krack* als freier Journalist und Fotograf. Reisen und Schreiben – seine beiden Hobbys wurden zum Beruf. Im REISE KNOW-HOW Verlag sind mittlerweile zahlreiche Titel zu Thailand und Südasien von *Rainer Krack* erschienen.